## Zu diesem Buch

*«Der große einsame Montenegriner Milovan Djilas, Titos Vertrauter einst, danach sein Häftling und jetzt geduldeter Literat, Milovan Djilas hat neuerdings vierzehn Erzählungen und Essays in deutscher Sprache herausbringen lassen. Sie heißen: Der Wolf in der Falle. So heißt auch die erste der Geschichten von dem Bauern, der den in Gefangenschaft geratenen Wolf nicht umbringt, sondern ihn mit einer umgehängten Kuhglocke laufen läßt: Der Wolf verhungert. Einer solchen Geschichte kann einer unterschieben, was er will: von der Folklore bis zur aktuellen Politik, vom Symbol bis zur Polemik. Und genauso geht es auch mit den restlichen dreizehn Texten. Sie sind zum großen Teil im Gefängnis geschrieben, sie behandeln Episoden aus dem montenegrinischen Partisanenkampf, aus der Geschichte dieses Felsenrefugiums, sie handeln von Helden und Verrätern, von luststrotzenden Bauernweibern und auch von den vielfältigen Toden, die dieses Land seinen Söhnen stets bereitgehalten hat. Es ist die Gnadenlosigkeit der Liebe, es ist die Gnadenlosigkeit des Todes, und es ist die eigenartige Interdependenz zwischen Koitus und Koma, zwischen Bahre und Brunst» (Die Welt der Literatur).*

*Milovan Djilas wurde am 12. Juni 1911 in Montenegro geboren, studierte Jura, trat 1932 der Kommunistischen Partei Jugoslawiens bei und wurde aus politischen Gründen mehrfach inhaftiert. 1938 wurde er Mitglied des Zentralkomitees, 1940 Mitglied des Politbüros. Von 1941 an kämpfte er in Titos Partisanenarmee gegen die deutsche Besatzung, 1944 war er Titos Verbindungsmann in Moskau und nach 1945 Minister, Generalsekretär des Politbüros und Vizepräsident. 1954 wurde er wegen seiner scharfen Kritik am jugoslawischen Kommunismus aller Parteiämter enthoben und zu achtzehn Monaten Gefängnis verurteilt. Als er 1956 in der amerikanischen Presse den Ungarn-Aufstand billigte, wurde er zu drei Jahren Gefängnis verurteilt. In dieser Zeit schrieb er sein 1958 in Deutschland publiziertes Buch «Die neue Klasse», das ihn als Kritiker des bestehenden kommunistischen Regimes weltbekannt machte. Für diese Kritik wurde er zu weiteren sieben Jahren Haft verurteilt. 1961 vorzeitig entlassen, wurde er gleich darauf wegen seiner 1962 in Deutschland erschienenen «Gespräche mit Stalin» erneut für fünf Jahre inhaftiert. Im Kerker schrieb er die in dem Band «Der Wolf in der Falle» vereinigten Erzählungen. 1966 wurde er begnadigt, 1968 erschien sein Buch «Die unvollkommene Gesellschaft» und 1971 der Roman «Verlorene Schlacht» (rororo Nr. 1692).*

Milovan Djilas

# *Der Wolf in der Falle*

Erzählungen

rororo

Rowohlt

*Die amerikanische Ausgabe erschien unter dem Titel*
*«The Stone and the Violets» bei Harcourt Brace Jovanovich, Inc.,*
*New York*
*Nach dem serbokroatischen Originalmanuskript*
*«Kamen i ljubicice» übertragen von* Ruth Kirschbauer
*Umschlagentwurf Dieter Ziegenfeuter*

*Veröffentlicht im Rowohlt Taschenbuch Verlag GmbH,*
*Reinbek bei Hamburg, Februar 1976*

*Gesetzt aus der Linotype-Aldus-Buchschrift (D. Stempel AG)*
*Gesamtherstellung Clausen & Bosse, Leck/Schleswig*
*Printed in Germany*
*580-ISBN 3 499 11921 8*

## Inhalt

# Der Wolf in der Falle

Die Bauern kannten ihn genau, obgleich keiner ihn je gesehen hatte. Sie wußten, wann und wie er angriff, sie konnten seine Fährte und die Länge seiner Schritte unterscheiden. Er war ein junger und kräftiger Wolf, der bereits seit zwei Jahren das Dorf unsicher machte und alles Lebende vertilgte, das über Nacht nicht in sicheren Gehegen war. Verblüffend waren vor allem seine Frechheit und Schlauheit. Er übersprang Hürden, grub sich unterhalb der Latten Zugänge zu den Ställen, riß vor den Häusern die Hunde von ihren Ketten. Die Menschen begannen ihn zu fürchten und hielten sich nach Anbruch der Dunkelheit nicht im Freien auf. Die Jäger legten Fangeisen aus, versuchten ihn mit Ködern in Fallen zu locken, doch vergebens: Immer wieder raubte er den Bauern Vieh. Niemand kannte die Höhle, in der er sich verborgen hielt, wenn es eine solche gab.

Im Dorf lebte auch ein Bauer namens Vuk*, ein Spaßvogel mittleren Alters. Die anderen Bauern sagten im Scherz zu ihm: «Kannst du dich deinem Namensvetter im Wald nicht als Verwandter ausgeben und ihn überlisten?» Auch Vuk scherzte: «Von jedem hat er sich sein Teil geholt, von mir nicht – er schont seinen Namensvetter.»

Aber der Wolf wußte nichts von Scherzen und nichts von seinem Namensvetter. Er war hungrig, unersättlich. Die Bauern, klug geworden durch den Schaden, den er ihnen zugefügt hatte, schlossen alles Lebende sorglich ein. Der Wolf, vom Hunger zum Äußersten getrieben, ging in eine Falle, die ihm niemand gestellt hatte.

Es trug sich im Februar zu. Auf den Bergen lag tiefer Schnee, im Dorf taute es bereits. An diesem Morgen stand Vuk wie immer zeitig auf, um die Schafe vor dem Haus grasen zu lassen, bevor er sie in den Pferch trieb. Auf dem Weg zu dem etwa hundert Schritt vom Haus entfernten Stall entdeckte er die breiten runden Abdrücke der Wolfspranken mit Wasser in den Krallenspuren. Er schloß daraus, daß der Wolf vor nicht allzu langer Zeit hier vorbeigeschlichen war. Er machte sich über sich selbst und den Wolf lustig: «Oho, Namensvetter, es ist nicht nett von dir, daß du hier warst und dich nicht bei mir blicken ließest. So konnte ich dich nicht nach Gebühr empfangen.» Er scherzte weiter, bis er beim Stall angelangt war. Später erinnerte er sich, daß er erstaunt war, von den Schafen kein Scharren und vom Leithammel kein Schellen zu vernehmen, doch in seiner Erheiterung über sich und den Wolf achtete er nicht darauf.

* zu deutsch Wolf (Anmerkung des Übers.)

Wie immer, schob er auch heute den schweren Querbalken beiseite – auch er schützte die Schafe sorglich vor dem Wolf – und öffnete die Tür. Die Schafe lagen reglos auf dem Stroh, mit blutigem Fell und durchbissener Kehle, und im entferntesten Winkel kauerte der Wolf und wich wie ein Hund dem Blick des Menschen aus.

Vor Bestürzung schloß Vuk nicht einmal sofort die Tür, der Wolf hätte entkommen können, hätte er rasch reagiert. Aber offenbar war auch der Wolf verwirrt und sogar gewissermaßen gehemmt: Zum erstenmal sah er sich Aug in Auge einem Menschen gegenüber. Der Bauer machte kehrt und schob den Querbalken wieder vor.

Ihm war sofort klar, wie sich alles abgespielt hatte. Er hatte die Bresche auf der andern Seite des Strohdaches bemerkt, das sich an den Berghang schloß. Der Wolf hatte das Stroh weggescharrt, hatte sich hineingezwängt und die Schafe totgebissen, dann konnte er jedoch nicht mehr hinaus.

Der Bauer konnte sich nicht sofort darauf besinnen, was er mit dem Wolf anstellen sollte. Im Gegenteil, je länger er überlegte, desto weniger fand er eine Lösung. Auch das Unglück, das ihn betroffen hatte, spielte dabei mit: Fünfundzwanzig trächtige Mutterschafe und der Hammel waren tot. Natürlich ging es ihm durch den Kopf, einen jener Bauern zu rufen, die Gewehre besaßen, damit dieser den Wolf töte. Doch die Gewehre waren versteckt, und niemand würde bereit sein, seine Waffe am hellichten Tag hervorzuholen, wenn die anderen ihn sehen und den Behörden anzeigen konnten. Er erwog, selbst ein Beil zu holen und den Wolf zu erschlagen, doch wenn nicht bereits der erste Hieb saß, würde der Wolf ihn anfallen. Er dachte nach, aber da ihm nichts einfiel, ging er heim, um die Seinen und die Nachbarn zu unterrichten.

Im Haus hob ein Jammern und Klagen an, in welches die Nachbarn laut einstimmten. Den Wolf schienen sie vergessen zu haben. Als sie hörten, daß er in der Falle saß, rannten sie wütend zum Stall, doch keiner wagte sich hinein. Schließlich besannen sie sich anders, entfernten sich vom Stall und berieten, was zu tun sei. Sie versprachen Vuk, ihm das Fleisch der toten Schafe abzukaufen, und jeder sagte zu, ihm ein Lamm zu schenken. Sie versuchten, das Unglück durch Scherze zu lindern. Einer sagte: «Bei Gott, Vuk, dein Namensvetter hat dir übler mitgespielt als den anderen!» Ein zweiter meinte: «Jetzt ist der Wolf der Leithammel deiner toten Schafe!»

Dieser Scherz gab Vuk ein, wie er sich an dem Wolf rächen könne. «Genau das werde ich tun! Ihn zum Leithammel machen!» Die Bauern lachten, obgleich sie seine Absichten noch nicht kannten.

Ohne Erklärung ergriff Vuk zwei Pfähle und begab sich gemeinsam mit einem jungen Bauern zum Stall. Er öffnete vorsichtig die Tür und spähte hinein. Der Wolf kauerte jetzt sprungbereit, mit gesträubtem Fell in einer Ecke. Sie versuchten, ihn von der Tür her mit den Pfählen an die Wand zu drängen.

Der Kampf zog sich eine Weile hin, schließlich gelang es einem der beiden, den Hals, dem andern, die Lende des Wolfes an die Wand zu pressen, und zu guter Letzt wurden sie der Bestie Herr. Darauf nahm Vuk dem toten Leithammel die Glocke ab, befestigte sie an einem dicken Draht und wand diesen um den Hals des Wolfes.

Erst jetzt wurde den Bauern klar, worauf Vuk hinauswollte, und sie bewunderten seine Findigkeit. Wie gewöhnlich gab es auch diesmal Zweifler: «Weiß der Teufel, ob das wirklich das Richtige ist!» Aber niemand konnte sich eine schlimmere Strafe für den Wolf ausdenken. Er war geboren, sich heranzupirschen und dann zu rauben, und nun mußte er alle auf sein Kommen aufmerksam machen. Ein Bauer witzelte: «Vuk, dein Namensvetter ist ein schlauer Gesell, aber auf eine solche Idee wäre er nicht gekommen!»

Die Bauern zogen sich in Vuks Haus zurück, um in Sicherheit zu sein, wenn der Wolf aus dem Stall brach. Vuk und der junge Bauer warfen vor der Stalltür die Pfähle fort und schwangen sich auf die Pflaumenbäume nebenan. Der Wolf stürzte nicht sofort heraus, man hörte, wie er wütend die Glocke abzuschütteln versuchte. Vor dem Stall wiederholte er diesen Versuch, und als er sich überzeugt hatte, daß er den Schall nicht loszuwerden vermochte, den gleichen Schall, der ihn bisher verlockt hatte, den Herden nachzuschleichen, jagte er durch das Dorf, von Hundegebell, Geschrei und Gelächter verfolgt.

Natürlich erbeutete er nichts mehr, er versuchte es auch gar nicht, als sei er kein Wolf mehr. Einige Tage war in den Schluchten bald hier, bald dort das Schellen der Schafglocke zu hören, dann nahm auch dies ein Ende. Der Wolf verreckte vor Hunger – das Schicksal hatte ihn ereilt.

*24. April 1959*
*Gefängnis in Sremska Mitrovica*

# Stein und Veilchen

Unter verhangenem Frühjahrshimmel zog die Kolonne über felsiges Terrain. Die Felshänge verschmolzen mit dem Himmel, die Menschen – stumm, in Kleidung von fahler, winterlicher Farbe – mit dem Gesträuch. In dem harten Grau schimmerten und blinkten nur die Waffen, die über die Kolonne, vor allem die Vor- und Nachhut, verstreut waren.

Dreißig Meter vor der Kolonne marschierte eine Gruppe von zwanzig Männern, die unterschiedlich – teils militärisch, teils bäuerlich, teils städtisch – gekleidet waren. Sie schritten gleichmäßig dahin, ohne sich nach der Kolonne umzublicken. Dennoch blieb der Abstand zwischen ihnen und der Kolonne gleich – darauf achtete wohl die Kolonne. Auch der düstere und feierliche Rhythmus, in dem sie über das steinige Gelände zog, blieb gewahrt.

Die drei Männer, welche die vorangehende Gruppe anführten, waren die einzigen, die nicht unter dem Bann des hartnäckigen Schweigens und des langsamen, gemessenen Dahinziehens der Kolonne standen: Sie unterhielten sich und gingen zuweilen nebeneinander, dann wieder zu zweit oder einer hinter dem andern, wie es der schmale Pfad und der steinige Boden eben zuließen. Unter ihnen fiel ein Großer, Dunkler, Schnurrbärtiger auf – der Kommandant der Partisanenabteilung, den die schweren Stiefel, die pelzgefütterte Jacke und die Mütze aus Fischotterfell massiv, ja drohend erscheinen ließen. Die beiden anderen waren: der bleiche, knochig wirkende Abteilungskommissar und der Sekretär der revolutionären Organisation jenes Gebietes, unverkennbar durch seinen wuchtigen Kopf und die groben Züge. Noch ein vierter war mit ihnen – der dürre, dunkelhaarige, jugendlich wirkende mittlere Bruder von zwei zum Tode Verurteilten. Er nahm an dem Gespräch zwischen dem Kommandanten, dem Kommissar und dem Sekretär nicht teil, sondern hielt sich ständig abseits und blieb ein wenig hinter ihnen zurück.

Diesen vier Männern folgten, einer hinter dem andern, fünf weitere, die mit Draht gefesselt und von Wachen eskortiert waren. Der hochgewachsene, rotgesichtige Kommandant des Bataillons, welches gemeutert hatte, sein jüngster Bruder, ein breitschultriger, blonder Bauernbursche, dann zwei konterrevolutionäre Offiziere, einer von ihnen schwarzhaarig, knochig und klein, der andere mittelgroß, rothaarig und bärtig, und schließlich in ländlicher Festtracht ein hochgewachsener Greis in aufrechter Haltung. Sie alle, die Verurteilten und ihre Wächter, schritten gedankenverloren dahin, jedoch auch so behutsam, daß nicht einmal ein Atemzug oder ein losgetretener Stein zu hören war. Hätten nicht die Begleitposten Waffen und die Gefangenen Fesseln getragen, hätte kein Unterschied zwischen ihnen bestanden.

Auch das Gespräch zwischen dem Kommandanten, dem Kommissar und dem Sekretär, obgleich leise geführt, betraf Alltägliches, mit keinem Wort wurde der Beschluß von heute morgen erwähnt, auch nicht das, was jetzt, am frühen Nachmittag, vor sich ging und bald seinen Abschluß finden sollte . . .

Dennoch spiegelten sich auch in diesem belang- und ziellosen Gespräch die Meinungsverschiedenheiten und der Übereifer wider, die in der Diskussion zutage getreten waren, nicht über das Schicksal der Schuldigen – schon gestern abend, bevor sie nebeneinander auf dem Boden eingeschlafen waren, hatten sie sich darüber geeinigt, daß alle außer dem mittleren Bruder des Bataillonskommandanten den Tod verdienten –, sondern darüber, in welcher Form die Hinrichtung vollzogen werden sollte.

Es gab nämlich Unterschiede zwischen den Angeklagten, sowohl bezüglich ihrer Schuld als auch in ihren Weltanschauungen, und als der Kommandant am Morgen vorgeschlagen hatte, sie allesamt unverzüglich zu erschießen, hatte der Kommissar widersprochen: «Ich möchte nicht, Genossen», sagte er, «daß ihr glaubt, ich sei deshalb nicht einverstanden, weil der Bataillonskommandant und sein Bruder mit mir verwandt sind. Aber sie sind bis vor kurzem unsere Genossen und Kampfgefährten gewesen. Es ist nicht richtig und nicht menschlich, daß sie gemeinsam mit den Konterrevolutionären hingerichtet werden und mit ihnen in demselben Grab liegen. Und noch etwas ist wichtig: Die Offiziere dürfen wir nicht öffentlich erschießen. Das haben wir auch bisher mit Reaktionären nicht getan, und jetzt dürfen wir ihren Verwandten weniger denn je Gelegenheit geben, unter dem Mäntelchen der Liebe ihr Grab zu einem Wallfahrtsziel zu machen. Anders steht es mit dem Bataillonskommandanten und seinem Bruder. Sie müssen wir öffentlich erschießen und dem Volk ihre Schuld erklären. Denn obgleich sie gestrauchelt sind und die Gesetze der Revolution mißachtet haben, sind sie keine Feinde, man sollte den Verwandten nicht verwehren, sie wie Menschen zu beerdigen und zu beweinen. Sie haben anders gelebt und andere Anschauungen gehabt als die Offiziere, darum mögen sie auch anders sterben und verwesen!»

Nach einem ungeschriebenen, doch von ihnen anerkannten Gesetz hatte der Sekretär das letzte Wort. Da er sich aber noch nicht äußerte, meldete sich wieder der Kommandant: «Darauf kommt es nicht an! Müssen wir sie hinrichten? Jawohl, wir müssen! Das ist wesentlich, alles andere ist unwesentlich. Der Feind kann jeden Augenblick durchbrechen. Wir schicken die Verwundeten und Kranken an die Front, und hier halten wir ein ganzes Bataillon zurück aus Angst, es könnte der Verurteilten wegen zu Unruhen kommen! Auch ich glaube nicht, daß der Bataillonskommandant und sein Bruder Feinde sind wie die Offiziere, aber wir dürfen keine Zeit verschwenden, am wenigsten für öffentliche Hinrichtungen, zu denen man das Volk zusammenrufen und Einheiten abkommandieren muß. Den Unterschied zwischen der Schuld des Bataillonskommandanten und jener der Offiziere kann man dem Volk und den Kämpfern auch später erklären, obschon ich auch das für überflüssig halte. Denn was nicht zu umgehen ist, soll man schnellstens erledigen! Eine Erschießung ist eine Erschießung, und ein Grab ist ein Grab.»

Der Sekretär hüllte sich noch immer in weises Schweigen, und so ereiferte sich abermals der Kommissar: «Gerade darum handelt es sich doch, daß es Erschießungen und Erschießungen gibt! Der Bataillonskommandant ist vielleicht – nicht vielleicht, sondern erwiesenermaßen – schuldiger als die Offiziere. Denn die Offiziere haben nichts getan. Sie sind, wie die meisten ihres Standes, unsere Feinde, sie haben sich verkrochen, um sich bei der ersten sich bietenden Gelegenheit den Konterrevolutionären anzuschließen. Der Bataillonskommandant wäre zwar niemals unser Feind geworden, aber er hat sich geweigert, sein Dorf in Brand zu stecken, und obwohl wir im Prinzip gegen das Niederbrennen sind, gab es in diesem Fall kein anderes Mittel, zu verhindern, daß die Reaktionäre aus der benachbarten Stadt das Dorf zur Brutstatt der Hetze und zum Außenstützpunkt gegen uns machten. Die Offiziere hätten eventuell morgen die feindliche Armee verstärkt, der Bataillonskommandant aber hat durch sein Verhalten unter unseren eigenen Soldaten Zweifel gesät und Verwirrung gestiftet – heute, da die Revolution und die Zukunft des Volkes auf dem Spiel stehen! Trotz alledem sollte man den Bataillonskommandanten nicht mit den Offizieren in eine Grube werfen. Er soll als derjenige sterben, der er war: ein Revolutionär, der aus persönlichen, sentimentalen Gründen geschwankt und einen Augenblick lang gegen die Ordnung und die Gesetze der eigenen Bewegung verstoßen hat. Auch die Kämpfer werden das begreifen und billigen und ihn dann um so schneller vergessen. Durch seine Erschießung festigen wir die Ordnung und Disziplin in unseren Reihen. Das Volk wird einverstanden sein, die Kämpfer werden angeeifert, wenn wir nur den Bataillonskommandanten und seinen Bruder öffentlich erschießen.»

Der Kommandant entgegnete nichts darauf, und das zeigte an, daß er sich, wie gewöhnlich, von den politischen Argumenten des Kommissars hatte überzeugen lassen und über eine Lösung anderer Art nachsann. Jetzt – im richtigen Augenblick – ergriff der Sekretär das Wort: «Die Verurteilten sind nicht nur unsere Landsleute, wir sind auch aus derselben Gegend wie sie und kennen sie. Und nicht nur das. Wir alle haben Verwandte unter ihnen: Der eine Offizier ist dein Vetter, Genosse Kommandant, der andere Offizier ist mit ihm verschwägert, der Bataillonskommandant ist dein Verwandter, Genosse Kommissar, und der Alte ist mein Onkel, der mich, das Waisenkind, großgezogen hat. Deshalb ist die ganze Angelegenheit ein Prüfstein für uns, nicht nur vor der Revolution, sondern auch vor uns selbst. Denn wir sind nicht Menschen wie alle anderen – wir existieren einzig im ständigen Kampf gegen die Vergangenheit und in der Gestaltung der Zukunft in uns selbst. Das ist unser Los und unsere Bestimmung, und wer das nicht begriffen hat, hat seine Ideale und die Revolution verraten! Deshalb kann ich den Überlegungen des Kommissars nicht zustimmen, obgleich sie richtig und scharfsinnig sind, und auch nicht den militärisch fundierten, sicherlich sachlichen Beweisgründen des Kommandanten. Bisher hat die Revolution den gesellschaftlichen Beziehungen gegolten, jetzt ist sie in die Seelen der Revolutionäre selbst eingezogen! Die Schwachen werden zugrunde gehen, die Starken werden noch stärker werden. Wir können nicht siegen, wenn wir nicht die getarnten Manöver der Reaktion erkennen, wenn wir nicht die Schwächlinge aus den eigenen Reihen ausstoßen und gemeinsam mit dem Abschaum der Konterrevolution auch sie vernichten. Im Volk werden Zweifel laut werden, der Feind wird sich in ihm einnisten, solange wir Revolutionäre Rücksicht walten lassen und uns selbst, unsere Schwächlinge bemitleiden. Das Volk kann nur durch die Praxis, durch unsere Unerbittlichkeit und unser Blut überzeugt und befreit werden. Und das bedeutet heute und hier: unterschiedslose Abrechnung mit unseren Feinden und mit den Abtrünnigen der Revolution. Denn die Praxis ist, wie wir alle wissen, der beste Lehrer und das höchste Kriterium. Mein Onkel hat zu eifrig gegen uns gehetzt und behauptet, niemand dürfe ihm ein Haar krümmen, solange er mich habe, den Sekretär, seinen Neffen. Wenn wir ihn mit Kugeln zum Schweigen bringen, wird mein Gewissen völlig rein sein. Für unsere Idee und für die Revolution ist es nicht wesentlich, was einer war und wie er ist, sondern ob er sich dieser Notwendigkeit unterordnet, ob und wieweit er ihrer Vollziehung dient. Die Notwendigkeit ist wichtiger als die Persönlichkeit, unser Ziel ist die Geschichte und nicht die Ethik! Versteht mich richtig: Das bedeutet nicht, daß man foltern soll, aber wenn es unerläßlich ist, jemand zu vernichten, muß man es tun, natürlich auf die menschlichste und angemessenste Weise. Darum ist es in diesem Fall am zweckmäßigsten und im Sinn der Idee am richtigsten, sie alle gemeinsam öffentlich zu erschießen, gleichzeitig aber zu verhindern, daß ihr gemeinsames Grab zum Treffpunkt der Reaktion und zur Stätte reaktionären Wehklagens wird.»

Der Kommandant hatte keinen ernsten Grund, sich dem Standpunkt des Sekretärs nicht anzuschließen. Eine öffentliche Erschießung hielt die Soldaten, die man für den Kampf brauchte, nicht lange auf. Und der Kommissar, stolz darauf, daß ihn die Worte des Sekretärs begeisterten und festigten, schlug vor, aus den Einheiten eilends die besten

Kämpfer zur Beaufsichtigung der Erschießung zu delegieren. Er selbst wollte für diese Gelegenheit eine Rede ausarbeiten. Seine Vorschläge, auch jene des Kommandanten und des Sekretärs, wurden gutgeheißen, da sie der Praxis entsprachen und Siegeszuversicht erkennen ließen. Mit Umsicht und Überzeugung arbeiteten die drei ein genaues Programm aus. Ungeklärt blieb jedoch, wie man die Verurteilten öffentlich erschießen und gleichzeitig Wehklagen an ihrem Grab verhindern könne.

Schließlich bemerkte der Sekretär lächelnd: «Wir brauchen nicht zu befürchten, daß ihr Grab ein Wallfahrtsziel wird. Die Anhänger der Revolution werden nicht hinkommen, weil auch die Offiziere dort begraben sind, die Gegner der Revolution werden fernbleiben, weil der Bataillonskommandant und sein Bruder dort liegen. Es bleibt nur das Problem, sie hinzurichten und an einem schwer zugänglichen Ort zu beerdigen, damit das Volk sie nicht täglich vor Augen hat und dadurch an ihr Schicksal und unsere Grausamkeit erinnert wird, auch wenn diese notwendig und berechtigt war.»

Dem Kommissar kam ein Gedanke: «Wie wäre es, sie in den Abgrund zu stoßen, wie es das Volk in alten Zeiten mit gefährlichen Verbrechern getan hat? Ich entsinne mich, auch ich bin als Hirtenjunge in dieser Steinwüste an bodenlosen Abgründen vorbeigekommen. Einen solchen werde ich an einem versteckten Platz ausfindig machen, und ihr werdet alles andere erledigen.»

Doch der Sekretär wollte die Beratung nicht abschließen, ehe sie mit dem mittleren Bruder des Bataillonskommandanten gesprochen hatten, dem das Leben geschenkt werden sollte angesichts der aufrichtigen Reue, die er bewiesen hatte, indem er die verbrecherischen Äußerungen und Pläne seiner Brüder meldete. «Selbstverständlich», sagte der Sekretär, «kann er nicht mehr Sekretär der revolutionären Organisation seines Dorfes sein, aber man muß ihm die Möglichkeit geben, als einfacher Soldat seine Verfehlungen gegenüber der Bewegung und der Revolution zu sühnen. Ich fürchte jedoch, in dieser Frage zu mild oder zu hart zu sein, es wäre besser, wenn auch ihr eure Meinungen dazu äußern würdet.»

Die Wachen führten den mittleren Bruder vor. Bei dem gestrigen Gespräch mit ihm hatte der Sekretär von ihm den Eindruck eines zerknirschten, in sich gekehrten und verschüchterten Menschen gehabt. Doch jetzt stand vor ihnen ein Mann in freier, ja unbekümmerter Haltung, der, als ihn der Sekretär aufforderte, den anwesenden Genossen über seine Fehler und seine jetzige Einstellung Rechenschaft zu geben, eifrig und unaufhaltsam drauflosredete: «Alle Tatsachen habe ich bereits berichtet, aber sie geben bei weitem nicht die furchtbare, schmachvolle Finsternis meines Geistes und meiner Gedanken wieder! Genossen, ich habe oftmals euren Tod gewünscht, aber jetzt bin ich völlig gefeit gegen die Hetzreden meines jüngeren Bruders, der meinte, man solle Bomben in eure Militärkommandantur und ins Komitee werfen. Noch gestern abend, Genossen, als ich dem Genossen Sekretär meine Fehler gestand, habe ich immerzu überlegt, wie ich ihn überlisten und mein wertloses, erbärmliches, hündisches Leben retten könnte. Diese Niedertracht hat mich zu immer größerer Aufrichtigkeit getrieben, und ich habe meine eigenen Brüder angezeigt – oh, sie sind weniger schuldig, denn sie sind weniger heimtückisch als ich! Ich habe sie vor allem belastet, um die Bewegung und die Revolution zu hintergehen und zu belügen. Glaubt mir auch jetzt nicht, Genossen, traut keinem, der auch nur in Gedanken und Träumen an unserer Idee und unserem heiligen Kampf zweifelt! Denn solche Leute verraten in Wahrheit sich selbst, ihr Gewissen und ihr Innerstes. Und ich bin einer der Verworfensten, denn ich habe ohne Grund, ohne Anlaß gefehlt, meine Erbärmlichkeit war daran schuld! Auch mein Blut und das meiner Brüder kann mich nicht reinwaschen! Ich habe verdient, daß ihr mich bei lebendigem Leibe verbrennt, damit keine Spur von mir und meinem Körper und meiner verruchten Seele zurückbleibt. Nur eines möchte ich, Genossen: daß ihr mich vor meinem schmählichen Ende von Dorf zu Dorf durch die ganze Gegend führt, damit ich meine Schuld vor dem Volk bekennen kann. Möge das Volk mich verdammen, mögen meine Schmach und mein Fall den neuen, jungen Menschen zur Lehre dienen!»

Keiner von ihnen, am wenigsten er selbst, konnte das Ende seines Redeschwalls absehen oder ahnen, was er in seiner Verzweiflung noch alles faseln würde, und so nützte der Sekretär die erste Atempause, um ihn zu unterbrechen und einer neuen Flut seiner Bekenntnisse und Beschwörungen zuvorzukommen: «Ich habe die Genossen über die Aufrichtigkeit deiner Reue bereits informiert. Und wenn sie nicht zu deiner jetzigen Erklärung noch etwas zu bemerken haben, kann ich dir sagen, was wir beschlossen haben.»

Der Kommandant und der Kommissar hatten nichts zu bemerken, und der Sekretär teilte mit: «Wir entheben dich aller Funktionen und versetzen dich als gemeinen Soldaten in eine Einheit. Wir geben dir Gelegenheit, deine Reue durch Taten zu erhärten. Du wirst mit uns zur Hinrichtung gehen, und wenn nötig, wirst du ihren Verrat aufzeigen und deine Ergebenheit unter Beweis stellen.»

«Ist das nicht eine zu hochherzige, zu großmütige Belohnung für einen Verräter?» fragte der mittlere Bruder unsicher.

«Unser Ziel ist nicht die Vernichtung, sondern die Umerziehung des Menschen», erwiderte der Sekretär entschieden.

Damit war die morgendliche Beratung beendet. Die übrigen Gefangenen wurden überhaupt nicht verhört, ihre Schuld war allen bekannt, und die Urteile waren unumstößlich, obschon sie nicht offiziell verlautbart worden waren. Die Funktionäre hatten auch so alle Hände voll zu tun und sputeten sich, ihren Pflichten nachzukommen. Der Kommandant, den Soldaten Weisungen zu geben, der Sekretär, die revolutionären Organisationen zu verständigen und mit ihrer Hilfe das Volk zusammenzurufen, der Kommissar, einen Abgrund im Gebirge zu finden und die Hinrichtung vorzubereiten . . .

Jeder erfüllte seine Aufgabe, und schon betraten sie an der Spitze des Zuges den schmalen Pfad, der sich zwischen den Felsen durchwand.

«Wie sollen die Leute hierhergelangen?» wandte der Kommandant ein und blieb stehen. «Und wohin führt dieser Weg?»

«Er war nicht leicht zu finden», antwortete der Kommissar, «und ohne die Hilfe der Hirtenknaben, der Mitglieder der Jugendorganisationen, hätte ich ihn überhaupt nicht gefunden. Aber ihr werdet sehen, die Stelle ist glänzend gewählt.»

Der Kommandant war beruhigt und ging weiter, der Sekretär holte ihn ein und bemerkte: «Um die Leute brauchen wir uns nicht zu sorgen – sie werden nachkommen, sie sind es gewohnt, im Gebirge herumzuklettern.»

Jetzt mußten sie größere Abstände halten, um nicht zu straucheln, und so schwiegen sie, denn sie waren es nicht gewohnt, bei ihren Gesprächen, selbst wenn sie belanglos waren, belauscht zu werden, nicht einmal von Menschen, die eine halbe Stunde später tot sein und in einem Abgrund liegen würden. Plötzlich waren sie allein mit den Verurteilten, die über das Gestein taumelten, von dem übrigen Zug durch Felsblöcke und Klippen getrennt, um welche sich der Steig schroff wand.

Nach etwa zehn Minuten Steigung öffnete sich vor ihnen ein von Felsen umsäumter Talkessel. Sie glaubten sich von der steinernen Stille erlöst, in der jeder Tritt, jeder Aufschlag des Gewehrkolbens, jedes Hüsteln und jeder Seufzer deutlich zu hören waren, da schrie der verurteilte Greis, der Oheim des Sekretärs, so unerwartet und dröhnend, daß es klang, als stürzten die Felsen ein: «Möge euer Same verderben! Möge mein Brot dir zu Gift werden, Neffe! Warum tötet und begrabt ihr uns nicht wie Menschen?»

«Bringt ihn zum Schweigen!» wütete der Kommandant. Der Kommissar blieb stehen, offenbar um den Wachen zu erklären, wie sie den Befehl des Kommandanten ausführen sollten, doch der Sekretär winkte ab: «Laßt ihn! Darauf kommt es nicht an – es ist das einzige, was ihm geblieben ist.»

Sie stiegen in den runden Talkessel hinab, der nicht breiter war als fünfzig Meter. Eigentlich war es eine ausgedehnte, ebene Mulde, deren Boden von der Erde gebildet wurde, welche Schneeschmelze und Regen von den jetzt kahlen Felsen geschwemmt hatten. Der Alte verstummte, der Kommissar trat vor, blieb in zehn Meter Entfernung von den die Mulde umrahmenden Felsen stehen und wartete mit einem Stein in der Hand, bis die Gefährten ihm gefolgt waren. «Hier!» Er wies auf einen sich vom Grün abzeichnenden, kniehohen Steinblock.

Erst jetzt gewahrten der Kommandant und der Sekretär den dunklen Spalt im Gestein. Der Kommissar ließ den Stein hinabfallen. Gespannt lauschten sie, wie der Stein dumpf und hart an die Felswände prallte. Ihre Spannung hielt noch an, als aus der Tiefe nichts mehr zu hören war.

Als erster faßte sich der Kommandant und blickte umher. «Glänzend!» meinte er. Der Sekretär stimmte zu: «Wirklich glänzend!» Der Kommissar lächelte zufrieden: «Eben darauf war ich bedacht – es ist wie im Theater.»

Erst jetzt merkten sie, daß die Verurteilten wie die Wachen bleich und starr standen und daß das Volk wie ein dunkler, wogender Fluß in die Mulde strömte. Sie hatten jedem seine Pflichten zugeteilt. Der Kommandant sollte die Verurteilten und das Erschießungskommando in Reih und Glied stellen, der Kommissar den von der Armee entsandten Delegationen die Schuld der Verurteilten und die Notwendigkeit der Hinrichtung auseinandersetzen, der Sekretär mit Hilfe der Mitglieder der Organisation die Leute um die Hinrichtungsstätte gruppieren.

Alles ging rascher und in besserer Ordnung vor sich, als man gehofft hatte. Das Volk befolgte rasch und exakt die leisen Befehle und stummen Winke, sogar die Verurteilten stellten sich gehorsam auf und warteten stumm, reglos und verstört zwischen dem Abgrund und dem Steilhang.

Als das Volk im Halbkreis auf den Felsen Platz genommen hatte, herrschte eine Stille, in welcher der Ruf der Bachstelze in den Felsen und das Rauschen des Wassers in der Tiefe zu vernehmen waren. Dieses eherne Schweigen, nur von den Vögeln und dem Wasser gebrochen, schien den mit den Soldaten befaßten Kommissar aufzuschrecken. Mit langen Schritten eilte er zu den Felsbrocken rund um den Abgrund und bestieg den höchsten.

Doch kaum hatte er zu seiner Rede angesetzt, begann der verurteilte Bataillonskommandant aus voller Kehle zu schreien, als wolle er seine Fesseln sprengen: «Es lebe die Revolution! Es lebe die revolutionäre Bewegung! Es lebe die Freiheit des Volkes!»

Von diesen Rufen angespornt und aufgerüttelt, begann nun jeder der Verurteilten das hinauszuschreien, was ihm am Herzen lag und wodurch er der Nachwelt im Gedächtnis bleiben wollte. Der verurteilte Bruder des Bataillonskommandanten brach in Tränen aus und rief, er sei unschuldig, die bösen Worte habe er nur im Zorn gesagt, der rothaarige Offizier weinte ebenfalls und beteuerte, seine ganze Schuld bestehe darin, daß er Offizier sei, der schwarzhaarige Offizier, in seinen Fesseln halb erstickt vor Wut, stieß unverständliche Worte hervor, die sowohl seinen Mördern als auch dem wankelmütigen Kameraden galten. Der greise Oheim des Sekretärs kniete nieder und begann im

Takt zu seinen Verwünschungen mit einem Stein gegen den Felsen zu hämmern, wie es das Volk seit alters tut, wenn es will, daß seine Flüche in Erfüllung gehen. Die Mitglieder der revolutionären Organisation schrien auf vor Wut und Empörung, mit ihnen viele Jugendliche, Väter und Mütter gefallener Revolutionäre, Schwestern und Frauen von Kämpfern, das verarmte, hungernde, erbitterte Volk. Einige begannen sogar, Steine auf die Verurteilten zu werfen.

Ratlos zuckte der Kommissar mit den Schultern und suchte mit den Augen den Sekretär, den er zwischen den Menschen und den Felsen nicht erblicken konnte. Er stieg von dem Felsblock herab, wie von der Welle der Empörung weggeschwemmt. Der Sekretär löste sich von dem Hintergrund der Felsen und schwenkte, auf den Kommandanten blickend, den Arm wie einen Säbel, um anzudeuten, man möge sich mit der Hinrichtung beeilen.

Der Kommandant gab seinen Befehl, und obgleich dieser weder laut gesprochen noch für andere als die Soldaten verständlich war, gebot er dem Tumult und der Erregung des Volkes Einhalt, nur die Schreie der Verurteilten erklangen weiter. Das zweite Kommando wurde von einer ohrenbetäubenden Salve übertönt. Die Verurteilten sanken zu Boden, bis auf den Greis, der nur schwankte und mit der Hand den Stein umklammerte, mit welchem er seinen Flüchen Nachdruck verliehen hatte. Er wollte aufschreien, eine letzte Verwünschung ausstoßen, doch statt der Worte drang ein Blutschwall aus seinem Mund und färbte den weißen Schnurrbart. Auch er sank hin. Unerwartet richteten sich der schwarzhaarige Offizier und der Bruder des Bataillonskommandanten auf, der eine stützte sich auf den rechten Ellbogen, der andere auf beide Arme.

«Bestien!» schrie der Offizier, die Zähne bleckend. «Verzeiht mir, Brüder!» schluchzte der junge Mann. «Vielleicht kann ich weiterleben – laßt mich als Soldat büßen!» Doch eine neue Salve streckte sie nieder und ließ sie verstummen.

Dennoch untersuchte der Kommandant sorgfältig die Hingesunkenen und schoß zweien von ihnen, die, wie er meinte, noch Lebenszeichen gaben, eine Kugel durch den Kopf. Die von dem Kommissar befehligten Delegierten der Armee hoben zuerst den Bataillonskommandanten auf und warfen ihn in den Abgrund, dann ließen sie ihm die übrigen folgen. Doch keiner von ihnen lauschte auf den Aufprall der Körper in der Tiefe. Die Menge skandierte in wilden Sprechchören die Parolen, die ihr der Sekretär von demselben Felsblock zurief, von dem aus der Kommissar zu sprechen versucht hatte.

Sobald der Sekretär von dem Felsblock gestiegen war, trat der mittlere Bruder des Bataillonskommandanten auf ihn zu. «Du hast gesagt, daß man mich vielleicht brauchen würde, daß ich über ihren Verrat sprechen und meine Ergebenheit beweisen sollte. Ich habe keine Gelegenheit dazu gehabt! Wäre es dir recht, wenn ich einen Kolo anregen würde?»

«Das mußt du selbst beurteilen», antwortete der Sekretär. Er schloß sich dem Kommandanten und dem Kommissar an, die von dem Felsspalt bereits zum Fußpfad hinübergegangen waren.

«Leute! Ein Kolo! Wir wollen Kolo tanzen und über den Leichnamen der Verräter singen!»

Der Reigen war rasch gebildet, und in der bunten Menge der tanzenden und singenden Menschen verlor sich die schmächtige Gestalt des mittleren Bruders.

Der Kommandant blickte auf den Kolo und bemerkte: «Es hat sich aufgehellt.»

«Meinst du das symbolisch?» lächelte der Kommissar.

«Man kann es auch so auffassen», erwiderte der Sekretär und fügte hinzu: «Das alles ist bitter, aber es geht nicht anders.»

Sie wandten sich zum Gehen, doch Jammerschreie von den Felsen her bewogen sie, stehenzubleiben. Zwei Frauen durchbrachen von verschiedenen Richtungen fast gleichzeitig den Kolo und näherten sich dem Felsspalt. In einer von ihnen, einer hageren Schwarzhaarigen, erkannten die drei Funktionäre die Schwester der erschossenen Brüder, in der andern, einer fülligen Blondine, die Frau des rothaarigen Offiziers. «Zum Teufel!» schrie der Sekretär. «Haben wir nicht die Postierung von Wachen auf dem Weg angeordnet? Haben wir nicht darauf hingewiesen, daß gerade diese beiden daran gehindert werden sollen, durch Jammern und Klagen das Volk zu verwirren und aufzuwiegeln?»

«Die Posten wurden aufgestellt», antwortete der Kommandant ärgerlich, «aber die beiden sind nicht auf dem Weg hergekommen.»

«Irgend jemand hat es ihnen zugetragen», meinte der Kommissar, «oder sie sind dem Zug gefolgt und haben die Posten umgangen.»

Doch die Frauen jammerten und klagten nicht mehr. Die Schwester war zuerst angelangt, sie setzte sich auf einen Stein, stützte den Kopf in die Hand und breitete ein schwarzes Tuch aus, wie es Klageweiber tun, bevor sie ihr Lied anstimmen. Doch als sie die Frau des Offiziers mit einem Veilchenstrauß in der Hand erblickte, stand sie plötzlich auf, raffte ihr Tuch an sich und schrie die andere an: «Bildest du dir ein, daß ich auch über deinen Verräter weinen werde, du Schlampe?» Die Offiziersfrau sah sie einige Augenblicke in stummer Bestürzung an, dann legte sie die Blumen auf einen Stein und fuhr zornrot auf die Feindin los: «Du Bauerntrampel, glaubst du, ich werde Blumen auf deine Banditen streuen?»

Die Leute hatten mit dem Kolotanzen innegehalten. Als die beiden Frauen einander und die Erschossenen schmähten, begannen viele zu lachen und sie mit Zurufen anzuspornen. Auch der Kommandant lachte schallend. Der Kommissar betrachtete mit unbestimmter Neugier, der Sekretär undurchdringlich und nachdenklich die Szene.

Doch mitten durch das wilde Gekreische der Frauen und den fröhlichen Lärm der Menge bahnte sich ein bärtiger Greis in gebeugter Haltung, auf seinen knotigen Stock gestützt, einen Weg zum Felsspalt. Jemand rief: «Ruhe, Ruhe!» Und wirklich folgte dem Alten ein immer verhalteneres neugieriges Raunen. Er schritt ruhig dahin, ohne auf irgend etwas zu achten. Offenbar hatte er keine Furcht oder war so alt, daß ihm das Leben nichts mehr bedeutete. Als er vor dem Felsspalt angelangt war, nahm er bedächtig seine bunte Lammfellmütze ab, bekreuzigte sich, sagte seufzend: «Gott sei ihrer Seele gnädig!», ergriff den Veilchenstrauß und warf ihn feierlich in die Tiefe.

«Wer ist das?» fragte der Sekretär. «Irgendein Kauz aus der Grotte», antwortete der Kommandant, und der Kommissar setzte hinzu: «Ein alter Mann.»

Der Alte stülpte in unbeholfener Hast die Mütze auf seinen roten, kahlen Schädel, stützte sich auf den Stock und wandte sich in die Richtung, die wegführte von dem Fußpfad, über welchen die Funktionäre, die Verurteilten und die Leute gekommen waren.

Das Grau seiner zerlumpten Bauerntracht verschmolz mit der Farbe der Felsen, und im nächsten Augenblick war er den Blicken entschwunden.

*4. bis 12. Januar 1968*
*Belgrad*

# Meine Brüder und das Mädchen

*Zur Erinnerung an meinen Bruder Milivoj Djilas*

Stets war mein Vater fleißig und tüchtig gewesen, und doch gestaltete sich sein Alter so, wie er es am wenigsten erwartet hatte. In den nationalen Kriegen gegen die Türken und gegen Österreich-Ungarn wie auch im Kampf um die Vereinigung der Südslawen hatte er großes Ansehen und einen höheren Offiziersrang erlangt. Das verhalf ihm zu einem schönen Gut im Sandschak-Gebiet, wo die Moslems nach dem Rückzug der Türken und der Proklamierung des Staates Montenegro ihr Land um einen Pappenstiel verkauften. Noch rüstig, doch nicht mehr geeignet zum Dienst in der neuen und moderneren Armee, erhielt er, wie die meisten Montenegriner seiner Generation und Gesellschaftsschicht, eine Pension, von der er auf seinem Gut behaglich, wenn auch nicht üppig leben konnte. Und just als er hoffte, von nun ab eine ruhigere Existenz zu haben, wurde seine Lebens- und Denkweise dadurch umgekrempelt, daß seine Kinder nicht nur Anhänger, sondern Pioniere und Träger der revolutionären Bewegung dieses Gebietes wurden. Unerwartet für meinen Vater erhielt ich eine schwere Gefängnisstrafe, bald darauf verlor mein älterer Bruder seine Stellung, und mein jüngerer Bruder wurde des öfteren verhaftet und aus Belgrad, wo er studierte, in seinen Heimatort zu den Eltern abgeschoben. Zudem begannen die Behörden unser Haus und unsere Familie vor aller Augen zu überwachen, da dies die wirksamste Form des Druckes und der Einschüchterung war. Und wie immer, wenn der Machtapparat in Bewegung gesetzt wird, ließ dies verborgenen Haß zutage treten und spornte die Liebediener der Regierung an, sich gegen unsere Familie zu wenden. Unsere Verwandten und Freunde ließen uns im Stich. Immer seltener kamen sie zu unserem Familienfest, der *Slava*, die mein Vater um so eifriger und feierlicher beging, je mehr auch bei ihm der Widerstand und die Überzeugung erstarkten, daß man mit den Parteigängern des Bösen nicht einmal das Glaubensbekenntnis teilen solle.

Es würde zu weit führen, wollte ich den ganzen qualvollen Weg schildern, den mein Vater von der Lossagung von seinen Kindern bis zum Bündnis mit ihnen, zur Unterstützung ihrer Ideen und ihrer Haltung ging. Die Mutter hingegen schien die Schwierigkeiten dieses Werdegangs nicht zu merken. Sie war Mutter, ihr Denken und Leben galt einzig dem Schicksal ihrer Kinder, sie war Analphabetin, und der Überlieferung getreu nahm sie wie zur Zeit der Türken Partei für die Unterdrückten. Diesen Weg, der damals verständlich, wenn auch scheinbar unnatürlich war, ging die Mehrzahl der Familien der Revolutionäre, vor allem jener aus patriarchalischen Kreisen. Zukunft und Hoffnung, Redlichkeit und Tapferkeit waren dort und damals wichtiger als das Tatsächliche und Mögliche, als Besitz und Bequemlichkeit. Die Väter wurden, eben weil sie selbst Kämpfer gegen die Gewalt gewesen und von Mythen beeinflußt waren, in den neuen Kämpfen und unter dem Einfluß der neuen Mythen zu Kindern ihrer Kinder.

So verlor mein Vater, je älter er wurde und je mehr er sein Schicksal mit dem seiner Kinder verband, jedes Interesse an seinem Besitz, obgleich er ihn zuvor geliebt und ihn wie ein lebendes Wesen gehegt und gepflegt hatte. Außerdem war er – und wir Kinder mit ihm – der Meinung, daß in einer kultivierteren, fortschrittlicheren Umgebung der Druck der Behörden weniger wirksam und nicht so unerträglich wäre und daß bessere Möglichkeiten bestünden, Arbeit zu finden. Er hing nicht mehr an dem Besitz, verkaufte ihn um einen Spottpreis und zog mit uns in ein Städtchen an der Save, in eine reiche Gegend, in der das Leben billig war. Die Familie mußte jetzt ausschließlich von seiner Pension leben, und unsere Familie war groß. Außer den beiden erwachsenen und arbeitslosen Brüdern waren fünf weitere Kinder da, von denen nur ich dem Vater nicht zur Last fiel. Ich ging völlig in der revolutionären Arbeit in der Hauptstadt auf und lebte mehr von der Freigebigkeit politisch Gleichgesinnter als von dem, was ich hin und wieder auf irgendeine Weise verdiente.

In der neuen Umgebung waren die Kontrolle und der Druck der Behörden erträglicher, und doch gab es für den Vater und die Familie keine Ruhe und Sicherheit. Selbst wenn unsere Familie nicht durch ihre besonderen Gewohnheiten und durch ihre Lebensweise auffallend und attraktiv gewesen wäre, hätte ihr hierzu der Ruf verholfen, der ihr unweigerlich folgte, wie allen jenen, die das Bestehende, die Ungerechtigkeit bekämpften. Bald hatte es sich herumgesprochen, daß die Familie in Wahrheit deshalb aus ihrem Heimatort verzogen sei, weil nicht nur die Kinder, sondern auch der Vater gefährliche Aufrührer seien. Unser neues Heim wurde zu einem Treffpunkt, wo sich alle versammelten, die unzufrieden waren, die von Gerechtigkeit und vom Glück des Menschen träumten, um so sehnsüchtiger und beharrlicher, als es im Ort selbst noch keine illegale revolutionäre Organisation gab.

Entgegen der Hoffnung, Ruhe und Frieden zu finden, wurde die Familie vom Tag ihrer Ankunft an zum Stein des Anstoßes. Immer mehr konzentrierten sich die Aufmerksamkeit und Wachsamkeit der Behörden auf sie. Denn der Mensch trägt die Welt in sich, der Mensch ist die Welt, er ist unfähig, all dem auszuweichen, was ist, was sein muß. Für diejenigen im Städtchen, die eine neue Welt herbeisehnten, galt es bald nicht nur als Tapferkeitsbeweis, sondern auch als Pflicht und Notwendigkeit, sich in unserem Haus einzufinden und Verbindung mit meinen Brüdern aufzunehmen.

Ich weiß nicht, wann und wie sie meine Brüder kennenlernte und sich mit ihnen befreundete. Als sie im letzten Jahr an der Lehrerbildungsanstalt war, gab sie ihr Studium auf, sei es ihrer Armut wegen oder deshalb, weil man sie wegen ihrer politischen Tätigkeit ausgeschlossen hatte. Jedenfalls war sie von der revolutionären Welle erfaßt worden. Das war ein ausreichender Grund, meine Brüder aufzusuchen, sobald sie von ihrer Ankunft gehört und herausgebracht hatte, wer und wie sie waren. Bald war sie täglicher Gast unserer Familie. Sie hielt sich beinahe mehr bei uns auf als bei ihren eigenen Leuten im benachbarten Dorf. Solche Freundschaften zwischen verfolgten Gleichgesinnten waren etwas ganz Selbstverständliches, auch meine Eltern hatten sich schon daran gewöhnt.

Sie war um vieles jünger als meine Brüder – erst achtzehn Jahre alt – und darum weniger erfahren oder, wie wir es damals nannten, ideologisch und politisch weniger geschult.

Mit einem Feuereifer, den sie mit kühlem Kopf plante und kontrollierte, nahm sie jede aus Büchern oder Gesprächen gewonnene Erkenntnis in sich auf und speicherte sie unmerklich in ihrem Inneren. Auch ich erkannte, als ich im Frühjahr meine Familie besuchte, die aufmerksame Zuhörerin in ihr, die jedoch ihre Neugier nicht zeigte. Auch die kompliziertesten Theorien begriff sie leicht, doch niemals gab sie zu erkennen, welche Schlüsse und Lehren für sich selbst sie daraus zog. Damit will ich nicht sagen, sie sei kein kluger und ergebener Kämpfer gewesen. Sie gründete bald darauf in ihrem Dorf und dessen Umgebung eine Reihe von Jugendgruppen, später bewies sie im Gefängnis und beim Verhör Mut und Entschlossenheit. Sie hatte nur eine andere Art, die revolutionäre Lehre in sich aufzunehmen, und eine andere Arbeitsmethode.

Die Begegnung mit ihr ließ in mir zum erstenmal plastisch das Bild einer neuen revolutionären Generation erstehen, ob einer besseren oder schlechteren, weiß ich nicht, jedenfalls einer anders gearteten, die nicht weniger mutig und opferbereit war, für die jedoch die revolutionäre Arbeit etwas Alltägliches bedeutete, etwas, was man wohlüberlegt und bewußt, ohne betonten Verzicht auf sich nimmt. Mich dünkte, sie sei fähig, jede Folter und auch den Tod zu ertragen, aber nicht allein um der Idee willen und sich dieser opfernd, sondern auch aus einer gewissen inneren, persönlichen Berechnung heraus. Der Ausdruck «Berechnung» ist hier nicht gut gewählt, denn er läßt an materiellen Vorteil denken, doch in Anbetracht ihrer Besonnenheit in allen Fragen kann ich keinen treffenderen finden. Ganz in diesem Sinne dünkte mich, sie könne ebensogut auch zum Verräter werden, und zwar nicht zum Verräter aus Feigheit, von denen es viele gab, die aber strenggenommen keine Verräter waren, sondern zu einem Verräter, der wägt und schätzt und sich dann in einen erbitterten Gegner verwandelt. Doch das würde bei ihr nur dann geschehen, wenn es zu einem inneren Mißverhältnis zwischen ihrer Persönlichkeit und der Idee und Praxis der Organisation käme, jener Idee und Praxis, die sie in einer für andere unverständlichen Weise in sich aufnahm und einordnete.

Auch wenn es sich nicht um meine Brüder gehandelt hätte, wäre ich verpflichtet gewesen, mit ihnen meinen Eindruck von diesem Mädchen zu diskutieren, natürlich in den vereinfachten dogmatischen Begriffen und Redewendungen, deren wir uns damals bedienten und die uns in der einleuchtendsten und zweckdienlichsten Form die Welt erklärten, der wir angehörten und die zu verwirklichen wir trachteten. Ich sagte ungefähr: «Sie ist sehr aufgeweckt, intelligent und energisch, aber ich habe das Gefühl, daß in ihr noch viel Individualistisches, um nicht zu sagen Kleinbürgerliches steckt – sie stellt nicht die Idee über alles Persönliche. Aber sie ist noch jung und kann sich entwickeln, und ohne Zweifel kann sie schon jetzt von Nutzen sein, vor allem in der Jugendarbeit.»

Ich könnte nicht sagen, meine Brüder hätten sich meinem Urteil nicht angeschlossen, obschon sie das Mädchen näher und besser kannten. Doch sahen sie in einer Weise, die alles noch mehr vereinfachte, als ich es getan hatte, in ihr auch vieles andere, das ich in so kurzer Zeit und auf Anhieb nicht hatte wahrnehmen können.

Heute sehe ich, daß sie in ihre Beurteilung, jeder auf seine Art, auch ihre persönlichen Gefühle eingeflochten hatten, die zwischen ihr und jedem der beiden bereits aufgekeimt waren.

Der ältere Bruder erkannte vor allem an ihrem Ehrgeiz, daß sie tatsächlich noch nicht frei von kleinbürgerlichen Neigungen war, aber er hielt das bei ihr für nebensächlich.

Zuerst muß ich erklären, was mein Bruder, was wir Revolutionäre damals unter Kleinbürgerlichkeit, Kleinbürgern und ähnlichem verstanden. Kleinbürger sind bekanntlich Kleingewerbetreibende, Handwerker, kleine Geschäftsleute und Beamte, und kleinbürgerlich sind ihre Gewohnheiten, ihre Moral und ihr Streben nach einem bequemen und geborgenen Leben im eigenen Häuschen mit der eigenen Familie. Für uns Revolutionäre aber galten diese Begriffe auch für jegliche Anpassungsfähigkeit, jegliche Anpassung an vorgefundene, überkommene, ja sogar unabwendbare Gegebenheiten. In unserem Agrarland waren die Revolutionäre, selbst wenn sie aus Arbeiter- oder Intellektuellenkreisen kamen, infolge Vererbung und Umwelteinfluß mit kleinbürgerlichen Neigungen und Gewohnheiten behaftet. Und obgleich die Kleinbürger nicht aktive politische Gegner waren, bedeuteten sie für die Entwicklung eines Menschen zum Revolutionär und damit für die

Revolution allein schon durch ihre Lebensweise und ihre Ansichten ein Hindernis, mehr ein gedankliches und psychisches als ein soziales. Revolutionäre Haltung und persönliche Wandlung zum Revolutionär, auch wenn ihr unmittelbarer Anlaß Differenzen mit der kleinbürgerlichen Umgebung und die Lossagung von ihr waren, führten unweigerlich zu weiteren Konsequenzen: zu asketischem Verzicht und zur Auflehnung gegen die Gegebenheiten, zu schwärmerischen Vorstellungen von der eigenen Person als dem Keim des neuen Menschen. Denn offenbar ist es wirklich so, daß jeder zuerst den Menschen, der er bisher war, in sich abtöten muß, um das gleiche bei anderen erreichen und die Bedingungen des menschlichen Lebens ändern zu können.

Den Beobachtungen meines älteren Bruders zufolge hatte sich das Mädchen von bestimmten Rückständen und Tendenzen der Familie und des Milieus nicht frei gemacht – genau dieser Ausdruck wurde hierauf angewandt – und ihre Person nicht mit dem Kampf und den Visionen der neuen Welt identifiziert.

Wenn ich heute daran zurückdenke, sehe ich, daß ich und mein Bruder uns im Grunde täuschten. In ihrem Innersten war sie auch damals durchaus keine Kleinbürgerin, obschon auch von einer solchen etwas in ihrer ebenso mutigen und neuartigen wie vorsichtigen Haltung zu finden war. Sie hatte innerlich mit allen traditionellen und alltäglichen Bindungen gebrochen, als sei sie von Geburt an nicht damit belastet gewesen, und wenn sie irgend etwas von diesen Formen des Lebens und Denkens beibehielt, dann nur zum Zwecke der Stärkung der revolutionären Bewegung, allerdings auch ihrer eigenen Person und ihrer Rolle als Revolutionärin. Sie war bereit, unter Einsatz ihres ganzen Selbst zu kämpfen, wie ein bewährter und geschulter Revolutionär – mit eben diesen Ausdrücken wurden jene höchsten, begehrtesten Eigenschaften bewertet.

Es handelt sich im Grunde um ein Mißverständnis. Die von mir und meinem Bruder anerkannten und erdachten Schemen konnten auf sie nur teilweise und dem Anschein nach angewandt werden. Für uns hatten die Revolution und die neuen Ideen einen höheren, definitiven Sinn, und wir widmeten uns ihnen mit einer Leidenschaft und Begeisterung, deren nur jene fähig sind, die in der Überzeugung leben, Wahrheiten entdeckt zu haben, welche letzten Endes den Menschen Brüderlichkeit und Frieden bringen werden. Deshalb lebten und kämpften wir in dem unaufhörlichen Zwiespalt zwischen dem Glauben, dem Wunsch, uns persönlich unterzuordnen, uns mit dem Allgemeinen zu identifizieren, und der Unmöglichkeit einer vollkommenen und endgültigen Verwirklichung solcher Vorstellungen. Und immer dann, wenn es uns gelang, uns durch Begeisterung und Schwärmerei, Leiden und große Leistungen von unseren inneren Konflikten zu befreien, freuten wir uns, daß die Richtigkeit der Idee und damit ihr Sinn wie auch die Möglichkeit des eigenen Glücks bestätigt waren. Das Mädchen hingegen betrachtete die revolutionären Anschauungen und die revolutionäre Arbeit wie auch die Lebensweise der Revolutionäre als etwas Selbstverständliches und bediente sich hierbei auch anderer Formen, eben der kleinbürgerlichen, wenn sie für die Verbreitung der Idee und die Stärkung der Bewegung dienlich waren.

In diesem Zusammenhang entsinne ich mich einer Einzelheit: Als wir ihr eine geringe Summe aus den Mitteln der Partei anboten – denn die politische Arbeit beanspruchte sie wirklich derart, daß sie keine Zeit hatte, ihren Lebensunterhalt zu verdienen –, sah sie darin etwas ganz Natürliches und Logisches. Ich und mein Bruder hingegen, wie auch die meisten anderen Revolutionäre unseres Schlages und unserer Generation, hatten, wenn wir für unsere elementarsten Lebensbedürfnisse Parteigelder annehmen mußten, die Gewissensbisse von Gläubigen, die Kirchenraub begehen. Wir hofften jedesmal, es würde das letzte Mal sein.

Doch das bedeutet nicht, daß sie eigennütziger war oder mehr zur Bequemlichkeit neigte als wir. Gewiß, sie war als Persönlichkeit anders als wir, meiner Meinung nach aus Gründen, die wir nicht in vollem Umfang begriffen, obgleich sie teilweise das Ergebnis unserer eigenen revolutionären Arbeit waren. Die Revolution war für uns das höchste Ziel und ein Traum, für sie wurde sie zum Leben selbst und zur Unumstößlichkeit.

Die Einschätzung, die mein jüngerer Bruder über sie abgab, erscheint mir heute richtiger, damals aber hielt ich sie nicht für zuverlässig, denn er war in das Mädchen verliebt. Er meinte, sie habe ungewöhnliche, ja hervorragende Eigenschaften. Was der ältere Bruder und – unter seinem Einfluß und nach meinem eigenen oberflächlichen Eindruck – auch ich bei ihr für Individualismus und Kleinbürgerlichkeit hielten, wertete er weder als das eine noch als das andere, sondern als Weitblick und Anpassungsfähigkeit sowohl bei der Erfüllung revolutionärer Aufgaben als auch bei der Gestaltung des eigenen Lebens. Diese weit eher den Kern treffenden, wenn auch subjektiven Erkenntnisse über sie gewann mein jüngerer Bruder deshalb, weil er ihr näherstand und jünger war als wir – sieben Jahre jünger als der älteste Bruder und drei Jahre jünger als ich. Außerdem war er ein Verfechter der neuen revolutionären Generation, wenn er auch nicht vollends zu ihr gehörte.

Doch auch er konnte sich nicht restlos in ihre Persönlichkeit hineindenken – wenn derartiges überhaupt möglich ist –, und zwar, wie ich heute glaube, vor allem deshalb nicht, weil er zum Großteil andere, ich möchte sagen altmodische, wenn nicht gar urtümliche Moralbegriffe hatte. Wir waren alle drei, wenn ich so sagen darf, mit Skrupeln belastet, natürlich jeder auf seine Weise. Doch bei ihm war das so ausgeprägt und so tief verwurzelt, als fuße seine ganze Persönlichkeit auf der Moral, als gälten alle seine Handlungen und Wünsche der Moral. Er war einer jener redlichen Menschen, die unglücklich sind, wenn sie sich von der Unredlichkeit anderer, von der Existenz der Unredlichkeit in der Welt überzeugen müssen.

Das soll jedoch nicht heißen, daß er naiv oder daß sie unmoralisch war und daß er sich von ihr verleiten ließ. Nein, es handelte sich einfach darum, daß sie für uns und, wie mir heute scheint, auch für andere etwas so völlig Neues darstellte, daß wir nicht imstande waren, sie voll und ganz zu begreifen.

Wenn ich mich hin und wieder nicht eben zufällig in Gedanken mit ihrer noch nach so vielen Jahren unergründlichen Persönlichkeit befasse, vermute ich, sie wäre auch dann an meine Brüder herangetreten und hätte sich mit ihnen befreundet, wenn sie nicht deren Gesinnung geteilt hätte. Offenkundig fesselte es sie, daß meine Brüder aus dem Gebirge, aus Montenegro waren und in jeder Beziehung anders als die Serben der Save-Ebenen. Ich glaube, das war für sie ausschlaggebend – ein neues Erlebnis. Sie konnte damals nicht wissen, daß gerade ihre Verbindung mit ihnen ihr auch zu ihrem ersten und entscheidenden politischen Aufstieg verhelfen würde. Dennoch kann ich mich noch heute des Eindrucks nicht erwehren, daß sie mit aller Kraft nach einer Bestätigung, ja Hervorstreichung ihrer Persönlichkeit trachtete, obgleich nicht zu leugnen ist, daß sie stets bereit war, alles, auch das Leben, für jedwede revolutionäre Aufgabe zu opfern und die undankbarsten und unangenehmsten Arbeiten zu verrichten – wenn es solche Arbeiten in der revolutionären Organisation und in der Revolution gibt. Ja, solch eine Persönlichkeit war sie: Unentwegtes und unerschrockenes Vorwärtsschreiten, die Bahnung des Weges für die Revolution waren für sie identisch mit ihrem persönlichen Erfolg und auch mit ihrer Person und ihrem Schicksal. In dieser Eigenschaft war sie unentbehrlich und von unschätzbarem Wert in der revolutionären Arbeit, sie fand immer einen Weg, war unbeirrbar und erfinderisch, zu allem bereit.

Auch mein jüngerer Bruder konnte sie nicht restlos begreifen, er am allerwenigsten, war er doch von Ethik belastet und in sie verliebt. Ihm war klar, daß sie keine Individualistin im damaligen Sinn des Wortes und noch weniger eine Kleinbürgerin war. Ebenso wie mein älterer Bruder wußte auch er um ihre Intelligenz, ihre politische Begabung, ihre praktischen Fähigkeiten. Aber das waren nur einige der vielen Seiten ihrer Persönlichkeit.

Und noch etwas: Mein jüngerer Bruder hielt sie für ein sehr schönes Mädchen. Der ältere Bruder sagte, sie sei hübsch, ein Ausdruck, welcher für ihn Schönheit und Attraktivität, jedoch nichts Einmaliges bedeutete. Als ich sie zum erstenmal sah, meinte ich, man könne sie nicht als

Schönheit bezeichnen. Aber auch hierin erwies sich mein Urteil als oberflächlich und unrichtig. Erst im Zuge späterer Ereignisse war ich gezwungen, mich mit ihrer Persönlichkeit und auch mit ihrer körperlichen Erscheinung zu befassen.

Sie war schlank, doch nicht mager, mittelgroß, ihre Haut war weiß, ihr Haar schwarz: Solche Mädchen sind in serbischen Kleinstädten häufig anzutreffen. Doch anders als die meisten dieser Mädchen hatte sie eine zarte, ein wenig gebogene, doch fein geformte Nase mit empfindsamen, schmalen Nüstern. Auffallend waren auch ihre Augen: veränderlich in der Farbe, eher gelb als dunkel, völlig mit ihrem Gesicht harmonierend, dessen leichte Sommersprossen in Augenblicken der Erregung deutlicher sichtbar wurden.

Später wurde mir ihr Aussehen bis in die geringfügigsten, feinsten Einzelheiten vertraut und blieb mir für immer in Erinnerung. Zu jener Zeit schenkte ich dem weiter keine Beachtung, obgleich sie und mein jüngerer Bruder einander liebten. Sie war für mich eine von vielen Genossinnen aus der Bewegung, ein klein wenig schöner als andere, beileibe nicht die schönste. Um bei der Wahrheit zu bleiben, muß ich hinzufügen: Schöne Frauen waren in der revolutionären Bewegung selten. Irgend jemand sagte einmal: Häßliche Frauen kompensieren ihre Häßlichkeit durch revolutionäre Selbstverleugnung. Vielleicht stimmt das nicht ganz, vielmehr werden die schönen Frauen von Macht und Reichtum angelockt, und wir Revolutionäre versprachen weder das eine noch das andere.

Anderthalb Jahre mußten vergehen, bis dieses Mädchen sowohl durch seine Persönlichkeit als auch durch seine Erscheinung für mich zu einem Problem wurde, und noch heute, zwölf Jahre später, versuche ich sie zu enträtseln.

Mein älterer Bruder und ich freuten uns, daß der jüngste endlich ein Mädchen gefunden hatte, obschon wir wußten, daß eigentlich sie ihn gefunden hatte. Denn ganz abgesehen davon, daß mein Bruder seinem ganzen Charakter nach äußerst zurückhaltend war, überwogen bereits damals unter den Revolutionären Strömungen, denen zufolge ein wahrer Revolutionär auch in der Liebe Selbstzucht üben und bis zur Askese rein sein muß. Wie so vieles anderes bei den Revolutionären, gewannen auch diese Thesen mythische Kraft, obgleich jene, die sich konsequent daran hielten, nicht allzu zahlreich waren.

Doch gerade mein jüngerer Bruder war einer von ihnen. Er war bereits fünfundzwanzig Jahre alt, wohlgestalt und sogar schön, obgleich er, wie es zumeist bei hochgewachsenen, kräftigen Männern der Fall ist, eine große und ein wenig gebogene Nase hatte. Dennoch schien er noch keine Frau näher gekannt zu haben. Vielleicht hatte er in seiner ersten Jugend eine Liebschaft gehabt, doch davon sprach er nie, und niemand wußte Genaueres hierüber. Wahrscheinlich war es ein enttäuschendes und schmerzliches Erlebnis gewesen. Im Grunde konnte man sich Beziehungen zwischen ihm und Frauen kaum vorstellen. Zu leichten Mädchen ging er nicht, und in seinem Schweigen und Lächeln bei Gesprächen über Liebe lag Schamhaftigkeit und vor allem Wehmut. Das Heranreifen und das Liebesleben älterer Brüder verwirrt die jüngeren, stößt sie sogar ab. Bei unserem jüngsten Bruder mußte die Wirkung um so tiefer sein, als er auch sonst schweigsam und zurückhaltend war, und sein Heranwachsen zum Jüngling und Revolutionär fiel gerade in die Zeit, als in der revolutionären Bewegung jene strengen Schranken und Normen aufkamen.

Unser intimes Leben war im übrigen das Spiegelbild nicht nur dreier unterschiedlicher, wenn auch verwandter und einander nahestehender Persönlichkeiten, sondern auch dreier Strömungen derselben Generation und der revolutionären Bewegung selbst.

Mein älterer Bruder, der zur selben Zeit wie ich, vielleicht gar etwas später, zum Revolutionär wurde, reifte zum Mann, als es in der revolutionären Bewegung nicht nur keinerlei sexuelle Tabus gab, sondern diese sogar als kleinbürgerliche Vorurteile angesehen wurden. In allen Dingen leidenschaftlich, war er erst recht in der Liebe impulsiv und eigenwillig. Zu einem unbekümmerten, fast liederlichen Verhalten gegenüber Frauen trieben ihn seine an leichten Liebeserlebnissen reiche Jugend, die Erbitterung über die Treulosigkeit seiner Braut und der ihm willkommene Bruch mit ihr, als sie zögerte, ihm auf den gefährlichen Weg eines Rebellen zu folgen. Zu alledem war er auch von einer eigenartigen männlichen Schönheit: starke Brauen, das unruhige blasse Gesicht derbknochig, fest gezeichnete Lippen und starke Zähne, alles kraftvoll und herb, unmittelbar und fast brutal wirkend. Er konnte seine Liebesaffären nicht verheimlichen, und ich war von der Zahl und Unvermitteltheit seiner Abenteuer, besonders als ich ein Knabe war, derart überwältigt, daß ich glaubte, es gebe keine Frau, die ihm widerstehen könne oder die zur Treue fähig sei. Mit diesen Eigenschaften kam er auch zur revolutionären Bewegung, und da hier eine kameradschaftliche, von allem Erotischen freie Haltung gegenüber den weiblichen Mitgliedern gefordert wurde, benahm er sich diesen gegenüber auch so, änderte aber seine Gewohnheiten in bezug auf andere Frauen nicht. Im übrigen war er davon überzeugt, daß sich die Revolutionärinnen in der Hingabe nicht von anderen Frauen unterschieden. Er wollte keine Frau aus der revolutionären Bewegung zur Gefährtin, an die er sich vorbehaltlos hätte binden müssen. Vielleicht zeigte sich in dieser Einstellung mehr sein Streben nach Unabhängigkeit als ein unwiderstehliches Verlangen, ständig den Partner zu wechseln, denn er ging auch in der revolutionären Bewegung so auf, wie er war, fast ohne etwas Neues in sich aufzunehmen oder sich zu ändern. Es schien – und es war auch so –, als sei er ein Aufrührer, der aus der Urzeit, aus der mythischen Vergangenheit des Volkes in die Gegenwart geraten sei. Kampf, Aufruhr, Krieg waren in demselben – wenn nicht in höherem – Maße sein eigentlicher Lebensinhalt wie der sehnlich erwartete und geduldig vorbereitete schicksalhafte Augenblick.

Anders als seines, begann mein Liebesleben verspätet und in aller Stille. Als ich in der besten Jugend war, kam ich ins Gefängnis, danach wurde ich von der puritanischen und dogmatischen Phase der Bewegung erfaßt. Ich band mich vorbehaltlos an meine zukünftige Ehefrau, so daß der Sieg des neuen Kurses in der revolutionären Bewegung, zu dessen Verfechtern und Pionieren auch ich gehörte, für mich kein Hemmnis bedeutete. Doch heute habe ich keinen Grund, irgend etwas zu verheimlichen. Obgleich ich meiner Frau und dem neugeschaffenen Kodex treu blieb – dieser Kodex wurde als definitive Wahrheit und höchstes ethisches Prinzip angesehen, wenn er auch nur aus der Notwendigkeit der inneren Festigung der Bewegung und aus dem Wunsche, die Revolutionäre sollten die gewöhnlichen Menschen überragen, entstanden war –, fühlte ich mich unzählige Male zu anderen Frauen hingezogen und begehrte sie. Man könnte es fast so auffassen, als sei das, was beim ältesten Bruder zur Tat wurde, bei mir ein Wunsch geblieben. Dieser Unterschied entsprach jenem in unseren Charakteren. Genau besehen, neige ich zwar zur Schwärmerei, bin aber dabei besonnen. Auch das Wirken in der revolutionären Bewegung war für mich ebensosehr Glaubenssache und moralische Verpflichtung wie Erkenntnis und Aufgabe.

Bei meinem jüngeren Bruder hingegen gab es keine derartigen Nuancierungen und inneren Konflikte. Die revolutionäre Arbeit war sowohl die ihm gemäße Lebensform als auch seine Weltanschauung, und als er in der Bewegung die Frau gefunden hatte, die er liebte, sehnte er sich nicht mehr nach anderen Frauen.

Gewiß verlief auch bei ihm nicht alles glatt und einfach, doch das Endergebnis war so, wie ich es hier schildere.

Ich vereinfache die Vorgänge absichtlich in meiner Wiedergabe, um von dem Geschehen und den daran Beteiligten ein möglichst klares und einleuchtendes Bild zu geben. Es erscheint mir nicht wichtig, in welcher Reihenfolge und wie sich alles zutrug. Es kommt mir darauf an, zu beschreiben, wie sich die Menschen – so, wie sie eben waren – in der damaligen Situation bewährten.

Mein älterer Bruder und ich, und auch die übrigen Familienmitglieder, hätten wohl kaum erfahren, daß der Jüngste und das Mädchen miteinander intim geworden waren – Gefährte und Gefährtin, wie man damals sagte –, hätte nicht sie selbst offen davon gesprochen.

Sie hatte sofort und mit Leichtigkeit die ganze Strenge erfaßt, mit welcher damals Beziehungen zwischen Mann und Frau in der revolutionären Bewegung abgewogen wurden, aber auch das nahezu romantische Wohlwollen und die Unterstützung, welche die Funktionäre Liebes- und Ehepaaren angedeihen ließen – zwischen den ersten und den zweiten wurde kein Unterschied gemacht –, wenn ihre Beziehungen den Anschauungen und Erfordernissen der Bewegung entsprachen. Denn solche Beziehungen stärkten den Glauben an den künftigen neuen Menschen, sie hielten die Bewegung frei von Intrigen um das Verhältnis Mann-Frau und von Rivalitäten. Der Einfluß auf Sympathisanten und einfache Menschen war beachtlich. Die Revolutionäre wurden zum Symbol für moralische Reinheit, und die Mitglieder der Bewegung selbst wurden innerlich geläutert und widmeten sich vorbehaltlos den revolutionären Aufgaben. Das Liebesleben, die intimsten Angelegenheiten der Revolutionäre wurden zu einem Mittel – einem viel wichtigeren, als angenommen wird – des Einflusses auf Außenstehende, des geistigen Zusammenschlusses und der weiteren Entfaltung der Bewegung. Deshalb würdigte und pflegte das Mädchen die Beziehung zum jüngsten Bruder in all ihrer damaligen revolutionären Reinheit und Beständigkeit.

Im übrigen verhielt sie sich seit dem Sommer – dem Zeitpunkt, zu dem das Verhältnis zwischen ihr und dem jüngsten Bruder offiziell geworden war – so, als sei sie ein Mitglied unserer Familie. Unsere Eltern nahmen sie auch als solches auf. Sie waren, vor allem dank der Beziehung zwischen meiner Gefährtin und mir, bereits gewohnt, ein solches Zusammenleben einem ehelichen gleichzusetzen und es als etwas der neuen Zeit und dem neuen Menschen Angemessenes zu betrachten.

So kam diese Verbindung in den Augen meiner Eltern einer Liebesehe gleich, und für die Revolutionäre, auch für mich, bedeutete sie eine weitere Bestätigung der neuen Beziehungen zwischen Mann und Frau. Am meisten freute sich mein älterer Bruder, allerdings aus einem besonderen Grund: Der Jüngste hatte damit seine sinnlose und unnatürliche Askese aufgegeben, ohne äußerlich oder innerlich mit den Geboten der Bewegung in Konflikt zu geraten.

Mein jüngerer Bruder war wie verwandelt. Er wurde nicht nur heiterer und gesprächiger, sondern auch geistvoller und tatkräftiger. Wie ich mich erinnere, entdeckte ich plötzlich, daß er kluge und originelle Gedanken hatte, die Realitäten und Möglichkeiten genau abwog und bei Aktionen von großer Tragweite Unfehlbarkeit bewies. Aus seinen blauen Augen verlor sich der geheime Kummer, sein Gesicht und seine ganze Haltung drückten nicht mehr leidvollen Verzicht aus. Er begann plötzlich, sich vom Haus, von den Büchern loszureißen. Die heißen Tage verbrachte er an der Save, abends ging er zu konspirativen Zusammenkünften und kam spätnachts heim. Ich weiß nicht, und es interessierte mich nicht, wie die beiden ihre Liebe realisierten, aber ich hörte von meinen Schwestern, daß sie häufig Seite an Seite über den Fluß schwammen, sich ins Weidendickicht zurückzogen und den Tag auf sandigen Inseln verbrachten, die nur ihnen bekannt waren. Abends begleitete er sie in ihr Dorf, man begegnete ihnen auf Pfaden, Wiesen und Hügeln. Es kam auch vor, daß er den Abend bei ihrer Familie verbrachte, sie ihn dann zurückbegleitete und mit ihm in seinem Zimmer übernachtete.

Das war für ihn und, wie ich glaube, auch für sie die Liebe in Übereinstimmung mit den ihnen gestellten Aufgaben und mit den Erfordernissen der Bewegung, zu der sie gehörten. Er konnte nicht anders lieben. Von ihr möchte ich sagen: Sie wollte nicht anders, auch wenn sie gekonnt hätte. Doch ohne Zweifel liebte auch sie ihn, auf ihre Weise natürlich, das heißt, sie achtete darauf, daß die Erfordernisse ihrer Jugend zumindest nach außen hin nicht in Gegensatz zu den Geboten der revolutionären Bewegung gerieten. Ein solches Dilemma gab es für meinen Bruder nicht. Wenn er keine Gefährtin hatte, verzichtete er schlicht und einfach auf jedes Liebesleben. Sie hingegen war der Ansicht – und wenn sie nicht dieser Ansicht war, paßte sie sich ihr jedenfalls an –, daß die revolutionäre Moral, ebenso wie politische Gesichtspunkte und Aktionen, etwas Unerläßliches und Nützliches ist und daß jedes Mitglied in jedem Augenblick, in welchem dies für die Bewegung notwendig ist, sich ihr fügen muß. Denn sie hatte auch ihre individuellen Bedürfnisse, Neigungen und Wünsche, mein Bruder hingegen schien außerhalb der Bewegung kein Eigenleben zu führen. Seine Persönlichkeit war bis zur Grenze des Möglichen mit den revolutionären Ideen und Taten verschmolzen, die für ihn eng verbunden, wenn nicht identisch waren mit den urewigen, in seinen Augen absoluten Geboten der Gerechtigkeit.

Wenn ich auf diesen Unterschied zwischen den beiden hinweise, liegt es mir fern, das Mädchen als einen Menschen von geringerem Wert, der Liebe meines Bruders unwürdig, darzustellen, obgleich ich sie später, wie ich offen zugebe, vielfach haßte und verachtete, sicherlich auch deshalb, weil ich mit denselben ethischen Grundsätzen behaftet war wie mein jüngerer Bruder, allerdings nicht in solchem Maße wie er. Wenn ich heute sachlich überlege, sehe ich, daß sie in vielen Fragen meinem Bruder überlegen war. Sie war entschlossener, findiger, besaß einen schärferen und subtileren Verstand und war trotz alledem keineswegs eine Intrigantin oder eigennützig.

Von ihren früheren Liebeserlebnissen wußte ich nichts – vielleicht hatte sie, jung wie sie war, noch keine gehabt. Sie fühlte und begriff, daß sie sich ihren Gefährten in der revolutionären Bewegung suchen mußte, wenn sie einen Geliebten haben und sich gleichzeitig in der revolutionären Bewegung bewähren wollte. Damit will ich nicht sagen, daß sie meinen Bruder nicht liebte, sondern nur, daß sie ihn auf die einzige Weise liebte, die für ihr Wesen, für die ihrem Leben zugrunde liegenden Ideen, Empfingungen, Bedingungen in Frage kam. Sie existierte nicht nur um der revolutionären Bewegung willen, diese existierte auch um ihretwillen, um jener Lebensform willen, für deren Verwirklichung gekämpft wurde und die auch die ihre war.

Im Spätherbst oder zu Beginn des Winters 1939 kam es zu zahlreichen Verhaftungen im Wohnort meiner Familie und im Heimatdorf des Mädchens. Auch meine Brüder und sie wurden verhaftet. Doch die lokale Polizei, die wahrscheinlich gehofft hatte, eine weitverzweigte Organisation aufdecken und hierfür Beförderungen und Anerkennungen einheimsen zu können, verhaftete wahllos alle, die mit meinen Brüdern befreundet waren, und beschlagnahmte als Beweismaterial linksgerichtete Bücher, die in den Buchhandlungen frei verkauft wurden. Jede Spur der Organisation, die erst im Entstehen begriffen war, verlor sich in dem Chaos, das die Polizei selbst angerichtet hatte, vor allem aber war deren Mißerfolg den Erfahrungen meiner Brüder, ihrer Standhaftigkeit wie auch jener des Mädchens zu verdanken.

Als die Polizei erkannte, daß sie zu früh zugegriffen hatte, war sie gezwungen, die Verhafteten einen nach dem andern freizulassen. Nach zwei, drei Monaten kamen mein älterer Bruder und das Mädchen frei, zu Beginn des Frühjahrs mein jüngerer Bruder. Auch die Frist seines Ausschlusses vom Studium war abgelaufen, und im Frühling 1940 traf er in Belgrad ein.

Da er von jeher schweigsam und zurückhaltend gewesen war, wäre mir seine ungewöhnlich schlechte Stimmung vielleicht gar nicht aufgefallen, hätte sie sich nicht so sehr von seiner Lebhaftigkeit im vergangenen Sommer unterschieden. Möglicherweise haben spätere Erkenntnisse dazu beigetragen, daß ich heute glaube, schon bei unserer ersten Begegnung nach seiner Freilassung die Veränderungen an ihm wahrgenommen zu haben: eine gewisse Niedergeschlagenheit, einen übermäßigen, leidgeprägten Ernst. Ich erinnere mich genau, daß ich ihn auch nach dem Mädchen fragte und danach, wie sich ihre Beziehung nun gestalten werde, wie lange sie getrennt sein würden. Er wich einer präzisen Antwort aus und sagte etwas in dem Sinne, wie «die Bedingungen haben sich geändert, jetzt ist das alles nicht mehr wichtig».

Ich weiß nicht mehr, ob ich in ihn drang oder nicht, diese Änderung der Bedingungen und die nunmehrige Unwichtigkeit ihrer Beziehungen näher zu erklären. Sollte ich dies getan haben, antwortete er entweder gar nicht oder unbestimmt. In mir blieb der Eindruck haften, es handle sich um etwas Ungeklärtes, Unausgesprochenes, doch ich dachte: «Er ist der alte geblieben: still und verschlossen. Im übrigen muß er des Studiums wegen hier leben, das heißt, die beiden können vorläufig ohnedies nicht zusammen.»

Wir sahen uns selten und nur, wenn es sich zufällig ergab. Der Krieg lastete bereits auf Europa, und Todesfurcht hatte sich in alle Poren der herrschenden Schicht eingenistet. Einzig die revolutionäre Bewegung, die fest an ihre Visionen und Analysen glaubte, gewann überall Einfluß. Ich hatte alle Hände voll zu tun. Zudem mußte ich, wie die meisten bekannten Revolutionäre, illegal leben, mit gefälschten Dokumenten und in fremden Wohnungen. Das hätte mich auch dann gehindert, mich mit den Sorgen meines jüngeren Bruders eingehender zu befassen, wenn ich ernstlich diese Absicht gehabt hätte.

Auch die Vertrautheit zwischen mir und ihm war von besonderer Art: Wir waren nur Brüder, während er und mein älterer Bruder einander auch menschlich nahestanden. Wie alle Kinder, die im Alter nicht weit auseinander sind, hatten wir oft gestritten und uns geprügelt. Der Älteste hatte ihn stets in Schutz genommen, nicht zuletzt in der Absicht, seine Vorrangstellung mir gegenüber ebenso zu festigen wie ich die meine gegenüber dem jüngsten Bruder. Als wir ins Mannesalter kamen, hörten wir auf zu streiten, doch bei mir blieben Scham und Gewissensbisse zurück, weil ich zu dem jüngeren Bruder ungerecht gewesen war, und er war mir gegenüber besonders verschlossen, als fürchte er noch immer, ich würde ihn nicht begreifen und ihn auslachen. Überdies hatten wir unsere Jugend nicht gemeinsam verlebt. Ich studierte, als er die Mittelschule besuchte, dann war ich im Gefängnis, während er studierte. Mein älterer und mein jüngerer Bruder waren einander unterdessen nahegekommen. Beide mußten längere Zeit hindurch bei den Eltern leben. Mein älterer Bruder hielt an seiner Beschützer-, fast Elternrolle gegenüber dem jüngeren fest, dieser dankte es ihm mit verstärkter Achtung und Ehrerbietung.

Zwischen meinem älteren Bruder und mir blieb die Freundschaft der Knaben- und Jünglingszeit erhalten. Er vertraute mir weiterhin seine Liebeserlebnisse und Leidenschaften an, ich sprach mit ihm über meine Visionen und Erkenntnisse. Es kam vor, daß wir einander längere Zeit – mitunter zwei Jahre – nicht sahen, dennoch herrschte zwischen uns stets vom ersten Augenblick des Wiedersehens an eine Herzlichkeit, als seien wir nie getrennt gewesen. Unsere Zuneigung war unverwüstlich, als bildeten wir zusammen ein einziges Wesen, ein unteilbares Leben.

Wenn ich mehr, Näheres und Intimeres über meinen jüngeren Bruder erfahren wollte, mußte ich mich an den älteren wenden, das wußte ich. Und tatsächlich brachte ich heraus, was geschehen war, doch verdankte ich dies weder meinen Bemühungen noch der Offenheit meines jüngeren Bruders, sondern dem unbezwingbaren Verlangen meines älteren Bruders, sich mir anzuvertrauen.

Im Herbst 1940 gelang es dem Ältesten endlich, über Verbindungen irgendwo in der Vojvodina eine Anstellung zu erhalten. Er kam nach Belgrad, um vor dem Antritt seines neuen Dienstes die aktuellsten politischen Instruktionen einzuholen, um für seine berufliche Tätigkeit alles zu regeln, und auch, um mich zu sehen. Letzteres war für ihn mehr ein schwer lastendes Erfordernis als ein Anlaß zur Freude.

Es war im Oktober, in der Nachmittagssonne stand goldener Dunst über den steilen und schattigen Gassen des Villenviertels Kotež-Neimar, durch die wir schlenderten, bis der Tag nach blutrotem Aufglühen im Westen über den endlosen syrmischen Ebenen erstarb. Ich hatte anschließend eine Besprechung, und er mußte seinen Zug erreichen.

Mein älterer Bruder erzählte, besser gesagt, beichtete mir alles. Sofort nach ihrer Entlassung aus dem Gefängnis hatten er und das Mädchen einander getroffen – die durch die Verhaftungen erschwerte politische Arbeit erforderte dies –, und zwischen ihnen war es zu intimen Beziehungen gekommen. Ich erfuhr nicht, wie und unter welchen Umständen dies geschehen war. Es war mir peinlich und qualvoll, danach zu fragen, doch aus seiner Schilderung, aus meiner Kenntnis seines leidenschaftlichen Temperaments und vor allem aus der Art, wie er dies alles beschrieb – er gebrauchte gegen sich selbst die härtesten und beleidigendsten Ausdrücke –, konnte ich entnehmen, daß der Zufall ebenso mitgespielt hatte wie seine sorglose, leichtfertige Haltung, und sie schien sich planmäßig und beharrlich darum bemüht zu haben.

«Ich habe mich wie im Spiel in all das eingelassen», berichtete mein Bruder, «ich konnte einfach nicht glauben, daß sie gerade das bezweckte. Dann meinte ich mich beherrschen zu können, aber jetzt bezweifle ich, daß dies möglich gewesen wäre. Es war, als treibe mich eine teuflische, unwiderstehliche Neugier, das Mädchen meines jüngeren Bruders so kennenzulernen, wie er sie kennt, mich in ihr mit ihm zu identifizieren. Eines ist sicher: Ich begehrte sie nicht so sehr, als ich versucht war, herauszufinden, wieweit sie Widerstand leisten würde. Kaum waren wir allein geblieben, verblüffte sie mich durch ihre Haltung und Miene, die eher schmerzerfüllt und leidend als herausfordernd waren. Sie schien innerlich erstarrt zu sein. Sie sprach nicht, war ganz blaß, ihre Lippen bebten. Sobald ich sie berührte, schmiegte sie sich eng an mich und zog mich an sich, doch so, als wolle sie das eigentlich gar nicht, könne mir aber nichts abschlagen. Sie tat alles gleichsam wider Willen, doch gehorsam, sie fügte sich im voraus jeder meiner Bewegungen. Und ich, obschon der Aktivere, wie es dem Manne geziemt, handelte tatsächlich wider Willen. Eines ergab das andere, die Küsse gingen in Umarmungen und Bisse über, sobald ihr Körper an meinem lag, das Weiß ihrer Brüste schimmerte, vielleicht zufällig, vor meinen Augen.»

Als ihre Vereinigung vollzogen war, hatte er Gewissensbisse. Er sagte zu ihr: «Das darf nie wieder geschehen! Wir stehen nicht wie Fremde zueinander, wir sind beide meinem Bruder gegenüber verantwortlich.» Sie pflichtete ihm bei: «Es soll wirklich nicht mehr vorkommen. Abgesehen von allem anderen sind wir Genossen, Revolutionäre.» Mein Bruder dachte erst jetzt an die ideologischen Vorschriften und Tabus. «Er ist mein Bruder», sagte er, «und das ist für mich das entscheidende.» Aber er hatte nicht den Eindruck, daß es für sie ein moralisches Problem war wie für ihn, eher ein Unbehagen, denn es könnte zu unnützen Komplikationen und Aufregungen führen. Sie fügte hinzu: «Weißt du, ich sehne mich so sehr nach ihm, daß es mich, eben weil ihr Brüder seid, auch zu dir unwiderstehlich zieht.»«Aber es ist eine Niedertracht! Für uns selbst und für die Bewegung!» rief mein Bruder. Sie erwiderte unbestimmt: «Wir sind uns darüber einig, daß es nicht mehr vorkommen soll – nur darauf kommt es an.» Bekümmert und leidenschaftlich fuhr sie fort: «Was soll man denn tun, wenn es einen unaufhaltsam dazu treibt – wenn es neben dem Kampf das einzige ist, was wir haben?» Erst jetzt kam meinem Bruder zum Bewußtsein, daß sie während der Vereinigung schmerzerfüllt geflüstert hatte: «Wie süß ihr seid, ihr Lieben, o meine Lieben!» Er wußte untrüglich, wenn auch unklar, wie man eben in solchen Augenblicken etwas erkennt, daß sie mit diesen Worten sowohl ihn als auch seinen jüngeren Bruder meinte, und am seltsamsten dünkte ihn, daß ihn dies im Moment gar nicht störte.

Später, auch im Gespräch mit mir, gedachte er der Volkssagen über die häufigen Fehltritte zwischen Schwager und Schwägerin, Schwiegervater und Schwiegertochter, und er gelangte zu dem Schluß, daß hier vielleicht eine seltsame Bindung existiere, eine innere Verwandtschaft, welche die einen zu den anderen zieht. Doch ihn hatten in bezug auf sie niemals Gedanken oder irgendein Verlangen gequält, nichts hatte ihn zu ihr gezogen, und er hatte den Eindruck, auch er sei ihr gleichgültig gewesen bis zu dem Augenblick, da sie miteinander allein geblieben waren. Dann aber geschah alles gleichsam ohne ihr Zutun, ausgelöst durch einen Blick oder eine zufällige Berührung, sie konnten sich nicht beherrschen und den Liebesakt nicht unterlassen, den Liebesakt am allerwenigsten.

Bereits am Tag nach der ersten Vereinigung fand er für sich selbst einen trügerischen Trost: Der jüngere Bruder war nicht mit ihr verheiratet, und eine solche sollte er auch nicht heiraten, dem ganzen Erlebnis war also keine größere Bedeutung beizumessen. Natürlich mußte er in Zukunft derartiges um jeden Preis vermeiden.

«Das ist es», rief er, blieb stehen und ballte die Fäuste. «Wenn einer ein Hundsfott sein will, findet er immer eine Rechtfertigung für seine Schandtat und wird noch hundsföttischer!»

Das Haus, in dem unsere Familie wohnte, war einer jener Erdgeschoßbauten, deren aneinandergereihte Zimmer auf den Hof hinausgehen, so auch das Zimmer meines ältesten Bruders. Am nächsten Abend kam sie zu ihm. Im Haus waren alle bis auf ihn frühzeitig zu Bett gegangen. Sie hatte wirklich etwas mit ihm zu besprechen, doch mein Bruder hatte die ganze Zeit über den Eindruck, dies sei nur ein Vorwand. «Vielleicht habe ich in meiner Niedertracht ihr die Schuld gegeben», bekannte er. «Wir besprachen, was zu besprechen war, dann kam wieder jener Augenblick, in dem sie innerlich erstarrte, erbleichte und zitterte. Vielleicht bot auch ich diesen Anblick. Wir sprachen nicht, ich rückte wie zufällig zur Wand – sie faßte dies so auf, als mache ich ihr Platz, und vielleicht war es wirklich so. Wortlos und hastig streifte sie die Schuhe ab und zog das Kleid aus. Ich belog sie und mich, indem ich zu ihr sagte: «Es ist wirklich recht spät geworden, du kannst jetzt nicht allein nach Hause gehen, und ich habe keine Lust, aufzustehen und dich zu begleiten. Aber wir werden nebeneinander liegen wie Bruder und Schwester.» Sie erwiderte kalt und beinahe ironisch: «Ja, wie Bruder und Schwester und wie Genossen.»

«Ich wollte wirklich nur das und nichts weiter», erzählte mein Bruder, «aber zuinnerst ahnte und wußte ich, daß es nicht dabei bleiben würde, sobald sie sich neben mich legte. Ich wollte nicht, daß sie sich neben mich legte! Ich wollte es nicht – aber irgendwie wünschte ich doch, daß es wieder geschehe. Sie stand auf, um das Licht auszuknipsen, und als sie sich wieder hinlegte, war sie völlig nackt und flüsterte leichthin: ‹Entschuldige, weißt du, ich bin ganz deiner Meinung, daß wir uns wie Bruder und Schwester und wie Genossen verhalten sollen, aber ich bin es gewohnt, nackt zu schlafen.›

In dieser Nacht genoß ich jede Lust mit ihr», erzählte mein Bruder voll Erbitterung, «wenn es Ausschweifung gibt, war dies Ausschweifung: Ich tat mit ihr, was ich nie zuvor mit einer Frau getan hatte, was mir bei anderen nicht einmal eingefallen wäre! Es war ein wohlbedachter, absichtlich bis zur Entartung, zur Raserei gesteigerter Genuß. Denn sie fügte sich nicht nur schweigend und bereitwillig in alles, sondern spornte mich durch ihr fieberhaftes Fordern, ihr tolles Spiel noch mehr an. Weiß der Teufel, was sie suchte! Doch ich suchte auch die Genüsse meines Bruders – ich wollte alles auskosten, was er hätte erdenken und erleben können. Ihre Willfährigkeit reizte mich noch mehr und riß mich immer tiefer hinein, ins nie Erlebte, ins Uferlose. Ja, die Gewissensbisse um des Bruders willen und die schreckliche, unumstößliche und vernichtende Erkenntnis, daß ich ein Schurke bin, daß ich alles verraten habe, was ich war und bin, hielten mich nicht nur nicht ab, sondern bewogen mich wieder und wieder, in eine unbekannte, doch geahnte Tiefe zu tauchen, bis auf den Grund der Lust, die sie als Weib zu bieten hatte, oder, weiß der Teufel, vielleicht bis auf den Grund der eigenen Niedertracht!»

Der Schilderung meines Bruders entnahm ich, daß sie sich der Wollust leichtfertig und unersättlich hingegeben hatte, obgleich sie gewiß nicht, wie er, zermürbende Gewissensbisse und Erniedrigung empfand. Denn am Morgen machte sie sich gelassen und sorgfältig zurecht und besprach mit ihm die aktuellen politischen Aufgaben, als sei nichts geschehen. Sie geriet auch nicht aus der Fassung, als die Hausbewohner, die früh aufstanden, sie trotz der Wachsamkeit meines Bruders mit ihm im Bett antrafen. Vielmehr unterhielt sie sich herzlich mit meinen Schwestern, bis diese den Weg zur Schule antraten.

In der Familie jedoch herrschte eine dumpfe, drückende Atmosphäre. Niemand machte meinem Bruder Vorwürfe, ihr gegenüber verhielten sich alle wie bisher, doch waren sie verschlossener und kälter geworden. Den Hausgenossen war zumute, als habe einer ihrer nächsten Anverwandten ein schweres Verbrechen begangen, zu dem sie schweigen müßten, und mein älterer Bruder fühlte sich als dieser Verbrecher. An jenem Morgen, während sie mit den Schwestern plauderte, rang er sich zu einem Entschluß durch: Es durfte nie mehr zu Intimitäten zwischen ihnen beiden kommen, und er würde dem jüngeren Bruder gestehen, was vorgefallen war.

Wie mein Bruder weiter berichtete, hielten auch die Situationen in der Familie und sein nach dieser Nacht gegen das Mädchen empfundener Überdruß die beiden nicht ab, ihre Beziehungen wiederaufzunehmen. Die Stimmung in der Familie war zwar ein schwerer Schlag für meinen Bruder und bestimmte ihn, wenn schon nicht sich zu entscheiden, denn er hatte ja nichts zu entscheiden, da sich alles von selbst ergeben hatte, so doch die Sinnlosigkeit, das Wahnwitzige ihrer Beziehungen einzusehen und zu begreifen, daß sein Haß gegen sie wilder und hemmungsloser sein würde, als seine Leidenschaft je gewesen war. Doch im Bewußtsein, im Gedächtnis haftete ihm unauslöschlich – das war auch während des Gespräches mit ihm zu merken – die grenzenlose Hingabe ihres Körpers, jenes nackte, irre, süße Beben, das sich auf ihn übertrug und ihn völlig durchdrang, als gehe es von ihm aus. Dabei erkannte er nicht nur, daß diese Lust nie wiederkehren, sondern auch, daß ihm schon bei der Erinnerung daran schaudern würde, eben weil sie so unvergleichlich und hemmungslos gewesen war. All das gärte in ihm, während er sich ankleidete, dann beim Frühstück, bei dem sie sich gegenübersaßen wie entfernte Bekannte, und auch noch, als er sie heimlich begleitete und ihr die Endgültigkeit seines Entschlusses und seiner Erkenntnis mitteilte.

Sie jedoch betrachtete seinen Entschluß als spontane Beschwichtigung des Gewissens, ähnlich jener nach dem ersten Liebesakt. Denn auch später versuchte sie, sich ihm zu nähern, immer wie zufällig und wie in einem harmlosen Spiel. Doch er gab sich nicht dazu her, sich selbst zu belügen und zu täuschen. Der Haß, der Ekel, die Gewissensbisse nagten an ihm trotz der Lust, die unvergeßlich blieb und in seiner Erinnerung eine immer beständigere, sogar schönere Form annahm.

Bis dahin hatte er seinen Beziehungen zu Frauen kaum Bedeutung beigemessen. Wenn sie mit ihm schlafen wollten, nahm er sie, wollten sie nicht, bezeichnete er sie als Gänse, die sich zierten. Er betrachtete sie weder als anständig noch als verdorben. Sie waren eben so, dazu geboren und beschaffen, auch ein Sexualleben zu führen.

Jetzt kam ihm zum erstenmal der Gedanke oder die Ahnung – Erkenntnis konnte man das nicht nennen –, daß der Liebesakt zwischen Mann und Frau etwas viel Tieferes bedeutet als Wollust und Lebensbedürfnis, etwas Schicksalhafteres als Familiengründung und Fortpflanzung, nämlich eine persönliche Bestätigung der unvergänglichen Existenz des Menschengeschlechts, eine Vereinigung der Persönlichkeit mit der Ewigkeit des Kosmos und seiner unergründlichen Gesetze. Er formulierte das einfacher und gefühlsbetonter: «Ich habe mich mit ihr gepaart, wie sich nicht einmal Tiere paaren, und leide darunter, als sei ich an allem Unglück der Welt schuld!» Aber er ließ sich nicht darüber aus, und ich konnte nicht beurteilen, inwieweit die Gewissensbisse wegen der Verfehlung gegenüber dem jüngeren Bruder und wegen der Liebschaft mit dem Mädchen die Ursache seiner neugewonnenen Erkenntnisse waren und inwieweit sie diese nur erhärteten.

Zum erstenmal sah er sich dem Problem der verdorbenen, besser gesagt ausschweifenden Frau gegenübergestellt, denn verdorben konnte sie mangels Gelegenheit nicht sein. Er meinte, sie sei mit dem Hang zur Ausschweifung geboren. «Man kann ihr nicht die Schuld geben», folgerte er, «es liegt ihr im Blut und im Sinn, sie tut es nicht mit allen Männern, sondern mit solchen, deren Ideen auch die ihren sind. Lüsternheit und Ehrgeiz sind bei ihr ein und dasselbe!»

Aber er war sich seiner selbst nicht sicher in seinem Urteil über sie, obschon nicht geleugnet werden konnte, daß sie hemmungslos leidenschaftlich war, und das in einer Weise – das war das entscheidende –, die sowohl den älteren als auch den jüngeren Bruder anzog. Denn sie widmete sich mit nicht geringerem Eifer auch anderen Aktivitäten, vor allem politischen.

Es war offenkundig, daß die Beziehung zu meinem älteren Bruder für sie nicht die gleiche Bedeutung hatte wie für ihn, vor allem nicht in moralischer Hinsicht. Es fehlte ihr das Gefühl der Blutsbande, das meine in der Sippe aufgewachsenen Brüder unter den nun entstandenen Verhältnissen am schwersten bedrücken mußte. Für sie existierte jeder für sich allein, obgleich sie sich gewiß gerade davon angezogen fühlte, daß sie Brüder und trotz ihrer individuellen Verschiedenheit einander ähnlich waren. Sie versuchte sogar meinem älteren Bruder zu beweisen, daß durch ihre Vereinigung mit ihm ihre Liebe zu dem jüngeren sich erneuere und vervollkommne. Vielleicht deshalb konnte sie nicht ganz begreifen, warum mein älterer Bruder etwas so Schwerwiegendes darin erblickte, seinen eigenen Bruder hintergangen zu haben. Seinem Bericht zufolge hatte sie bis zuletzt nicht auf die Wiederaufnahme der Intimitäten mit ihm verzichtet und ihn inständig gebeten, ja beschworen, dem jüngeren nichts zu sagen. Sie bemerkte zwar, nach allem, was zwischen ihr und dem älteren vorgefallen sei, käme eine Ehe mit dem jüngeren nicht mehr in Frage, doch äußerte sie dies, wie mein älterer Bruder meinte, nur deshalb, weil unsere Familie und der jüngste Bruder ihre Einwilligung zu einer solchen Heirat ohnedies nicht gegeben hätten. Und obgleich sie einsah und es sogar verurteilte, daß sie beide von den revolutionären Moralnormen abgewichen waren und sich schwach und inkonsequent gezeigt hatten, machte sie auch hierbei Vorbehalte geltend: die Hauptsache sei doch, in der revolutionären Arbeit gewissenhaft und treu zu bleiben. Im übrigen brauchte sie, da sie die Beziehungen der Familienmitglieder zueinander, im besonderen jene der Brüder kannte, nicht zu befürchten, die Öffentlichkeit oder die Bewegung würden von ihrer Liebschaft mit allen beiden erfahren und sie würde politisch untragbar sein. Um so weniger konnte sie begreifen, weshalb mein älterer Bruder darauf bestand, dem jüngeren die Wahrheit zu sagen. Ob es denn wirklich notwendig sei, den jüngeren unglücklich zu machen, fragte sie, und ihnen allen etwas zu vergällen, was schön und die Frucht aufrichtiger Liebe und Leidenschaft gewesen sei, wenn auch nur zufällig und vorübergehend? Müsse man die intime Seite ihres Lebens preisgeben, selbst wenn diese nicht untadelig sei?

Mich dünkte schon damals, mein älterer Bruder ziehe übereilt und oberflächlich Schlüsse über ihren angeborenen Hang zur Ausschweifung. Wollte er nicht etwa in seiner vergeblichen Suche nach Trost über das Geschehene sich selbst betrügen?

Vielleicht war es nur Selbstbeherrschung, doch sie entpuppte sich weder damals noch später als Frau, welche den Partner wechselt oder sich leichtfertig hingibt. Ihr intimes Leben war undurchschaubar, doch korrekt. Sie stand im Blickfeld der Öffentlichkeit, und Zügellosigkeit ihrerseits wäre nicht unbemerkt geblieben.

Am wenigsten überzeugend wirkte die Äußerung meines älteren Bruders, sie habe sich mit ihm und dem jüngeren angefreundet, um sich zum Herrn über die Organisation und deren Aktivität aufwerfen zu können. Ohne Zweifel war sie ehrgeizig, sogar machthungrig, doch immer darauf bedacht, die Bewegung zu stärken. Sie identifizierte ihr Schicksal mit jenem der Bewegung und war dabei niemals falsch oder berechnend.

Im übrigen betonte mein Bruder selbst, daß er später bei der politischen Arbeit mit ihr trotz der Unduldsamkeit, die sich zwischen ihnen beiden entwickelte, niemals Schwierigkeiten von ihrer Seite zu gewärtigen hatte.

Mir ist in Erinnerung geblieben, was für einen leidvollen Anblick er damals bot. Er war bleich wie immer, doch zeigte sein verhärmtes Gesicht ein kränkliches Gelb und war so knochig, daß es hager wirkte. In seiner Stimme und Haltung, ja auch in seinem Denken war etwas Kraftloses.

Ich glaube, ich werde noch auf dem Totenbett seiner Augen gedenken, die, zeitweise von der Sonne bis ins Innerste erhellt, von mir Frieden und Trost erflehten.

Natürlich hatte er dem jüngeren Bruder schon am ersten Abend nach dessen Freilassung alles erzählt. Während er ihm sein Vergehen gestand, wurde ihm bereits klar, daß er besser geschwiegen hätte – doch gerade dazu war er nicht fähig gewesen.

«Was hätte ich tun sollen?» rief er, meinem Blick ausweichend. «Sollte ich in meiner Niedertracht ihm gegenüber bis zum Letzten gehen? Durfte ich zulassen, daß er die Beziehungen mit jener, die ihn mit seinem eigenen Bruder betrogen hatte, besser gesagt, die sein eigener Bruder verführt hatte, wiederaufnahm? Nein, ich hatte nicht die Kraft, die Schändlichkeit so weit zu treiben und zu schweigen – und doch hätte ich es tun sollen!»

Dieses Geständnis gegenüber dem jüngeren Bruder brachte all die Tiefe und Verworrenheit des Unglücks und Leids an den Tag, das ihnen widerfahren war.

Mein jüngerer Bruder hatte die Liebe zu dem Mädchen als die langersehnte Erfüllung seiner Wünsche und als eine Liebesbindung jener Art empfunden, wie sie die hervorragendsten Revolutionäre damals propagierten. Für ihn bedeutete diese Bindung nicht nur Liebesfreude und Lebensnotwendigkeit, sondern weit mehr. Sein Leben und die Idee hatten durch sie endlich ihren wahren Sinn erhalten. Das Unglück bestand nicht darin, daß er nun wieder lange Zeit asketisch würde leben müssen, sondern noch mehr darin, daß gerade jene reine, idealisierte Verbindung des Gefährten mit der Gefährtin zerstört war. Offenbar konnte er nur auf solche Weise mit einer Frau leben, und nun war sein Vertrauen erschüttert. Der jüngere wußte – und auch dem älteren wurde es klar –, daß er nie wieder eine vorbehaltlose, ungekünstelte, lautere Liebesbeziehung herbeisehnen, geschweige denn eingehen würde. Auch die Beziehung zu dem Mädchen hatte nicht voll und ganz dem Ideal entsprochen, doch er hatte sie so gesehen, wie er sie sich erträumte, und nun war in ihm dieser Traum, diese Idealwelt, diese für ihn vollkommenste und einzig annehmbare Wirklichkeit zusammengebrochen. Er hatte jahrelang auf eine solche Beziehung gewartet, sie ersehnt, sich innerlich auf sie vorbereitet, und nun war dies alles unwiederbringlich auf die schmerzlichste, unverhoffteste und häßlichste Weise zugrunde gerichtet.

Ich glaube, daß er, der so restlos in seiner Redlichkeit und seinem Idealismus aufging, dann und wann Enttäuschungen erlebt hatte – nicht nur in der Liebe. Doch dieser Schlag traf ihn um so schwerer, als sein älterer Bruder dafür verantwortlich war, der ihm ebensoviel bedeutet hatte wie ein Vater, an dessen Liebe und Aufrichtigkeit er bis dahin unbeirrt geglaubt hatte, und sie, die so jung und unschuldig gewesen war, die von ihm die Liebe gelernt und seine Ideen übernommen hatte.

Er trug dem älteren Bruder nichts nach, und vielleicht traf diesen gerade das am schwersten. Nachdem der jüngere schweigend mit ständig sich wandelndem Gesichtsausdruck zugehört hatte, begab er sich in sein Zimmer und warf sich aufs Bett. Der ältere beobachtete ihn im Laufe der Nacht mehrmals durch das Fenster. Der jüngere lag angekleidet da und starrte zur Decke. Am Morgen beklagte er sich beim älteren Bruder über Zahnschmerzen, bereute dies jedoch sofort und setzte hinzu: «Es ist nichts – es vergeht.» Am Abend kam das Mädchen. An seiner Miene und an der eisigen Zurückhaltung, mit der er sie begrüßte, erkannte sie sofort, daß er alles wußte. Bleich und still saß sie da und ging dann in die Nacht hinaus, ohne ihn um seine Begleitung zu bitten. Tags darauf fuhr mein jüngerer Bruder nach Belgrad.

Der ältere blieb bei der Familie, er und das Mädchen sahen sich weiterhin. Aber sie versuchte nicht mehr, sich ihm zu nähern. Nur einmal sagte sie zu ihm: «Es hätte auch ohne so viel Leid abgehen können.» Doch der ältere hatte es nicht unterlassen können, dem jüngeren alles zu erzählen, obgleich er dessen Qualen vorausgesehen hatte.

«Es trieb mich dazu», berichtete er, «obwohl ich ahnte, wie sehr es ihn treffen würde. Ich konnte mich nicht beherrschen, wie ich mich auch in bezug auf sie nicht hatte beherrschen können. Ich sagte mir: Er ist dein Bruder, du mußt ihm alles gestehen. Dabei wußte ich, daß ich es ihm nicht deshalb sagte, weil er mein Bruder ist, sondern weil es eine derartige Niedertracht meinerseits war, daß ich sie ihm nicht verheimlichen konnte, eine Niedertracht um so mehr, als ich sie gerade an ihm begangen habe.»

Ich war damals der Meinung und bin es noch heute, daß er besser getan hätte, dem jüngeren Bruder nichts zu sagen, obschon ich dagegen war, daß der jüngere die Beziehung zu dem Mädchen wiederaufnahm. Doch dem ältesten Bruder ging es nicht in erster Linie darum, durch sein Geständnis dieser Verbindung ein Ende zu setzen, vielmehr handelte er, wie stets, aus einer gewissen Hemmungslosigkeit und Leidenschaftlichkeit heraus. Er wollte sich selbst bloßstellen und die Wahrheit an den Tag bringen. Ich sagte ihm jedoch nicht, was er hätte tun oder lassen sollen: Es war nun einmal geschehen. Ich bemühte mich, ihn zu beruhigen und aufzuheitern, wobei ich sogar argumentierte, er lege eine religiöse Haltung an den Tag, gerade so, als habe er gegen ein religiöses Verbot verstoßen oder Blutschande begangen. Das war das einzige, was auf ihn wirkte. Es appellierte an sein revolutionäres Bewußtsein, zeigte ihm, daß er kein konsequenter Materialist und Atheist sei. Doch auch das tröstete ihn nicht. Er meinte: «Vielleicht hast du recht. Es gibt in mir noch Reste von Religiosität und Atavismus, aber entscheidend ist, daß ich ehrlos, verächtlich, verräterisch gehandelt habe. Und man muß nicht an Gott glauben, um die eigenen Verfehlungen zu erkennen und ein schlechtes Gewissen zu haben.»

Sein Geständnis lastete so schwer und drückend auf mir, daß mir erst einige Tage später der Gedanke kam, eigentlich sei es meine Pflicht, diese Angelegenheit dem zuständigen politischen Forum vorzutragen, damit der älteste Bruder und das Mädchen die verdiente Strafe erhielten und damit die Bewegung um ihre Schwächen wisse. Dies war um so mehr meine Pflicht, als es in der Bewegung bereits zur Praxis gehörte, so zu reagieren. Ich selbst war einer von denen, welche diese Praxis durchgesetzt hatten, und ich hatte auch an der Untersuchung ähnlicher Fälle teilgenommen.

Doch ich unternahm nichts. Noch heute könnte ich nicht genau erklären, weshalb ich meiner revolutionären Pflicht nicht nachkam. Es handelte sich um meine Brüder, und das hemmte mich in hohem Grade. Ich war jedenfalls davon überzeugt und bin es noch heute, daß sich aus einer Untersuchung mehr Schaden als Nutzen ergeben hätte: Diese hätte zwar die Selbstkritik und Disziplin der Mitglieder und die Autorität der Leitung gefördert, konnte jedoch auch viele von denen, welche der Bewegung erst vor kurzem beigetreten und mit den verschiedensten Schwächen belastet waren, abstoßen und anwidern. Zudem kannte ich meinen älteren Bruder so gut, wie ein Mensch den andern kennen kann, und ich wußte, daß das Geschehene in keinem Zusammenhang mit seiner Treue zur Revolution stand. Eine Diskussion über die ganze Affäre innerhalb der Bewegung konnte ihn von innen her zersetzen, die Niedergeschlagenheit meines jüngeren Bruders verschlimmern und das Mädchen, da es noch jung war, der revolutionären Tätigkeit und den Revolutionären entfremden. Mit diesen mir willkommenen Argumenten beschwichtigte ich rasch mein revolutionäres Gewissen, doch heute frage ich mich: Wirkten etwa damals in mir nicht nur eine falsche Einstellung zur Bewegung, sondern auch ein dunkles, heimliches Verlangen nach dem Mädchen?

Doch so oder so, die ganze Affäre war für mich so unerfreulich und erschütternd, daß sie mein Gewissen einfach erstickte, und ich erfüllte meine revolutionäre Pflicht nicht und brachte nicht all dies dort vor, wo ich es hätte vorbringen müssen. Es kam mir nicht einmal in den Sinn, meinem älteren Bruder klarzumachen, daß gerade dieser Fall, daß sein eigenes Verhalten bewies, wie richtig die Bewegung handelte, wenn sie für freie Wahl des Partners, aber auch für Monogamie eintrat, so betroffen war ich von der bitteren und menschlichen Seite des Geschehenen. Ich hielt es für meine vordringlichste Pflicht, meinem jüngeren Bruder zu helfen. Doch gerade in dieser Beziehung war ich machtlos.

Ich lebte, wie schon gesagt, versteckt, und auch er hatte keine ständige Unterkunft, so daß einige Tage verstrichen, bevor wir einander wiedersahen, und das war gut, wenn an alledem überhaupt etwas Gutes sein konnte. Denn in meiner ersten Erregung über das Geständnis des älteren Bruders hätte ich mit dem jüngeren bei einem Zusammentreffen am Tag darauf über alles offen gesprochen. Nach einigen Tagen reiflichen Überlegens gelangte ich jedoch zu dem Schluß, es wäre besser, wenn ich ihn überredete, von sich aus mir anzuvertrauen, was ihn bedrückte, und in jedem Fall müßte ich äußerst behutsam und zartfühlend sein.

Doch mein jüngerer Bruder hielt meinem indirekten Drängen stand und erzählte mir nichts. Er war dabei so hartnäckig und konsequent, daß mir bald klar wurde: Jede Erörterung und Erwähnung dessen, was zwischen den dreien geschehen war, würde die Wunden, die er unter größter seelischer Anstrengung zum Verkrusten gebracht hatte, wieder aufreißen.

Er sah in jeder Hinsicht schlecht aus. Er war auch vorher ärmlich gegekleidet und schlecht ernährt gewesen, denn unser Vater mußte der anderen Kinder wegen knausern. Doch jetzt fiel mir sein elendes Aussehen auf. Es gelang mir, ihn mit Kleidung und Schuhen von meinen Freunden und mit ein wenig Geld zu versehen. Er nahm es mechanisch an, bei den Sachen merkte er kaum den Qualitätsunterschied. So war es auch, wenn er aß – er nahm die Nahrung zu sich, als habe sie weder Geschmack noch Geruch.

Vielleicht war meine Bestürzung bei seinem Anblick übertrieben. Gewiß, ich hatte erwartet, daß er niedergeschlagen sein würde. Aber ich hatte wahrhaftig noch nie einen Menschen gesehen, der in solchem Maß nicht unglücklich, sondern in seine eigene Welt eingesponnen und gleichzeitig so bis zum letzten Gedanken der revolutionären Bewegung ergeben war. Mich dünkte sogar, daß er in dieser Treue zur Revolution eine besondere persönliche Genugtuung fand, jedenfalls aber flüchtete er auf diese Weise aus der realen Welt.

Seine Freunde nahmen die Veränderungen an ihm kaum wahr. Schon bisher war er der Bewegung ergeben und Vergnügungen abhold gewesen. Er war derselbe wie vor der Episode mit dem Mädchen: ernst, schweigsam, wehmütig lächelnd, doch ich gewahrte an ihm sogar körperliche Veränderungen. Seine geduckte Haltung war ausgeprägter geworden und nicht nur ein Zeichen von Kraft, sondern auch das eines gewissen Sicheinkapselns. Sichverkriechens in den eigenen Körper. Das wehmütige Lächeln hielt länger an, als der Anlaß es verlangte, erstarrte, versteinerte auf seinem Gesicht, bis er es gleichsam mit einem inneren Ruck hinwegscheuchte. Seine Augen wurden durchsichtig, verloren ihre Nuance knabenhaft schelmischen Blaus. Sie waren nicht warm, sondern rein und leiderfüllt, wie von innen erhellt.

Ich glaube, er ahnte, daß ich alles wußte, und er war mir dankbar, daß ich es nicht erwähnte. Wenn die Rede auf den älteren Bruder kam, sprach er mit der früheren Achtung von ihm, doch sozusagen mit tieferer, gleichsam mitfühlender Liebe. Er liebte auch mich – ich empfand dies deutlich – besorgter als früher. Er fürchtete, ich könnte verhaftet werden, und bangte um meine anfällig gewordenen Lungen.

Ich bin überzeugt, daß er dem älteren Bruder und ihr verziehen, wahrscheinlich alles wie ein Unglück, wie den Tod hingenommen hatte, es jedoch nicht verwinden konnte und keine einleuchtende vernunftmäßige Erklärung dafür fand.

Ihm blieb auch nicht mehr genügend Zeit, eine solche zu finden, selbst wenn dies an sich möglich gewesen wäre. Auch jene neue Liebe zwischen ihm und mir konnte sich nicht mehr entfalten. Mir ist die traurige Erkenntnis geblieben, daß ich ihm nicht so wirksam geholfen habe, wie ich es hätte tun sollen, daß er sein Unglück nicht überwunden hat.

Der Überfall auf unser Land im April 1941 unterbrach den Prozeß seiner Gesundung, wie er sich so vieler menschlicher Schicksale bemächtigte. An den Problemen meiner beiden Brüder und des Mädchens wie auch an dem, was zwischen ihnen geschehen war, konnte allerdings auch der Krieg nichts mehr ändern.

Mein jüngerer Bruder kehrte zu den Eltern zurück, der ältere begab sich nach Montenegro, beide im Fieber der Vorbereitungen, die für den Aufstand getroffen wurden. Mein älterer Bruder gab den Auftakt zum bewaffneten Kampf in unserem einstigen Heimatdistrikt, zuerst durch einen Sabotageakt, dann durch einen Angriff gegen eine feindliche Garnison. Jetzt war er in seinem Element.

Zum letztenmal sah ich ihn, bevor die Kämpfe ausbrachen. Er freute sich unbändig, kindisch, als ich ihm mitteilte, mit den bewaffneten Überfällen auf die Besatzungstruppen und die lokalen Machtorgane solle begonnen werden. Er hatte keinen Sinn für Kleinarbeit und lange Diskussionen, noch weniger für politische Finessen. Im offenen Kampf, vor allem im bewaffneten, fand er sich erst wirklich selbst. Wenn ich seiner Haltung in jenen Tagen gedenke, meine ich oftmals, es gebe Menschen, die für bestimmte Situationen und Umstände geschaffen sind und erst dann, wenn diese eintreten, Talente und Kräfte offenbaren, deren sie sich bis dahin nicht völlig bewußt waren. Über Nacht werden sie zu Führern der Massen, und zwar deshalb, weil diese von sich aus die Gedanken und Weisungen dieser Menschen aufgreifen, in denen sie spontan ihr eigenes innerstes Wesen erkennen. Solche Menschen wachsen in entscheidenden Augenblicken über die bestehende Macht, über Gepflogenheiten und Ideen hinaus.

Mein älterer Bruder hatte nicht an der Spitze der revolutionären Leitung gestanden, fand sich jedoch in der vordersten Linie des Aufstandes, nicht nur weil er den Auftakt dazu gegeben hatte, sondern noch mehr, weil er – obgleich er kein organisatorisches Talent zu haben schien – jene Mittel und Wege fand, die den Aufgaben, dem Augenblick und den Verhältnissen in bestem Sinne gerecht wurden.

Meinen jüngeren Bruder bekam ich nicht zu Gesicht. Er war mit der Agitation und mit der Organisierung von Kampfgruppen in den Dörfern betraut worden. Von dem Mädchen hörte ich, daß sie damals die Jugendorganisation leitete, die auch die höchste Zahl an Kämpfern stellte. Die Berichte bestätigten meinen ursprünglichen Eindruck von ihr: Sie war geduldig, diszipliniert, verarbeitete aber jeden neuen Gesichtspunkt und jede neue Weisung innerlich mit solcher Intensität, daß man förmlich zu sehen glaubte, wie sie überlegte, wie sich aus ihren Gedanken klare, konkrete Aktionsformen bildeten. Sie war fähig, die Situation zu erfassen und die Möglichkeiten zu erkennen. Aber es scheint, daß sie sich nicht, wie meine Brüder, vom Krieg und vom Aufstand fortreißen ließ. Für sie waren das Gegebenheiten wie andere auch, eine Lage, in welcher der Mensch mit der Waffe in der Hand kämpfen muß, um mit seinen Ideen, Wünschen und Programmen zu leben und zu überleben. Und gerade auf Menschen wie sie konnten sich die Leitungen, Stäbe und Funktionäre stets verlassen. Sie würde nichts überstürzen und auch nicht zu früh aufgeben.

Kurz vor dem Aufstand trafen wir uns einmal in Belgrad, wohin sie gekommen war, um illegale Literatur zu holen. Natürlich sprach ich nicht mit ihr über ihre Beziehungen zu meinen Brüdern. Sie hat im übrigen nie erfahren, daß ich alles weiß. Weder damals noch später sah ich mich gezwungen, ihr das zu sagen, und ich nahm an, ich würde sie, wenn ich auf diese Affäre anspielte, in eine peinliche und fatale Lage bringen, nicht so sehr, weil sie sich schämen würde, als weil sie stets fürchtete, eine solche Enthüllung könnte ihrem Ansehen schaden und dadurch ihre Rolle im Kampf schmälern, selbst wenn sie nicht vor eine Untersuchungskommission der Partei käme. Es standen derart entscheidende Ereignisse bevor, daß vor ihnen alles andere verblaßte, und menschliche Schwächen erschienen nebensächlich vor der Größe menschlichen Opfermuts.

Noch weniger erwähnte ich vor dem Aufstand oder während seines Verlaufs meinem älteren Bruder gegenüber, was sich zwischen ihnen dreien abgespielt hatte. Wie hätte ich ihm die Freuden trüben können, die er jahrelang, während der Verfolgungen und der Demütigungen im Gefängnis, vorausgeahnt und auf die er gewartet hatte?

Doch ich erfuhr und beobachtete, daß er, obgleich der Aufstand eben jene Kampf- und Lebensform war, in der er sich selbst fand, bei jeder bewaffneten Aktion Tollkühnheit bewies, als spiele er leidenschaftlich und mit einer gewissen Erbitterung mit der Gefahr. Bei der von ihm geleiteten Aktion gegen die feindliche Garnison stürmte er allen voran, schleuderte die Handgranate und mit ihr sein eigens petroleumgetränktes und in Brand gestecktes Hemd gegen den Stützpunkt und setzte sich damit mutwillig der Gefahr aus. Den Teilnehmern imponierte sein Heldentum, die Kunde davon verbreitete sich im Volk, doch all dies hätte, wie viele meinten, auch mit weniger Draufgängertum ausgeführt werden können. Mitten auf der Straße stehend, hielt er einen mit Militärpolizisten besetzten Lastwagen an, so daß sie ihn, wären sie kaltblütiger und geistesgegenwärtiger gewesen, gewiß getötet hätten.

Solche Menschen bleiben im Krieg zumeist nicht lange am Leben: Für ihn geboren, fallen sie auch für ihn. Auch mein älterer Bruder fiel – zu früh und ohne Notwendigkeit.

In jener Nacht sollte eine für den Feind sehr wichtige Brücke gestürmt und gesprengt werden. Sie wurde von heimischer Miliz bewacht, doch sorgte eine Gruppe von Gendarmen, die auf dem Hügel neben der Brükke Stellung bezogen hatte, für zähen und verbissenen Widerstand. Der Mond schien, die Aufständischen, in nächtlichen Kämpfen und Angriffen auf befestigte Stellungen noch unerfahren, wurden von Salven empfangen, gerieten in Verwirrung, stoben auseinander und wichen zurück, obschon sie nicht geradezu flohen. Mein Bruder stürmte gegen den Stützpunkt vor, da er mit einem Spürsinn, wie ihn nur geborene Krieger im Augenblick der Schlacht haben, erkannte, daß sich hier das Zentrum des Widerstandes befand. Ihm folgten zwei, drei mutige Kämpfer. Noch immer war er von unwahrscheinlichem Glück begünstigt. Unter den Detonationen seiner Handgranaten verstummte die Abwehr im Stützpunkt, die feindlichen Soldaten, die nicht getötet wurden, ergriffen die Flucht. Doch mein Bruder machte nicht halt, sondern setzte auf der Straße den flüchtigen, entmutigten Gendarmen nach, holte sie ein und tötete sie. Im Krieg ist es zumeist so, daß der geschlagene Feind, ob es sich nun um Gruppen oder um einzelne handelt, jeden Widerstand aufgibt und sich auch gegen den Tod nicht mehr wehrt. So war es auch damals, doch mein Bruder wußte nicht, wann er innehalten mußte, er stürmte immer weiter vor in ein Gebiet, das von den Unseren nicht kontrolliert wurde.

Er fiel einer jener Streifen in die Hände, welche die Besatzungsmacht seit kurzem vor allem an den Verbindungswegen aufstellte und die von den Aufständischen nicht ganz ohne Grund unterschätzt wurden, da sie hauptsächlich aus verzweifelten und zwangsmobilisierten Bauern bestanden. Auch diese Streife wäre wahrscheinlich kampflos geflohen, doch unglücklicherweise rief einer der Kämpfer meinen Bruder mit Namen, dieser antwortete von der Kreuzung her: Er stand genau vor dem Haus, in welchem die Posten im Hinterhalt lagen. Sein Name war bereits weit und breit bekannt, in diesem Dorf war er Lehrer und auch häufig zu Gast gewesen. Unter den Posten befanden sich Leute, die nur darauf warteten, Blut vergießen zu können. Von den ersten Kugeln getroffen, fiel mein Bruder mit einem Schmerzensschrei. Seine Hände hielten noch im Tode krampfhaft den Lauf des Gewehres umklammert. Ein Feuerwechsel um seinen Leichnam begann, doch in ihrer Verwirrung und Panik gelang es den Aufständischen nicht, ihn zu bergen. Am nächsten Tag wurde sein Körper an einem Betonpfeiler der gesprengten Brücke zur Abschreckung aufgehängt, dann im nahe gelegenen Städtchen zur Schau aufgestellt, wie man es einst mit berühmten Freischärlern getan hatte.

Ich glaube nicht, daß mein Bruder vorsätzlich in den Tod ging. Doch die Unvorsichtigkeit im Gefecht und die Erbitterung, mit welcher er kämpfte, insbesondere die Heftigkeit, mit welcher er gegen den Feind vorging, die Gleichgültigkeit gegenüber dem eigenen Leben, all dies zeigte mir und zeigt mir vor allem heute, daß er auch von innerer Unruhe, von Gewissensbissen wegen seiner Verfehlungen gegenüber dem jüngeren Bruder getrieben wurde. Wahrscheinlich wäre er so und so gefallen, doch nicht schon in den ersten Kämpfen, nicht durch eine Unbesonnenheit. Ich entsinne mich, er hatte die Haltung und Gesinnung eines Menschen, der sich dem Tod geweiht hat. Nicht genug damit, daß er niemals vom Leben und vom Frieden träumte, auch sein ganzes Wesen tat kund, daß es für ihn außerhalb des Krieges und des Aufstandes kein Leben gab. Hierin lag Größe, aber auch Verzweiflung, als habe er nunmehr nicht nur den Sinn seines Lebens gefunden, sondern auch den Weg, diesem Leben zu entgehen.

Ich glaubte, nur ich hätte diesen Eindruck gewonnen. Doch einige Jahre später, bei einer Feier zum Jahrestag des Aufstandes in dem Städtchen, in welchem sich seinerzeit meine Familie angesiedelt hatte, bemerkte das Mädchen wie zufällig, als die Rede auf meinen älteren Bruder kam: «Er hätte nicht damals und nicht auf solche Weise sterben müssen.»

Mein jüngerer Bruder hingegen hatte seinen Tod in keiner Weise, auch nicht unbewußt, mutwillig verursacht. Dieser Tod war, wenn ich so sagen darf, der logische Abschluß seines leiderfüllten Daseins.

Ende 1941 wurde die Abteilung, deren Kommissar er war, aufgerieben. Der Kommandant floh in das befreite Gebiet, mein Bruder blieb zurück, um die versprengten und größtenteils demoralisierten Kämpfer wieder zu sammeln. Es war die Zeit, als sich der Aufstand in Serbien in einer Krise befand. Bald wurden auch jene Kämpfer getötet oder gefangengenommen, die sich gemeinsam mit ihm durchgeschlagen hatten. Auch er wurde verwundet, verraten und in einem Bauernhaus verhaftet. Er wurde in das Lager von Banjica bei Belgrad gebracht, wo die Bauern aus den aufständischen Gebieten interniert und überprüft wurden: Die Organisatoren des Aufstandes und die Parteimitglieder wurden von den unbeteiligten Bauern abgesondert.

Mein Bruder war in Bauerntracht. Auf diese Weise wollten sich damals viele Organisatoren des Aufstandes mit dem Volk auf eine Stufe stellen, doch mein Bruder hatte sich, als er verwundet worden war, so gekleidet, um sich zu tarnen. Anfangs fiel er in der Masse der Bauern nicht auf, doch dann erkannte ihn jemand und zeigte ihn beim Lagerkommandanten an.

Die Verhöre fanden nicht im Lager statt, sondern bei der Spezialpolizei. Der Lagerkommandant jedoch hatte zwanzig Jahre lang im Belgrader Polizeipräsidium als Untersuchungsrichter Revolutionäre verhört und war seiner Grausamkeit und Gerissenheit wegen gefürchtet. Kurz vor Kriegsausbruch war er wegen mangelnder Anpassungsfähigkeit an die neuen Bedingungen und wohl auch nach Rivalitätskämpfen innerhalb der Polizei versetzt worden, so daß ihm als dem Lagerkommandanten nun ausschließlich die Rolle eines Henkers zukam, die ihm auch am ehesten lag. Doch er hatte seine Versetzung stets als ungerecht betrachtet und setzte alles daran, im Lager die Revolutionäre und revolutionären Organisationen aufzuspüren und die Untersuchungen zu leiten. Da er aber hier nicht viel Arbeit dieser Art hatte und diese, strenggenommen, auch nicht in seine Kompetenz fiel, konnte er sich mit jedem einzelnen Fall ohne Hast und methodisch befassen, um so mehr, als dies für ihn auch eine Frage des persönlichen Prestiges und der Karriere war. Die gesamte Arbeit der Lagerverwaltung und die Vorgänge im Lager wurden tagtäglich von der Gestapo kontrolliert, und so fand sich mein Bruder dem ehrgeizigen, über seine Degradierung erbitterten balkanischen Bluthund wie auch den Gestapo-Untersuchungsrichtern gegenüber, die mit wissenschaftlicher Systematik und Präzision zu Werk gingen.

Der Lagerkommandant unterwarf ihn sofort einer der grausamsten und langanhaltendsten Torturen. Ich konnte nicht alle Einzelheiten über diesen ungleichen Kampf zwischen meinem auf sich allein gestellten Bruder – er kam sofort in Einzelhaft – und zwei koordinierten Polizeiapparaten in Erfahrung bringen. Zudem zitterte ich vor diesen Einzelheiten, vor den Qualen, die mein Bruder zu erdulden hatte. Was ich herausbringen konnte, habe ich von überlebenden Lagerinsassen erfahren, die ihrerseits nicht viel wußten oder gesehen hatten, und aus den nicht sehr detaillierten, doch aufschlußreichen Dokumenten.

Das Verhör meines Bruders dauerte volle drei Monate. Den Dokumenten ist zu entnehmen, daß der Kommandant pflichtgemäß sofort die Spezialpolizei unterrichtete, wen und wessen Bruder er ausgeforscht und daß er diesen einem Verhör unterworfen habe. In seiner lapidaren Meldung betonte er, der Häftling schweige verbissen und gebe nur die Erklärung ab, er wolle nicht aussagen, sondern als rechtschaffener Mensch sterben. Nicht ohne Ironie fügte der Lagerkommandant hinzu, er werde schon Mittel und Wege finden, ihn zu erweichen – genau diesen Ausdruck gebrauchte er. Diesem Akt liegt auch die Aussage meines Bruders bei, ein einziger Satz: Ich will als rechtschaffener Mensch sterben und werde nicht aussagen. Es sind die Worte, welche der Kommandant zitierte, nur klingen sie hier ganz anders: nicht theatralisch, nicht trotzig, nicht einmal revolutionär. Es ist die Reduzierung aller Beziehungen und alles Existierenden auf moralische, ich möchte sagen auf die letzten menschlichen Motive.

Andere Anhaltspunkte gibt es nicht, außer der umrandeten Nummer neben meines Bruders Namen im Häftlingsverzeichnis. Die Umrandung bedeutete Verurteilung und Abtransport zur Erschießung nach Jajince. Von Lagerinsassen erfuhr ich, daß zu Ende der dreimonatigen Folter von meinem Bruder nur ein blutiges, zahnloses Skelett mit noch immer ausdruckslosen, großen blauen Augen übrig war. Er war auch geistig nicht mehr auf der Höhe und nur noch fähig zu schweigen. Seine Glieder waren verrenkt und gebrochen, er konnte sich nicht bewegen, die Polizisten trugen ihn auf einer Bahre zum Verhör.

Das ist alles – so wenig und so viel.

Es liegt mir ferne, einen Zusammenhang zwischen dem Tod meines jüngeren Bruders und dem Drama zu sehen, das sich zwischen ihm und dem Mädchen, zwischen ihr und dem älteren Bruder abgespielt hatte. Nicht deshalb fiel mein jüngerer Bruder den Schergen in die Hände. Das früher Erlebte liefert auch nicht die Erklärung für sein Heldentum – dieser Ausdruck erscheint mir nicht zutreffend, denn es war mehr als Heldentum im Sinne einer bewußten und fanatischen, motivierten und vorsätzlichen Handlung –, vielmehr geht es hier um die Rechtschaffenheit, die meines Bruders Dasein zugrunde lag, um einen ehrenvollen Tod als letzte Form seiner und der menschlichen Existenz im allgemeinen.

Mein jüngerer Bruder starb rechtschaffen und im Namen der Rechtschaffenheit für die Revolution. Er wäre auch dann so gestorben, wenn es keine Revolution gegeben hätte. Das Leben selbst hätte ihn vor die Wahl zwischen Verrat und Rechtschaffenheit gestellt. Doch die Tatsache, daß er ebenso wie mein älterer Bruder von den Bitternissen des Lebens vergiftet starb, war für mich auch ein Hinweis, daß das Mädchen an seinem Unglück teilhatte. Und ich sehe in seinem Tod, in der Art, wie er diesen hinnahm und sich für ihn entschied, die unausbleibliche und logische Fortsetzung und das Ende nicht nur seiner Persönlichkeit, sondern auch seiner Liebe zu dem Mädchen und der Enttäuschung über die Handlungsweise seines älteren Bruders – ohne Groll, sogar ohne Vorwurf und in leidvoller Resignation.

Häufig kommt mir der Gedanke, das Leben meiner Brüder wäre ganz anders verlaufen, hätte es jene Beziehung zu dem Mädchen nicht gegeben. Vielleicht wären sie ihren Pflichten während des Aufstandes auf andere Weise nachgekommen, denn im Grunde waren beide bestrebt, eine möglichst große Entfernung zwischen sich und das Mädchen zu legen. Vielleicht wäre ihre Neigung zur Selbstaufopferung nicht so vehement und brennend gewesen. Ja, ich wünsche mir und male mir aus, daß alles hätte anders kommen können, wären gewisse Dinge nicht geschehen.

Das Mädchen trägt am wenigsten Schuld an ihrem Tod. Sie setzte die revolutionäre Arbeit unter den schwersten Bedingungen fort, lebte illegal und richtete die zerrütteten Organisationen wieder auf. Auf ihr lastete Verantwortung für die Bewegung des gesamten Gebietes, und sie bewährte sich.

Wann immer ich ihr nach dem Krieg zufällig begegnete, scheute sie sich, den jüngeren Bruder zu erwähnen, woraus ich folgerte, daß sie ihn auf ihre Weise geliebt hatte. Es bedrückte sie schwer, daß er so gelitten hatte. Als ich ihr aus einem Impuls heraus die Aufzeichnungen über sein Verhör zeigte, meinte sie erschüttert: «Nur er konnte so etwas sagen und so sterben.»

Das ist die Geschichte von meinen Brüdern und dem Mädchen.

Doch nicht das bisher Geschilderte veranlaßte mich, diese Geschichte zu erzählen, sondern das, was sich später zwischen mir und dem Mädchen ereignete, vielmehr nicht ereignete – zu einem Zeitpunkt, als sie schon eine verheiratete und geachtete Frau war.

Nach dem Krieg begegneten wir einander nicht eben häufig und immer nur zufällig, denn mich kümmerte ihr Tun und Lassen nicht. Obschon ich ihr nicht die Schuld an dem Tod meiner Brüder geben konnte, war ich doch der Meinung, sie hätte es nicht zu Intimitäten zwischen sich und meinem älteren Bruder kommen lassen dürfen. Ich verheimlichte die Gründe für meine Kälte, so gut ich konnte. Ich hatte den Eindruck, sie versuche, diese Schranke zwischen uns abzubauen, eine wärmere, freundschaftlichere Atmosphäre zu schaffen. Ich sah in ihren Bemühungen nichts Ungehöriges und wollte auch um keinen Preis etwas wie Liebe darin sehen. Im übrigen hatte sie zu Ende des Krieges geheiratet und rasch nacheinander zwei Kinder geboren. Sie führte eine gute Ehe. Sie und ihr Mann lebten zufrieden und, soweit ihre Funktionen dies zuließen, zurückgezogen.

Es war sechs Jahre nach Kriegsende, als wir einander zufällig bei der Feier zum zehnten Jahrestag des Aufstandes in ihrem Gebiet wiedersahen. Ich mied Feiern, wohl ihrer Leere und Unaufrichtigkeit wegen: Die Menschen sprechen bei solchen Anlässen eigentlich von sich und ihrer Gegenwart. Doch zur Teilnahme an dieser Feier bewogen mich nicht nur gesellschaftliche Verpflichtungen, vielmehr war der Aufstand in dieser Gegend mit dem Namen meiner Brüder verknüpft. Ich wußte, daß auch sie dort sein würde, wir hatten einander telefonisch Bescheid gesagt, aber ich maß dem keine Bedeutung bei. Es war mir sogar, wie ich mich entsinne, ein wenig unangenehm, ihr dort zu begegnen, denn ich wußte, daß mir diese Begegnung alles ins Gedächtnis rufen würde, was zwischen ihr und meinen Brüdern vorgefallen war, alles, was an deren Tod ungeklärt war und nie geklärt werden würde, was nur mir und ihr bekannt war.

Ich erblickte sie auf der Tribüne, wir sprachen sogar miteinander. Doch während des offiziellen Teils der Feier – wie gewöhnlich, gab es zu viele Redner, sie redeten zu viel und zu lange an diesem heißen Sommertag – wurde ich mir ihrer nicht bewußt, das befürchtete Unbehagen stellte sich nicht ein, ich wurde nicht von Erinnerungen gepeinigt, die mit ihr zusammenhingen. In Gedanken war ich weit fort, wie immer, wenn mehr oder minder gleichförmig ein Festredner dem andern, eine Rede der andern folgt. Dennoch dachte ich unaufhörlich und sehr intensiv an meine Brüder. Dazu bewogen mich allein schon die Erwähnung ihrer Namen, die Verbundenheit dieser Stätte mit ihrem Wirken und die Anwesenheit von Menschen, die sie gekannt hatten. Doch auch diese Erinnerung war ferne, nicht greifbar – ein gewisses verstärktes inneres Nachempfinden ihrer Existenz, ihres Fortbestehens in mir. Immer wieder kam mir der Gedanke: diese Menschen, diese Feier – dies alles gäbe es nicht, wären meine Brüder nicht gefallen. Mich bedrückten Trauer und Leere und eine gewisse Sinnlosigkeit, die augenscheinliche Disharmonie zwischen ihrem Tod und dem, was wir hier taten, und dies wieder verstärkte jenes Gefühl ihres Fortdauerns in mir in einem solchen Maße, daß mir zeitweilig war, als existierten sie auch körperlich und lebten in mir.

Die letzte Rede war schon fast beendet, als ich die Empfindung hatte, jemand hinter mir betrachte mich intensiv. Doch diese Empfindung war nicht losgelöst von dem Gefühl, meine Brüder lebten in mir, sondern irgendwie damit verknüpft, als blickten meine Brüder mich an und freuten sich. Und obgleich ich nicht an geheimnisvolle Gedankenübertragungen glaube, erkannte ich in diesem Augenblick, daß jemand hinter mir genau wußte, was ich fühlte und dachte, daß der Betreffende auch jenes Weiterleben meiner Brüder in mir mitempfand. Der Redner rief etwas, ich begriff, daß sie es war, die mich betrachtete – es war mir unangenehm, forschend wandte ich mich um. Sie stand tatsächlich hinter mir, doch eher abseits, und blickte nicht auf mich, sondern über die Menschen hinweg nach den fernen, nebelverhangenen grünen Hügeln. Es kam mir zum Bewußtsein, daß ich bis zu diesem Augenblick selbst nach diesen Hügeln geschaut, die Worte des Redners kaum erfaßt und die Gesichter der Menschen nicht wahrgenommen hatte. Ihr Gesicht hingegen! Bleich und starr, trotz der leichten Schweißtropfen, die Augen von einer sehr lebendigen Vision, einer teuren und ergreifenden Erinnerung erleuchtet. Ihre Lippen waren leicht geöffnet, die Zähne schimmerten weiß zwischen dem dunklen Rot, und ich dachte, sie seien gewiß sehr scharf. Ich weiß nicht, was für einen Anblick ich bot, doch in diesem Augenblick war mir nicht nur, als sehe ich genauso aus wie sie, sondern auch, als könne es gar nicht anders sein. Denn mir war klar, daß auch sie an meine Brüder dachte. Darin lag im übrigen nichts Seltsames – seltsam war nur diese Übereinstimmung mit mir in dem Gedanken, dem Gefühl, meine Brüder lebten weiter. Jedenfalls war ich darüber erstaunt und bestürzt und fest davon überzeugt, sie werde sich nach mir umwenden, ihren eigenen Gesichtsausdruck und ihr Fühlen in mir wiedererkennen. Doch das geschah nicht. Sie stand unverändert. Die Intensität ihres Erlebens zeigte sich immer stärker in ihrer Miene, und ich bemerkte sogar, daß sie die weiße Handtasche fest preßte, so daß ihre Gelenke und Fingerspitzen weiß wurden. Ich fürchtete, sie würde zu mir herübersehen und erkennen, daß ich das gleiche erlebte wie sie, und doch wünschte ich, dies möge geschehen, wohl auch deshalb, weil diese Gefühle und Erinnerungen so vollständig von mir Besitz ergriffen hatten, daß ich mich einsam fühlte und mich nach jemandem sehnte, der mir nahestand, mich begriff. Ich dachte: Was vorbei ist, ist vorbei! Jetzt empfinden sie und ich den gleichen Schmerz und könnten ihn gemeinsam tragen.

Ich war überzeugt, daß diese spontane Verbundenheit mit ihr ausschließlich von dieser gemeinsamen und gleichgearteten Erinnerung an die Brüder herrührte und daß in ihr nichts anderes war als diese Trauer, in der wir einander nahe waren, die meine geheime Abneigung gegen sie und ihre Scham und Bedrücktheit mir gegenüber verdrängte.

Doch das war eine oberflächliche und trügerische Schlußfolgerung.

Sie sah, wie ich sagte, nicht zu mir herüber, und das verstimmte mich, so daß ich ungeduldig auf das Ende der Rede wartete, um dann vor sie hintreten, sie an meine Anwesenheit erinnern zu können. Doch wenn sie von meiner Anwesenheit nicht Notiz genommen hatte, hatte sie diese dennoch all die Zeit über im Unterbewußtsein registriert. Der Redner schloß, ohne Parolen zu rufen, sie faßte sich und sah mich an.

Ich weiß nicht mehr, wer von uns beiden den ersten Schritt tat, ich glaube, wir taten ihn gleichzeitig. Sie lächelte wehmütig und verständnisvoll, ich erkannte ihre Anteilnahme am Schicksal meiner Brüder und zugleich eine spontane, wenn auch nicht offen gezeigte Verbundenheit mit mir – also lebte in uns beiden das gleiche Gefühl für die Brüder. Ich wollte zu ihr sagen: Es läßt sich nicht ändern, es ist nun einmal so, du und ich, wir verstehen einander. Doch ich besann mich noch rechtzeitig: Sie weiß nicht, darf nicht erfahren, daß mir alles bekannt ist, was zwischen ihr und meinen Brüdern war. Gleichzeitig sehnte ich mich danach, ihre Hand zu ergreifen, ja sie zu umarmen! Ich redete mir ein, darin liege nichts Erotisches, jedenfalls nichts, was ihr unangenehm sein könnte.

Ich unterdrückte meine Worte und Wünsche. Doch sie trat zu mir und flüsterte in liebevollem Schmerz: «Wir beide leben, trauern und freuen uns auch für sie.»

Ohne Zweifel durchschaute sie meine Gefühle und Wünsche. Und von diesem Augenblick an begannen zwischen uns alle Schranken zu fallen, die moralischen und gesellschaftlichen, die gefühlsmäßigen und körperlichen, und das in einem derartigen Tempo, daß ich ihm verstandesmäßig nicht folgen konnte, selbst wenn ich es gewollt hätte, einem Tempo, das alle meine Begriffe überstieg.

Wir gingen nebeneinander her, ich ohne Jackett, sie in einem kurzärmeligen Kleid, unsere Ellbogen berührten sich begehrend und scheu, und beinahe hätte ich laut zu mir gesagt: «Das ist eine Frau, mit der ich mich jetzt auf der Stelle zusammentun könnte.»

Man muß sich vor Augen halten, daß ich damals bereits in reifem Alter war, daß meine Beziehungen zu meiner Gefährtin harmonisch und aufrichtig waren, daß ich mit all meinen Handlungen und Gedanken zur Bewegung gehörte, daß ich jedes Liebesabenteuer als Inkonsequenz, Unaufrichtigkeit und als verderblich betrachtete. Ich behaupte nicht, mir sei nie der Gedanke an andere Frauen gekommen, ja ich muß zugeben, daß er mir häufig kam, zumeist nachts, wenn ich wach neben meiner Gefährtin lag. Doch das waren Träume und nicht Taten, und auf die Taten kommt es an! Ich fühlte mich um solcher Phantasien willen nicht in einer zweideutigen Lage, eben weil es nicht Taten waren und weil ich wußte, daß ich vor Taten zurückscheuen würde. Ich möchte dazu noch bemerken, daß auch meine Träume nicht Genossinnen betrafen, mit denen ich in der Bewegung zusammenarbeitete, am allerwenigsten die Frauen meiner Genossen. Wenn mir ein Gedanke an diese kam, verscheuchte ich ihn sofort und ersetzte ihn durch Gedanken an Frauen, die nicht der Bewegung angehörten oder ihr erst nach der Revolution beigetreten waren, die nicht wußten oder die es nicht bekümmerte, wie die Beziehungen zwischen Genossen und Genossinnen sein sollten.

Doch in jenen Augenblicken, als wir beide die drei, vier Stufen der Tribüne hinabstiegen, begehrte ich sie, ohne auf irgend etwas Rücksicht zu nehmen, nicht einmal darauf, daß sie die Frau eines Genossen war. Ja dieser Wunsch war so unabweisbar, so bedenkenlos konkret, daß ich ihn fast wie die Handlung selbst empfand, ohne mich im mindesten vor den Genossen und der Menge ringsum zu schämen.

Das Sichbegegnen unserer Ellbogen war nicht eine jener zufälligen Berührungen von Haaren, Brüsten, Hüften, welche Wünsche aufflammen lassen, deren wir uns zuvor nicht bewußt waren. Nein, das war nicht ein eben erwachter Wunsch, sondern eine berauschende, wilde, unaufhaltsame Liebesvereinigung, die nur deshalb nicht vollzogen wird, weil die Voraussetzungen im Augenblick nicht gegeben sind. Dabei war ich völlig sicher, daß sie das gleiche wünschte und daß sie wußte, daß ich es wünschte. Wie sonst sollte ich den beredten, beharrlichen Druck ihrer Hand deuten, wie die schmerzlichen und leidenschaftlichen

Worte, die sie sprach, als wir die Bühne verlassen hatten und uns in der Menge verloren, die uns hören und den Sinn des Gesagten erfassen konnte: «Wir sehen uns so selten, als wären wir nicht durch jene verbunden, die gerade wir beide am meisten geliebt haben.»

Und wirklich war alles, was wir danach taten, eine stillschweigende, doch wohlbedachte Prüfung und Schaffung der Voraussetzungen für die Vollziehung des Liebesaktes.

Ich hatte sie schon früher für hübsch, wenn auch nicht für eine Schönheit gehalten. Doch jetzt hatte ihr Körper für mich eine ganz andere Bedeutung und einen neuen Reiz. Er wurde mir plötzlich sehr vertraut: Jede Fiber lebte, als sei sie ein Teil meiner selbst. Auch ihre Kleidung empfand ich als die meine, jede ihrer Bewegungen war verlockend und schien von der Absicht diktiert, mich in ihren Bann zu ziehen. Diesen mir bekannten Körper, der sich so ungezwungen und unverhohlen darbot, sah und empfand ich als unvergleichlich schön – eigentlich nicht schön, sondern als befähigt und einzig dazu geschaffen, gerade mir höchste, nie erlebte absolute Freuden zu bereiten.

Sie hatte sich stark verändert seit der Zeit, da ich sie als junges Mädchen kennengelernt hatte. Doch ich erkannte sie wieder, sah in ihr das Mädchen von einst, obgleich sie jetzt schöner und attraktiver war, als wollte ich just jenes mädchenhafte Bild von ihr wiedererstehen lassen, das ich nicht mehr in Erinnerung hatte, weil es damals keine Bedeutung für mich zu haben schien. Ihre Sommersprossen waren kaum noch erkennbar, sie schimmerten nur schwach durch ihre blasse Haut. Ihr gelocktes schwarzes Haar war noch schwerer geworden und anders gekämmt als einst, hatte aber die bläuliche Nuance beibehalten, die ich fast vergessen hatte. Erst jetzt erinnerte ich mich, daß es dieselben Augen mit grünen und kastanienbraunen Tönungen waren, die in ihrer Buntheit mit dem einst sommersprossigen Gesicht harmonierten und ihm einen verspielten und zugleich nachdenklichen Ausdruck verliehen. Sie war voller geworden, doch ihre hoch angesetzte Taille hatte ihre mädchenhafte Geschmeidigkeit, die Hüften hatten ihre weiche Rundung, die kleinen Brüste ihre Festigkeit bewahrt. Niemals hatte ich an ihre Finger gedacht, doch jetzt erkannte ich sie wieder, wie ich sie einst gesehen und dann vergessen hatte: dünn, mit hellen Grübchen an den Knöcheln. Das gleiche könnte ich von ihren Lippen sagen, die obere ein wenig hochgezogen und die von goldenem Flaum umrandete untere herb gespannt, beide dünn und dunkelrot. Alles an ihr war mir mit einemmal so vertraut, daß ich die winzigsten Fleckchen an den unsichtbaren, verborgensten Teilen ihres Körpers ahnte, sogar sah: Ich erlebte sie völlig nackt und meinen Händen überlassen. Auch ihre Denkweise war mir vertraut, wendig und realistisch, ihre Psyche, mit einer Schutzhülle umgeben und in sich verschlossen, und besonders ihre Art, sich hinzugeben, voll Glut und schweigend. Sie gehörte mir ganz, obgleich sich zwischen uns nichts ereignet hatte.

Ich war sicher, daß sie mich ebenso genau, wenn nicht noch genauer kannte und von mir Besitz ergriff.

Obgleich es noch nicht sehr lange her ist, könnte ich nicht im einzelnen sagen, wie der Nachmittag verlaufen war. Es scheint, daß mein Eindruck von diesem Nachmittag eben deshalb frisch und lebendig geblieben ist, weil ich auf die Details nicht achtete.

Die Besucher mußten ständig in der Nähe des Gastgebers bleiben und sich nach seinen Plänen richten. Doch wir beide waren einer für den andern da, als seien wir von den übrigen getrennt. Das ergab sich von selbst, zum Teil deshalb, weil sie, obgleich Gast, hier, in ihrem einstigen Heimatort, gewissermaßen auch Gastgeberin war, überdies war sie mit meinen Brüdern und meiner Familie befreundet gewesen. Durch die gemeinsamen Erinnerungen und die Besichtigung von Gedenkstätten kamen wir uns auch offiziell nahe, und dies half uns, vor den anderen und vielleicht noch mehr vor uns selbst zu verbergen, was wir füreinander empfanden. So ergab es sich, daß wir – zumeist sie, zuweilen auch ich – uns über den Gastgeber hinwegsetzten und das eine oder andere vorschlugen, zum Beispiel, uns den Park anzusehen oder nach dem Mittagessen Rast zu halten. Der eine stimmte jeweils dem anderen sofort zu, da wir hofften, allein bleiben zu können, obgleich wir beide wußten, daß dies unausführbar war. Unter der Hülle des offiziellen Programms sickerte unser Einverständnis, unsere Vertrautheit wie ein unterirdischer Bach, den niemand kennt.

Beim Mittagessen saßen wir getrennt voneinander an derselben Seite der Tafel. Doch wir fanden Gelegenheit, einander anzublicken, indem wir uns vor- oder zu unseren Nachbarn hinüberbeugten. Mir fiel vor allem auf, wie sie Wein trank: Sie sah mich dabei an, doch nicht, wie dies in Filmen üblich ist, aus halbgeschlossenen Augen, als wolle sie mir zutrinken, sondern wie im Fieber, den Blick starr auf mich gerichtet, als trinke sie ihr eigenes oder mein Blut. Ich spürte das Glas in ihrer Hand, als sei es ein Teil meiner selbst. Dieses Gefühl hatte ich gegenüber allen Dingen, die sie berührte. Und mir war, als saugten ihre Lippen an den meinen und nicht am Glas: Sie trank wahrhaftig, als küsse sie. Ich entsinne mich dessen nicht, doch vielleicht trank ich auch so, und wenn nicht, gab ich mich ihr durch etwas anderes, etwa durch mein Mienenspiel zu verstehen. Denn als das Mittagessen beendet war, eilten wir aufeinander zu, und sie sagte: «So weit waren wir getrennt!», worauf ich erwiderte: «Dennoch waren wir einander nahe!»

Sie schlug vor, wir alle sollten Mittagsrast halten. Die Gastgeber stimmten zu, ich natürlich ebenfalls, wobei ich mich heimlich freute, daß ich nun Gelegenheit haben würde, mit ihr zusammen zu sein, denn gewiß würde eines von uns beiden in das Zimmer des anderen kommen, obschon in dem kleinen Hotel den Blicken der Dienerschaft nichts entgehen konnte. Des Raummangels halber mußte ich mein Zimmer mit einem Offizier teilen. Dieser, ein alter, hochangesehener Invalide aus jener Gegend, war beleibt und schwerfällig und konnte es kaum erwarten, zur Ruhe zu gehen. Ich streckte mich in den Kleidern aus, und obgleich ich gewohnt war, nach dem Mittagessen zu schlafen, konnte ich kein Auge zutun. Ich stand auf, sobald der Hauptmann zu schnarchen begonnen hatte, und ging leise auf den Korridor hinaus in der Absicht, sie zu treffen. Ich wußte zwar nicht, wie ich dies arrangieren sollte, doch ich war sicher, daß auch sie es wünschte. Ich lauschte: Wo war ihr Zimmer? Ich entschloß mich, wie irrtümlich die Zimmertüren zu öffnen, bis ich ihr Zimmer fand, oder aber einen der Hausbediensteten zu fragen. Doch es erwies sich als überflüssig: Sie betrat den Korridor. Auch sie war nicht allein im Zimmer und wollte nicht schlafen. Wir gingen aufeinander zu. Auch jetzt waren wir nicht allein, unaufhörlich kamen Diener und Gäste über den Korridor. Wir sahen uns schweigend an, beschämt, wie beim Ehebruch ertappt, dann eilten wir die Treppen hinunter. Unten im Restaurant gesellten wir uns zu jenen, die überhaupt nicht zur Ruhe gegangen waren, und ich schlug einen Rundgang durch die Stadt vor.

Wir mengten uns unter die Menschen auf dem Hauptplatz, blieben vor Verkaufsständen stehen. Wir waren ermüdet und enttäuscht, denn es gelang uns nicht, die anderen abzuschütteln, sie blieben stets in unserer Nähe.

Am Ufer der Save waren wir endlich allein. Der grüne Strom schien in der Gluthitze stillzustehen. Er hatte etwas herausfordernd Leidenschaftliches an sich: In lauter Unbeweglichkeit hingestreckt, bot er sich dar. Das jenseitige, weidenbestandene Ufer winkte herüber wie eine schaumsprühende Welle.

Plötzlich trat sie nahe an mich heran und legte ihre Finger, in denen es heiß und heftig pulste, sanft auf meinen Handrücken. «Warum schwimmen wir nicht hinüber?» fragte sie, ebenso heiß und erregt flüsternd. «Ich würde Badeanzüge besorgen. Es würde uns erfrischen. Es wäre herrlich!»

Mir fiel ein, daß auch mein jüngerer Bruder an heißen und klaren Tagen mit ihr hinübergeschwommen war, vielleicht zu demselben Weidengebüsch und von derselben Stelle aus. Und obgleich mich unerfüllte Sehnsucht mit dunkler Gewalt zu ihr und dem Fluß trieb, überkam mich eine so brennende Scham vor mir selbst, vor meinen toten Brüdern, vor den Genossen, daß ich stammelte: «Ja, es wäre herrlich, aber es macht keinen guten Eindruck, wenn wir für uns bleiben.»

Obschon mir vor meinem und ihrem Verlangen zu schaudern begann, konnte ich mich noch nicht von ihr losreißen, ebensowenig wie von meinen Brüdern. Sie waren mir in der Erinnerung fremd geworden, dennoch gingen sie mir nicht aus dem Kopf.

Mit dem sinkenden Tag wurde das Verlangen nach ihr düsterer und drückender, die Brüder waren in der Erinnerung ferner als je und lasteten noch schwerer auf mir. Mir graute vor der Nacht, vor ihr und davor, im Liebesrausch mit ihr meine Brüder zu verraten.

Denn Schatten fielen auf die Scham und die Erinnerungen, die Leidenschaft und die Wirklichkeit aber traten immer mehr in den Vordergrund. Vor Einbruch der Nacht reiste ich ab, überraschend für sie und die anderen, in Furcht vor mir selbst und der Dunkelheit.

Dennoch scheint es mir, als hätte ich an jenem Nachmittag sowohl meine Brüder als auch das Mädchen bis ins letzte begriffen.

*6. bis 22. April 1959*
*Gefängnis in Sremska Mitrovica*

# Das Mädchen mit dem Goldzahn

Die Armeen kamen und gingen, die Obrigkeit wechselte ständig in dem Städtchen, doch bei ihr fanden alle Freude und Trost, ganz gleich, woran sie glaubten und unter welchen Fahnen sie in die Schlacht zogen. Doch der Krieg konnte nicht ewig weitergehen, eine Armee gewann ihn schließlich. Diese hatte schon vorher des öfteren das Städtchen erobert, doch hatte sie damit noch nicht endgültig gesiegt.

Jetzt aber zog sie, obgleich der Krieg in der Ferne noch wütete, als unbestrittener Sieger ein. Die geschlagenen Armeen waren für immer vertrieben, zurück blieben Brandstätten, zahllose im letzten Augenblick Erschossene, Haß und Verbitterung. Die Siegerarmee mußte auch als Rächer auftreten, und da sie im Namen der neuen Ideen gekämpft hatte und ein neues Leben versprach, mußte sie den Beweis erbringen, indem sie die eigenen Reihen und das Leben ringsum von allem säuberte, was sie für veraltet und feindlich hielt, von allem, was sich ihrer Macht entgegenstellte und die Reinheit ihres Glaubens trübte.

So kam auch das Mädchen mit dem Goldzahn vor ein Militärgericht – reguläre Gerichte gab es noch nicht, die Urteile wurden von Armeekommandos gefällt –, obgleich sie nicht schuldig war, sie hatte sich nur gerne mit allen vergnügt, hatte Freude an Spiel und Gesang, an Festgelagen und an der Liebe gefunden.

Sie war das schönste Mädchen in der Stadt, nur wagte man nicht, das offen zu sagen. Die tugendhaften Ehemänner wagten es nicht vor ihren Frauen, um nicht ihre geheimen Wünsche zu verraten, die jungen Männer wagten es nicht vor den Mädchen, um nicht zu riskieren, daß diese sich nicht mit ihnen beim Korso zeigten. Man sprach entweder schlecht oder überhaupt nicht von ihr, nur die Kinder, die alles wissen und denen alles erlaubt ist, priesen allen zum Trotz ihre Schönheit. Die alten Weiber, die schon alles vergessen hatten und alle beneideten, verfluchten die Mißratene, die ihre Enkel verführte und die glücklichen Ehen ihrer Söhne zerstörte.

Sie war keine Hure, das hatte sie nicht notwendig. Sie kam aus einer Mittelstandsfamilie, ihr Vater war ein angesehener Mann, ihr Bruder ein bekannter Kämpfer für das neue Leben. Sie war im Gebirge geboren, von dort war ihre Familie in das Städtchen gezogen, in ein Haus mit einem Garten, der sich weithin erstreckte, bis zur Flußmündung. Der Vater hatte auch ein Grundstück in der Nähe der Stadt gekauft, einen Obst- und Gemüsegarten jenseits des Flusses, unmittelbar über dem steilen Ufer, doch war er von dem Haus aus nicht zu sehen, da er von anderen Gärten und Äckern verdeckt wurde. Dies reichte zusammen mit dem Gehalt des Vaters für ein gesichertes und ruhiges Leben.

Doch sie wollte nicht leben wie andere Mädchen, sie war anders geartet. Mit dem Bergbauernleben hatte sie gebrochen, noch bevor sie erwachsen war, schon als heranwachsendes Mädchen genoß sie alles, was das Städtchen zu bieten hatte: Süßigkeiten, junge Männer, Seidenkleider, Unterhaltung, Annehmlichkeiten und die Liebe, alles, was jedes Mädchen auskosten möchte, nur wagen es die meisten nicht. Sie hatte ihre eigene Auslegung: «Mir ist weder das eine noch das andere gelungen. Ich möchte eine Städterin sein, Bäuerin zu werden, hatte ich keine Gelegenheit, und so bin ich gottlob eine Mischung aus beidem geworden.»

Doch jene, die sie näher kannten, wußten, daß dies nicht stimmte, jedenfalls nicht so ganz. Sie war dennoch eine Städterin, nur anders als die übrigen. Sie hatte etwas von der Frische und Zähigkeit der Gebirglerin beibehalten. Die meisten Stadtmädchen waren hager und bleich, sie nicht. Ihr Körper war stämmig und fest, doch auch geschmeidig, rundlich und nach Genüssen dürstend. Sie war stark in den Hüften und Brüsten, hatte einen weichen Hals und volle, glatte Schenkel. Ihre Hände waren groß, die Finger jedoch fein geformt. Ihr Kopf schien das Gewicht des dichten schwarzen Haares kaum tragen zu können. Sie lachte mit Schmollippen verschämt und verschmitzt wie eine Bäuerin, doch sie liebte eindeutige, freche städtische Redensarten und Witze. Ihre Haut war dunkel, ihre grünlichen Augen schimmerten sanft unter den dichten geschwungenen Brauen. Sie trug gerne Schmuck, schwere silberne Armbänder, große bunte Ohrringe, ihre flatternden Kleider waren pastellfarben. Im Dorf wäre sie ein Bauernweib mit vielen Kindern geworden, gierig nach allem und gewitzt darin, dem Mann vor seiner Nase Hörner aufzusetzen. In der Stadt brauchte sie sich mit dem Heiraten nicht zu beeilen und konnte ihre Verehrer nach Belieben hinhalten. Obgleich sie Übertreibungen und Skandale nicht mochte, war es ihr lieb, zu hören, wie die Frauen sie aus Neid und Eifersucht schmähten. Es war nicht Haß von ihrer Seite aus: Sie haßte niemand, doch es war ihre einzige Entschädigung für den schlechten Ruf und die üble Nachrede, die sie zu ertragen hatte. Sie war nicht auf ihren Vorteil aus, doch sie nahm gerne Geschenke an, noch lieber aber gab sie solche.

Sie hatte einen Goldzahn an Stelle des einen rechten Schneidezahns. Wenn sie lachte und sprach, schimmerte der Goldzahn zwischen dem leuchtenden Rot ihrer Lippen. Es hieß, der echte Zahn hätte eigentlich nicht gezogen werden müssen, sie habe dies nur ersonnen, um verführerisch zu wirken. Ein Zahnarzt, der noch nicht lange im Städtchen war, hatte ihr den Goldzahn eingesetzt, als Gegenleistung für die Liebe, die sie ihm gab.

Der Goldzahn war ihr Charakteristikum. Er betonte ihre Schönheit, wirkte einladend und tat ihre Neigungen kund. Die sie kannten, gaben ihr den Beinamen «mit dem Goldzahn», und so nannten sie auch jene, die sie nicht kannten oder die ihr wirklicher Name nicht interessierte. Wie dem auch sei, dieser Zahn war ihre persönliche Note.

Als sie jünger war, wollte sie nicht heiraten, und später, da sie als leichtes Frauenzimmer verrufen war, ergab sich keine Gelegenheit mehr, trotz ihrer Schönheit und des Ansehens, das ihr Vater genoß. Sie sagte: «Für mich ist es nie zu spät, zu heiraten. Noch bin ich in voller Blüte. Wenn ich richtig reif geworden bin, wird mich noch immer einer nehmen.» Ihr Vater verprügelte sie, als sie noch halbwüchsig war. Schon damals ertappte man sie beim Kosen hinter Haustoren und Büschen, am häufigsten aber in den Obstgärten über dem Fluß. Dorthin wandte sie sich am liebsten, sogar im Winter, denn an dem steilen Ufer, hinter den Kronen der Erlen und Weiden, gab es verborgene Mulden und Fleckchen, von denen aus man die Umgebung überblicken konnte, wenn man nur den Kopf hob, und sobald man ihn senkte, blieb man unsichtbar. Später stellte sich ihr Vater unwissend, um Skandale zu vermeiden und auch deshalb, weil er trotz allem seine einzige Tochter liebte, ebenso wie sie ihn. Er und ihr jüngerer Bruder verhätschelten sie, ob sie sie nun für schuldig oder unschuldig hielten.

Sie war etwa fünfundzwanzig Jahre alt, als Krieg und Aufstand, heimische und fremde Armeen das Land überfluteten, in ihr entlegenes Städtchen und ihr sorgloses Leben einbrachen.

Obgleich sie wie die anderen über die Geschehnisse entsetzt war, empfand sie weder Angst noch Aufregung. Die Offiziere der fremden Armee interessierten sich nur für ihre Schönheit und ihre Neigungen, ihre Landsleute hingegen – überkluge Studenten und dünkelhafte Offiziere, verschüchterte Geschäftsleute und selbstbewußte Handwerksgesellen – wurden auf die eine oder andere Weise von ihrer Glut versengt: Sie begehrten sie insgeheim, waren von ihr durch Blicke oder Lieder betört worden, selbst, wenn sie nicht ihre unvergeßlichen Umarmungen und verführerischen Glieder genossen hatten. Sie sprach halb im Scherz: «Sie alle haben die Liebe von mir gelernt, und nun bringen sie sich gegenseitig um.»

Sie verhielt sich, als habe sich durch den Krieg nichts Wesentliches geändert, als könne sich in ihrem Leben nichts Wesentliches ändern. Es herrschte Mangel an Textilwaren und Schuhwerk, doch sie hatte genügend Kleider, verstand sich auf die Schneiderei und war immer wieder neu eingekleidet. Der Garten und die Gemüsefelder trugen reichlich Früchte, die Kuh gab Milch wie früher, die Feldarbeiter waren noch billiger geworden, so daß das Mädchen weder Mangel leiden noch schwer arbeiten mußte. Und obgleich die Frauen zugänglicher und bedenkenloser geworden waren, konnte sie sich noch immer die Männer aussuchen. Die Veränderungen und Schwierigkeiten bestanden für sie vor allem darin, daß sie allein geblieben war. Ihr Bruder, er war Student, war zu den Partisanen gegangen, bei denen auch sein Platz war, ihren Vater hatte man aus diesem Grund verhaftet, verhört und in ein Lager gebracht.

Lebensfroh und selbständig, wie sie war, fand sie sich in ihrer Einsamkeit halbwegs zurecht. Sie freundete sich mit Mädchen und Frauen an, die alleinstehend waren wie sie, und obgleich sie wählerisch war, unterhielt sie sich ungezwungener mit den Männern, betäubte den Schmerz um Bruder und Vater durch Liebschaften und Vergnügungen.

Die hübschesten, lustigsten und draufgängerischsten Männer waren die Besatzungsoffiziere. Doch mit ihnen mochte sie sich am wenigsten abgeben, denn sie mußte an den Vater, den Bruder und die Verbitterung im Städtchen denken, zudem waren diese Leute Fremde, die ihr keine andere Freude bieten konnten als rohe körperliche Befriedigung. Wenn es zwischen ihr und einem von ihnen zu etwas kam, geschah es zufällig, in einem vorübergehenden Taumel und in aller Heimlichkeit. Glücklicherweise blieben die Okkupationstruppen nie lange in dem entlegenen, armseligen Städtchen, sondern besetzten es nur bei gelegentlichen Operationen gegen die Aufständischen.

So lebte und vergnügte sich das Mädchen mit dem Goldzahn wie eh und je, ohne sich darum zu kümmern, auf wessen Seite ihre Bekannten und Liebhaber standen. Die Liebe schien unpolitisch zu sein, Revolutionäre und Konterrevolutionäre schliefen mit ihr.

Das Städtchen wurde von jeder der kriegführenden Seiten einige Male erobert, und es kam vor, daß diejenigen, welche die anderen ablösten, ihr drohten und sie eine Dirne nannten. Doch sie, an den Umgang mit Soldaten und an Beleidigungen gewöhnt, nahm keine Notiz davon. Nach einigen Tagen suchte sie sich unter den Ankömmlingen einen neuen Liebhaber, sofern sie nicht unter ihnen einen ihrer früheren, zuweilen ihr noch aus Friedenszeiten bekannten Freunde fand, denn sie wechselte die Männer nicht so häufig, wie man behauptete, sie hielt sich gerne an das Erprobte, wie alle im Genuß Erfahrenen.

Und obgleich der Krieg immer schonungsloser wütete, konnte, wie sie meinte, nur ein Zufall ihr Leben erschüttern oder gefährden. In Wahrheit war alles erschüttert und gefährdet, auch ihre Liebschaften. Man nahm sie im Vorbeigehen und ohne Zärtlichkeit, während der Vorbereitungen zum Rückzug und nach den Erschießungen, mit welchen die einen gegen die anderen vorgingen. Auch sie gab sich immer häufiger aus Gewohnheit hin, mit dem heftigen Wunsch, die einstige Sorglosigkeit wieder heraufzubeschwören, die Zeit, da sie sich mit sorgfältig geplanter Leidenschaft und um des Genusses willen hingegeben hatte. Von alledem und von ihrem früheren Leben war nur der Schein übriggeblieben. Doch sie gab sich auch mit diesem wenigen zufrieden, als sei es die Gewähr dafür, daß das echte Leben – das einstige oder ein beliebiges anderes – wiederkehren würde, sobald der Krieg zu Ende wäre.

Es kam anders, obschon für das Städtchen die Schrecken des Krieges vorbei waren, sobald die konterrevolutionären und die Besatzungstruppen es für immer geräumt hatten. Auch sie hätte sich in Sicherheit bringen können – hätte sie im mindesten Unheil geahnt, hätte sie nicht vom Frieden geträumt, sich nicht verpflichtet gefühlt, ihr Elternhaus vor Schaden zu bewahren.

Schon am zweiten Morgen nach dem Einzug der Befreier wurde sie verhaftet, obgleich sie vor dem Krieg mit dem Kommissar eine Liebschaft und während des Krieges mit dem Amtsleiter der Nachrichtenabteilung einige Schäferstündchen gehabt hatte.

Es gab viele Verhaftete, deshalb mußte man eilends die Urteile fällen, auch wenn es noch keine regulären Gerichte gab. Die ersten Erschießungen fanden bereits an dem Tag statt, an welchem die Stadt befreit worden war. Das Mädchen führte man am Tag ihrer Verhaftung abends zum Verhör.

Da das Städtchen einige Male besetzt und befreit worden war, wußte man, daß die Einvernahmen vor den militärischen Kommandostellen kaum mehr als eine Formalität waren, da die Urteile zumeist schon vor der Verhaftung feststanden. Doch nun war die endgültige Befreiung gekommen, die Maßgeblichen im Kommando waren für das Mädchen liebe, gute Bekannte, sie fühlte sich nicht schuldig. Deshalb stand sie unbekümmert und fast fröhlich vor dem Untersuchungsrichter, obschon sie begriff, daß im Krieg die Auffassungen über Schuld und Gerechtigkeit sich immer wieder ändern und daß das Menschenleben ebensosehr von Laune und Willkür abhängt wie von Vorschriften und Gesetzen. Sie sah den Kommissar sogar mit einer Miene an, als freue sie sich, ihn wiederzusehen, und mit einem Lächeln, aus dem Erinnerungen an nur ihnen beiden bekannte Freuden sprachen. Doch er reagierte mit Nichtverstehen – vielleicht war es auch Heuchelei – und sagte kalt zu ihr: «Für solche wie dich gibt es keinen Platz in unserer neuen Gemeinschaft. Du hast für die Feinde des Vaterlandes gesungen und dich mit den Offizieren der Banditen vergnügt.»

Sie antwortete, unwillkürlich hell auflachend, doch gleichzeitig starr vor Angst: «Die politische Einstellung meiner Freunde kümmert mich nicht. Ich habe mich nur mit Leuten vergnügt und unterhalten, die mir gefielen. Du jedenfalls solltest mich kennen!»

Der Kommissar erwiderte mit gleichgültigem und hartem Lächeln: «Für dich macht es also keinen Unterschied, ob du dich mit den Feinden des Volkes vergnügst und unterhältst oder mit denen, die für die Freiheit des Volkes kämpfen! Und was meinst du mit der Äußerung: ‹Du jedenfalls solltest mich kennen!›?»

Noch bevor sie eine Antwort zur Hand hatte, erhob er sich hinter seinem Tisch, mit einemmal bleicher, als sie ihn je gesehen hatte. «Ich weiß genau, was du damit meinst!» schrie er und sah sie an mit Augen, die ihrem Blick nicht standhalten wollten und es vielleicht auch nicht konnten. «Du möchtest mich an unsere einstigen Beziehungen erinnern und mich beeinflussen, vielleicht auch erpressen. Aber das waren andere Zeiten. Das Land war noch nicht besetzt und verkauft, und ich bin heute ein anderer, neuer Mensch. Hier, das sind meine Genossen!» Er deutete auf die Runde, und erst jetzt wurde sie des Nachrichtenoffiziers gewahr, der eifrig Protokoll führte, und eines reglosen Beobachters in Zivil, auf den sie zuvor jemand aufmerksam gemacht hatte mit der Bemerkung, er sei den militärischen Vorgesetzten übergeordnet, doch sein Rang und seine Funktion waren ihr unbekannt und hatten sie bisher nicht interessiert. Der Kommissar fuhr fort: «Hier sind meine Genossen, und es kommt mir gerade recht, vor ihnen offen darüber sprechen zu können: Wir haben ein Verhältnis miteinander gehabt, aber damals war ich kein bewußter Mensch, und heute bin ich bereit, diesen Fehler vor den Genossen zu bereuen und zu sühnen, indem ich dir gegenüber unparteiisch bin.»

Er sagte noch anderes, doch sie begriff ihn nicht, obgleich sie ihm zuhörte: Sie erkannte, daß es für sie keine Rettung gab. Und ihr schien, als könne sie ihn nicht wiedererkennen, wie er da stand in seiner straffen, nach Maß gefertigten Uniform, wenn er auch schlank und blond war wie einst. Die Tränen kamen ihr. Dennoch hörte sie, wie jener kühl beobachtende, geheimnisvolle Zivilist sagte: «Jeder ist in seinem persönlichen Leben frei, doch auch dem Volk und der Gesellschaft gegenüber verantwortlich!» Und sie merkte, wie der Nachrichtenoffizier mit der Rotstiftspitze ein Verzeichnis – sicherlich das der Verhafteten – überflog und die Nummer vor einem Namen – sicherlich dem ihren – umrandete.

Sie dachte an ihren Vater und ihren Bruder. Doch ihr Vater war weit fort, im Lager, wenn er nicht schon umgekommen war, und ihr Bruder stand auf seiten ihrer Richter. Doch sie faßte sich und rief dem Kommissar zu: «Habe ich denn nicht auch ein Recht, solch ein neuer Mensch zu werden?»

«Jeder hat ein Recht darauf», sagte der Kommissar, sich niedersetzend und mit einer Betonung, als rede er zu jemand anderem, «aber das muß man sich verdienen – durch Kampf und Ergebenheit. Wir würden uns selbst verraten, wenn wir mit deinesgleichen Mitleid hätten.» Der mächtige Unbekannte fügte hinzu: «Was würde das schwergeprüfte, abgehärmte Volk dazu sagen?» Und der Nachrichtenoffizier schloß spöttisch: «Wir müßten gar viele wieder zum Leben erwecken, wollten wir Leute wie dich verschonen.»

Völlig gefaßt rief sie ihnen zu: «Ihr vergeßt, daß mein Bruder bei euch eine hohe Stellung innehat! Was werdet ihr ihm sagen? Er wird euch den Mord an seiner Schwester nie verzeihen.»

Doch der Unbekannte entgegnete schlagfertig, als habe er mit diesem Einwand gerechnet: «Auch daran haben wir gedacht. Es ist uns wirklich nahegegangen, daß es sich um die Schwester dieses Genossen handelt. Zu deiner Information, er ist über seine Schwester empört und hat sich verhalten, wie es sich für solch einen Genossen geziemt: Er vertraut unserem revolutionären Gewissen und überläßt uns die Entscheidung.»

Sie schluchzte, jede Hoffnung aufgebend. Jemand packte sie hart am Arm und zog sie fort. Es mußte der Nachrichtenoffizier sein, denn auf dem Korridor erkannte sie seine Stimme, als er jemand – gewiß dem Wachtposten – befahl, an der Treppe zu warten.

Die harte, unerbittliche Hand, die ihren Arm nicht losließ, führte sie über einen langen, modrigen Gang in einen Raum von sanfter Helle und voller Wohlgeruch, setzte sie auf eine federnde Liegestatt und begann ihr mit samtenen Handflächen unter zärtlichem Geflüster über Gesicht und Haar zu streichen. Sie faßte sich schließlich und sah, daß es tatsächlich der Nachrichtenoffizier war, der, ihre Hände in den seinen haltend, auf sie einredete:

«Wir schonen uns nicht im Kampf um das neue Leben. Wir wollen retten und umerziehen, nicht zertreten und vernichten. Aber wir stehen einmütig und unerbittlich gegen das Schlechte und Verlogene der alten Gesellschaftsordnung und gegen all jene, die diesem Schlechten dienen und sich nicht davon abkehren. Natürlich sind auch wir Menschen, jeder von uns ist anders geartet, und jeder hat andere Pflichten. Auf den Kommissar sind aller Augen gerichtet. Selbst wenn ihm nicht die Idee und die Pflicht über alles gingen, müßte er rein und makellos sein. Und den andern, den Sekretär des Komitees, der nur wenig, aber weise gesprochen hat, müßten wir als Heiligen verehren, wenn wir an Heilige glaubten. Ich bin anders, meine Pflichten sind anders: Ich gebe zu, daß ich Frauen gegenüber schwach bin, und außerdem bin ich gezwungen, mich bei meiner Arbeit der verschiedenartigsten Menschen und Methoden zu bedienen, denn die Gegner des Volkes und der Freiheit finden sich mit ihrer Niederlage nicht ab und schrecken vor nichts zurück. Mir ist klar, daß meine Tätigkeit schmutzig und verabscheuungswürdig wäre, übte ich sie nicht im Namen der höchsten Ideale aus und für Menschen wie den Kommissar und den Sekretär. Doch gerade diese Menschen könnten sich ohne Leute meiner Art und ohne unsere Dienste keine achtundvierzig Stunden halten, Egoisten und dunkle Elemente würden die Freiheit von heute und die Brüderlichkeit von morgen im Handumdrehen aushöhlen. Ich arbeite still und im dunkeln, ich kann auch das tun, wofür die anderen zu gut sind. Wir beide könnten uns wieder zusammentun. Du bist schön und attraktiv und hast etwas an dir, eine Selbstlosigkeit in der Hingabe, wie ich sie bei keiner andern Frau gefunden habe und niemals finden werde. Außerdem kommen Leute jeglicher Art zu dir, du lebst in Kreisen, die uns fremd sind, zu denen wir keinen Zugang haben. Du könntest uns wertvolle Dienste leisten. Ich würde die beiden anderen überzeugen, daß auch du fähig bist, den neuen Weg zu gehen, könnte sie dazu bewegen, Milde und Verständnis walten zu lassen. Alles hängt jetzt von dir ab.»

«Was habe ich verbrochen, was kann ich tun, was hängt von mir ab?» fragte sie, sich die Tränen trocknend, nachdem sie ihn angehört und verstanden hatte, obgleich sie ihn in der straffsitzenden maßgeschneiderten Uniform kaum wiedererkannte, mochte er auch noch derselbe sein wie einst – mit dunkler Haut und schwarzem Haar.

An Stelle einer Antwort umarmte er sie und versuchte, sie auf das Sofa niederzuziehen. Doch sie stieß ihn fort und stand auf. Er warf ihr einen höhnisch erstaunten Blick zu, dann schüttelte er sich mit weichlichem, geilem Grinsen: «Du weißt doch wohl, was du zu tun hast! Du bist unwiderstehlich und erfahren!»

«Du täuschst dich in mir», schrie sie, «ich habe mich niemals wider Willen hingegeben! Das kann ich nicht! Das läßt mein Charakter nicht zu! Ich bin keine Dirne! Auch wenn mein Vater und mein Bruder und die Leute nicht wären, um meiner selbst willen könnte ich es nicht sein! Und wie kannst du mir so etwas zumuten, du, der mit mir zusammen sein möchte?»

Er erhob sich, sah durch das Fenster und sprach lebhaft auf sie ein: «Niemand zwingt dich dazu, niemand kann dich zwingen. Aber überlege doch selbst. Die menschliche Natur ist wandlungsfähig, unterwirft sich der Notwendigkeit. Wenn man es richtig auffaßt, ist das nicht Prostitution! Wenn dein Bruder und dein Vater etwas argwöhnen sollten, werden wir ihnen alles erklären und sie davon überzeugen, daß auch das höheren Zielen dient, daß es ebenso wichtig und ehrenhaft ist wie andere Dinge. Du würdest es ja nicht um des persönlichen Vorteils willen tun – obgleich es natürlich auch zu deinem Nutzen wäre –, sondern der Gemeinschaft und der Idee zuliebe. Und was meine Beziehung zu dir betrifft, ich bin nicht der Kommissar und ihm in keiner Weise ähnlich, ich müßte nicht gestehen und bereuen. Selbst wenn wir nicht alte Bekannte wären, könnten wir meiner Meinung nach unseren Spaß miteinander haben. Als verantwortlicher Funktionär und als Mann, der dich geliebt hat, erkläre ich dir: In meinen Augen wärst du weder unrein noch unanständig, die Tätigkeit, die ich dir vorschlage, wäre in Wirklichkeit dein Opfer für ein neues, lichtes und edles Leben.»

«Ich wollte, ich könnte es!» stieß sie hervor, um sich blickend und mit den Armen nach Halt suchend. «Aber ich begreife es nicht, ich verstehe nichts davon! Ich kann es nicht!»

Seine Hand, wieder hart und unerbittlich, ergriff sie und führte sie hinaus. Im dunklen Gang tönte sein Flüstern an ihr Ohr: «Als verantwortlicher Funktionär und als Mann, der dich geliebt hat, warne ich dich: Ich habe deine Nummer schon umrandet, jetzt ist es an dir, noch in der Nacht – morgen kann es zu spät sein –, zu tun oder nicht zu tun, was du dir selbst, deinem Bruder, deinem Vater und der Gemeinschaft schuldest!»

Noch bevor sie sich fassen und antworten konnte, ergriff sie am Treppenabsatz eine noch härtere und energischere Hand, sie schluchzte und taumelte die Treppen hinab. Als man sie in eine Zelle des Hofgefängnisses brachte, verkündete sie, ihre Tränen trocknend, zwei anderen Häftlingen, einer Bäuerin, die verdächtigt wurde, im Untergrund lebende Aufständische verraten zu haben, und der Frau eines geflüchteten Offiziers: «Uns alle werden sie umbringen. Auch mich, auch mich – und ich begreife nichts, ich bin unschuldig!»

Auch die beiden anderen Frauen wurden an diesem Abend einem kürzeren oder längeren Verhör unterworfen. Dann herrschte Stille. Sie erhielten ihr Abendbrot. Doch die ganze Nacht hindurch, bis zum Tagesanbruch, wurden Männer aus den Gefängniszellen geholt und kamen nicht wieder. Am Morgen hofften die drei Frauen, man werde sie an diesem Tage verschonen, wenn man sie nicht überhaupt vergessen habe. Denn sie wußten, daß die Erschießungen nachts stattfanden. So hatten es bisher alle Armeen gehalten – in der Nacht gibt es keine Zeugen und weniger Ungelegenheiten und Hindernisse für die Vollstrecker.

So brachte der neue Tag ihnen nicht nur Ermutigung und Hoffnung, sondern auch den gewohnten Fortgang des Lebens – sie mußten sich waschen, dann frühstücken, die Zellen säubern und sich zurechtmachen.

Sie vergaßen oder wiesen den Gedanken von sich, daß dies die Siegerarmee war, für die es zuweilen vorteilhafter ist, nicht geheimzuhalten, was sie tut. Man holte sie nachmittags, als sie es am wenigsten erwarteten und nicht fassen konnten, daß sie an diesem warmen hellen Herbsttag erschossen werden sollten, obgleich der Kommissar ihnen dies im Gefängnis kurz und bündig mitgeteilt hatte.

Ohne Fesseln, tränenüberströmt, sich gegenseitig tröstend und Mut zusprechend, schleppten sich die drei Frauen durch die Gassen, eskortiert von zwei teils bäuerlich, teil militärisch gekleideten Soldaten und dem Nachrichtenoffizier, welcher erklärte, er käme mit, damit die Soldaten nicht Mitleid mit den schwachen Frauen hätten oder von ihnen verführt würden. Die Bäuerin fluchte, weil man ihr nicht erlaubt hatte, zu beichten, die Begleitposten verspotteten sie ihrer Gläubigkeit wegen und schalten sie, weil solche Dinge sie noch beruhigen oder schrecken konnten. Die Offiziersfrau weinte still vor sich hin und sprach von ihrem Söhnchen, von dem man sie nicht hatte Abschied nehmen lassen. Das Mädchen mit dem Goldzahn schritt schweigend, bleich und starr dahin, fassungslos darüber, daß dies wirklich mit ihr geschah und geschehen konnte. Vermutlich erwog sie, sich an den Offizier zu wenden, auf sein gestriges Angebot einzugehen, ihn an seine einstige Liebschaft mit ihr zu erinnern. Doch enttäuscht und gebrochen, wie sie war, unternahm sie nichts. Vielleicht schämte sie sich derartiger Schwächen vor ihren Leidensgefährtinnen oder vor den Einwohnern des stumm und verödet liegenden Städtchens, die ihnen, hinter Vorhängen verborgen, nachblickten.

Die drei Frauen wußten, wohin man sie führen würde – vor die Festung, dorthin, wo auch die anderen Armeen die Erschießungen vorgenommen hatten. Sie gingen weiter, weder schnell noch langsam, im gleichen Tempo wie die Soldaten, in dem Grauen und der Stille des ausgestorbenen, fremd gewordenen Städtchens. Sie gelangten auf die Straße, die an dem Haus des Mädchens vorbei über eine Brücke zu den Obstgärten, zu des Mädchens einstigen Stelldicheinplätzen führte.

Die Frauen wußten, daß man sie erschießen und nicht hängen würde. Die Revolutionäre erschossen auch die verurteilten Frauen, während die Konterrevolutionäre sie gehängt hatten, da sie der Ansicht waren, nur Männer seien der Kugel würdig. Sie gingen den bekannten Weg in den Tod und wußten, auf welche Weise er sie ereilen würde.

Doch vom Tod selbst wußten sie nichts – niemand weiß etwas von ihm –, ihre Beine waren wie gelähmt, ihre Blicke verstört.

Das Mädchen blieb vor dem Elternhaus stehen, sah zu den Fenstern empor, durch welche das Morgenlicht sie geweckt und das Dunkel der Nacht sie eingeschläfert hatte, von denen aus sie mit Männern geflirtet und sich über die Moralbegriffe der Stadtbewohner hinweggesetzt hatte. Doch die Fenster blieben verschlossen und stumm. Einer der Soldaten, ein kleiner, hinkender Mann, stieß sie mit dem Gewehrkolben in den Rücken: «Vorwärts, vorwärts, wir haben nachher noch Besseres zu tun!» Und sein großer, hagerer Gefährte fügte schonungslos hinzu: «Selbst wenn du dort Verwandte hast, jetzt ist niemand mehr mit dir verwandt!» Das Mädchen ging schweigend weiter, stolperte über die Steine und hielt sich an der Bäuerin fest, wie es auch die Offiziersfrau tat.

Sie passierten die Brücke. Das Mädchen sah im Gehen nach rechts, dorthin, wo die schwarzen Schindeln ihres Hauses sich vom Garten abzeichneten. Der Gartenzaun, durch den zuweilen ihre Liebhaber geschlüpft waren, war zerbrochen und morsch. So war er auch gestern, vor einem Monat und einem Jahr gewesen. Doch der Garten, den das Mädchen stets gepflegt hatte, leuchtete von den Farben der noch nicht welken Herbstblumen. Wieder kamen ihr die Tränen, doch der Wachsoldat trieb sie an, und wieder strauchelte sie und hielt sich an der Bäuerin fest.

Sie wollten ihren Weg auf der Straße fortsetzen, doch die Soldaten hießen sie nach rechts auf den Pfad einbiegen, der am Rande des Obstgartens unmittelbar über dem steilen Flußufer verlief. Von dort war es näher bis zum Weidengesträuch, wo die Erschießungen stattfanden. Jetzt beschritten sie eine hinter der andern den Pfad, auf dem das Mädchen zu den Stelldicheins gehuscht war. Hier waren die Bodenvertiefungen, in denen sie zwischen Fluß und Himmel so viel Seligkeit genossen und dabei Leben und Tod, Gut und Böse vergessen hatte.

Gewiß gemahnte dieser Pfad sie an Liebeserlebnisse und an ihre Kindheit, als sie auf der nun schon gelblichen Wiese, die links neben ihnen lag, die Kuh gehütet und mit Altersgenossen gespielt hatte. Sie schritt behutsam und geräuschlos dahin, damit ihr nichts entgehe, damit ihr die neu entdeckten Details im Gedächtnis blieben. Gewiß entsann sich auch der Offizier der Vergangenheit und dieser Plätze: Er trat mit den Stiefeln hart auf und blickte finster vor sich hin.

Niemand sprach ein Wort. Die zur Eile angetriebenen Frauen gingen jetzt aus eigenem schnell. Es war noch fast ein Kilometer bis zu dem Weidengesträuch hinter dem Hügel, der zum Fluß abfiel und das Wellenmeer der Äcker und Gärten begrenzte.

Auch die Begleitpersonen hatten es eilig. Nun waren alle auf der Lichtung angelangt, und die Frauen, die nicht mehr, wie auf dem Pfad, hintereinandergehen mußten, faßten sich wieder an den Händen. Das Mädchen hielt sich an der Bäuerin, die Offiziersfrau an dem Mädchen fest. Als die Frauen auf diese Weise hundert Schritte zurückgelegt hatten, mähte eine ohrenbetäubende Salve – eigentlich waren es zwei, die ineinander übergingen – die Begleiterinnen des Mädchens nieder.

Vielleicht hatte der Offizier die Soldaten angewiesen, zuerst und überraschend das Mädchen zu töten, um ihre Leiden auf dem langen Weg zum Tod zu verkürzen und ihr das Entsetzen zu ersparen, in die Gewehrläufe blicken zu müssen; die Soldaten aber hatten ihn mißverstanden oder nicht darauf geachtet, in welcher Reihenfolge sie die Frauen erschießen sollten, da diese ja doch sogleich sterben mußten. Vielleicht hatte der Offizier ihnen nur einen Wink gegeben, und die Soldaten hatten auf die Köpfe der beiden Begleiterinnen angelegt, weil diese ein symmetrisches, leicht zu treffendes Ziel bildeten. Sei dem wie immer, als die Hände des Mädchens ins Leere griffen, wandte sie sich um – um zu schreien, zu bitten, zu beschwören, zu mahnen oder zu fragen. Doch die Soldaten waren schneller, und bevor das Mädchen etwas über die Lippen brachte, feuerten sie alle gleichzeitig auf ihre Brust. Mit einer Seitwärtsdrehung fiel sie zwischen die Frauen, deren Hände noch warm waren, da sie diese soeben noch gehalten hatte.

Der Offizier gab den Soldaten, die Gewehr bei Fuß standen, ein Zeichen, die Frauen den Steilhang hinab in den Fluß zu werfen. Die Soldaten verstanden ihn nicht, und er erklärte: «Der Fluß führt Hochwasser – werft sie hinein! Wir haben keine Zeit, sie zu begraben. So wird die Strömung sie mit sich tragen.»

Sie kamen dem Befehl nach, ergriffen zuerst die Bäuerin an Händen und Füßen, schwenkten den Leichnam, wie Badende im Spiel einander schwenken, und warfen ihn ins Wasser. Mit der Offiziersfrau machten sie es ebenso. Doch als der hagere Soldat das Mädchen an den Füßen packte, sagte der Hinkende, während er sein Messer aus dem Stiefel zog: «Warte ein wenig, sie hat einen Goldzahn, es wäre schade, ihn verkommen zu lassen.»

Obgleich der Offizier hörte, was der Soldat sagte, und seine Absicht erkannte, erhob er keinen Einwand, sondern begab sich auf dem schnellsten Weg wieder in die Stadt.

*20. bis 21. Juni 1959*
*Gefängnis in Sremska Mitrovica*

# Land unterm Joch

Wir kamen nicht los von der Morava. Sie strömte bald rechts, bald links von uns dahin, trüb wie die Augen einer Witwe, die ihren Schmerz noch nicht verwunden hat, schwer und träge wie eine trächtige Kuh. Und gleichsam unergründlich: Man wußte nicht, wohin sie floß. Wäre der Zug nicht immerzu gerollt und hätten wir nicht gewußt, daß alles einmal ein Ende hat, wir hätten geglaubt, wir würden unser Leben lang nicht mehr von ihr loskommen – von der Morava, von welcher man sagt, sie sei der längste serbische Fluß und ganz und gar serbisch, von der Quelle bis zur Mündung.

Der überfüllte, verschmutzte, verrauchte Zug blieb unzählige Male stehen und fuhr nur langsam weiter, wie dies in Kriegszeiten üblich ist. Es hatten sich Leute jeglicher Art und aus allen Himmelsrichtungen in ihm zusammengefunden: Schwarzhändler und Flüchtlinge, Vagabunden und Arbeiter, Walachen und im serbischen Grenzgebiet ansässige Bulgaren, vor allem aber serbische Bauern. Das Reden riß nicht ab, dennoch schienen alle zu schweigen, denn keiner sprach von dem, was alle bewegte und was alle wußten: Der Zug nach Skopje war heute morgen nicht abgegangen. Die von den Bulgaren aus den Morava-Dörfern zum Instandsetzen der Bahnstrecke und zum Ausheben von Schützengräben zusammengetrommelten, mit unserem Zug aus dem Süden zurückkehrenden Arbeiter raunten, bei Kumanovo donnerten bereits die Kanonen. Die französische und die nach dem Rückzug sich wieder sammelnde serbische Armee hatten die bulgarisch-österreichische Front durchbrochen und stießen vor, unaufhaltsam wie die Jahreszeiten, wie die Hoffnungen der Menschen.

Denn es war der Herbst des Jahres neunzehnhundertachtzehn – Himmel und Erde, Unterdrücker und Unterdrückte waren des Krieges müde. Und seitdem die besagte Kunde sich verbreitet hatte, waren die Menschen wie ausgewechselt. Auch die bulgarischen Soldaten bei den Stationen waren plötzlich kopflos geworden, es war ihnen anzumerken, daß das Ende der bulgarischen Macht bevorstand, wie im Herbst die Blätter fallen müssen, wie Pest und Überschwemmung ein Ende haben.

Die gute Nachricht eilte schneller von Ort zu Ort als der Zug. Neue Fahrgäste stiegen wortkarg und frohgemut zu, als schiene auch in ihrem Innern diese milde, wohltuende und lockende Herbstsonne. Wir begannen die bulgarischen Soldaten sogar zu bemitleiden. So viel Schuld hatten sie nicht, Krieg ist Krieg, eine blinde Gewalt hatte sie getrieben, Böses zu tun. Aber auch an diesem Morgen war es uns nicht vergönnt, in Freude und Verzeihung zu schwelgen.

Selbst wenn ich nicht ein Fremder, ein Montenegriner wäre, wüßte ich heute nicht mehr, an welcher Station die drei bulgarischen Soldaten zustiegen, noch weniger, auf welchem Abschnitt der Strecke sich das zutrug, wovon ich erzählen muß. Denn es geschah so unverhofft, war so böswillig und verbrecherisch, und ich als Serbe wie auch die übrigen Reisenden, sogar jene, die keine Serben waren, wurden von dem Gefühl der Ohnmacht und Furcht derart gelähmt, daß wir aufhörten, Menschen zu sein, oder wir waren damals mehr denn je nur Serben und nur Menschen.

Es ereignete sich irgendwo auf der Strecke an der Morava, und ich entsinne mich nur noch der wesentlichsten Einzelheiten und der Hauptbeteiligten. Die grüne Morava strömte ruhig und unaufhörlich durch den goldenen Herbst zwischen den an Obst und Mais überreichen Hängen unter dem reinen, stillen Himmel; alles Lebende in ihr war wie versteinert, als sei auch sie ein Mensch, ein fühlendes Wesen.

Und wer bin ich, der ich zurückdenke und begreifen will? Arm, hilflos und unwissend, war ich von den Unbilden und der Rückständigkeit Montenegros von Zufluchtsort zu Zufluchtsort immer weiter fortgezogen, bis ich zu meinen vor langer Zeit ausgewanderten Verwandten nach Toplica kam, dort aber nur Brandstätten, Verwüstung und Elend vorfand, schlimmer als in Montenegro, und auf der Suche nach Brot weiterwanderte, um irgendwo bei einem mitleidigen Hausvater das nackte Leben fristen zu können und vor Kälte und Not geschützt zu sein. Und woran soll ich zurückdenken, was begreifen? Geblieben ist bittere Schmach, die ich bis zu meinem Tod nicht verwinden werde.

Damals war es nicht einmal Schmach – wir waren weder Serben noch Menschen. Oder vielleicht hat uns all dies so schwer getroffen, daß wir zu Menschen wurden, die alles ertragen können, zu Serben, die imstande sind, alles zu vergessen.

Wie ich sagte, waren drei bulgarische Soldaten irgendwo rechts oder links von der Morava zugestiegen. Ich glaube, sie kamen aus dem hinteren Waggon. Ich hatte sie an keiner der Haltestellen gesehen – vielleicht waren sie auf den Zug aufgesprungen, der nur noch mühsam vorankam. So oder so, sie stürzten mit Gewehren und Bajonetten bewaffnet herein, und wir in unserer Wehrlosigkeit waren sofort auf der Hut und gebärdeten uns, als sähen wir sie nicht.

Denn sie waren nicht hereingekommen wie ehrliche Menschen, sondern wie Diebe, nach allen Seiten spähend, ihr Gehaben war roh und rücksichtslos, soldatisches Gehaben eben.

Als erster drängte sich ein schwarzhaariger Unteroffizier durch, ein Hüne mit buschigen Brauen und hochgedrehtem Schnurrbart. Schon als er eintrat und mit der breiten Säbelscheide die Fahrgäste links und rechts beiseite stieß, als bahne er sich einen Weg zwischen Vieh oder Unkraut, hing das Unheil über uns. Er musterte jeden einzelnen mit seinen flakkernden Augen, die starr und ausdruckslos waren wie die Augen einer Schlange – ich merkte, daß sie triumphierten, weil sie menschliche Milde nicht kannten.

Ihm nach tänzelte ein gelblicher, pausbäckiger Soldat mit hellem Schnurrbart, fröhlichen Augen und roten Lippen. Er schien haargenau das Gegenstück zum Unteroffizier zu sein. Schelmisch zwinkerte er jedem zu und warf mit Scherzworten um sich. Mit ihm kam Heiterkeit herein. Vielleicht ist es in der Welt so eingerichtet, daß von dem einen Furcht, von dem andern Hoffnung ausgeht, damit das menschliche Herz abwechselnd Schrecken und Erleichterung empfindet.

Der dritte Soldat – ja, der dritte war weder furchterweckend noch sanft, weder schwarzhaarig noch blond, sondern sozusagen weder das eine noch das andere und sowohl das eine wie auch das andere. Wenn ich mich recht erinnere, war er mittelgroß und in allem mittelmäßig: braun, bedachtsam und von einem Wesen, als interessiere ihn nichts auf der Welt. Ich weiß selbst nicht warum, aber in der allgemeinen Bestürzung und Verwirrung fürchtete ich diesen Soldaten am meisten. Solche wie er scheinen nicht zu wissen, was Unmenschlichkeit ist, sie führen gehorsam aus, was ihnen die Vorgesetzten befehlen, womit sie sich deren Gunst, wie sie meinen, am leichtesten erringen können.

Selbst wenn ich einen der Reisenden gekannt hätte, wäre mir entfallen, wie er aussah. Und wozu hätte ich ihn in Erinnerung behalten sollen? Wir waren einer dem andern gleich – ihrer Vernunft und ihres Ich beraubte Sklaven. Aber, wie gesagt, mir sind jene im Gedächtnis geblieben, über die sich die Gewalttätigkeit der bulgarischen Soldaten entlud, denn auch wenn ich es wollte, könnte ich sie mein Leben lang nicht vergessen. Ich erinnere mich an ihre Namen, ihre Gesichter, ihre Augen und Hände, an jeden Augenblick des Unglücks, das über sie hereinbrach.

Denn wer könnte vergessen, wann er sich seines Menschseins am stärksten bewußt war? Und wie könnte sich jemand des Augenblicks nicht entsinnen, da er vergaß, ein Mensch zu sein, da er vor Angst der Sprache nicht mächtig war und seinen Namen nicht mehr wußte?

Jene Unglücklichen waren der alte Dmitar, derbknochig und noch rüstig, seine Frau Stojana, zahnlos, weich und grau wie ein Sack Mehl, und ihre Schwiegertochter Milojka, eine schwarzäugige junge Frau, drall und straff in ihren dünnen Röcken und ihrem bestickten Miederleibchen. Sie saßen mit ihren Taschen und Körben in einer Ecke, und obgleich im Waggon noch andere Frauen waren, steuerten die Soldaten auf Milojka zu. Und ebenso wie wir beim Auftauchen der Soldaten geahnt hatten, daß wir von Gewalttaten nicht verschont bleiben würden, wußten wir, sobald der schwarzhaarige Unteroffizier seine Augen auf Milojka ruhen ließ, daß sie das Opfer sein würde. Denn die anderen Frauen ringsum waren nicht so jung und nicht so attraktiv. Von Milojka abgesehen, war keine Serbin hier, die auch ihrer Kleidung und ihrem Aussehen nach eine Serbin gewesen wäre, mit weißem Gesicht und dunklem Haar, mit gesenktem Blick und gekreuzten Armen.

Ich beherrschte das Bulgarische nicht. Aber ich verstand und merkte mir jedes Wort, das die Soldaten in ihrer Sprache sagten. Der Unteroffizier fragte den alten Dmitar, wer und woher er sei und ob die junge Frau mit ihm verwandt sei. Dmitar, die Arme über der Brust, verneigte sich tief, wie man sich zur Zeit der Türken verneigte, und sagte, er sei aus einem Dorf bei Niš, die junge Frau sei mit ihm verwandt und er bringe sie in ihren Heimatort. Die Zeiten seien schlimm und gefährlich, Kriegszeiten eben, und darum habe er gedacht, es sei klüger, die junge Frau möglichst weit weg von den Durchzugsstraßen und vom offenen Land unterzubringen.

«Und wo ist ihr Mann?» fragte der Bulgare.

«Gefallen. Im Krieg verschollen», antwortete der Alte.

«Du lügst! Sie würde Trauer tragen, wenn er gefallen wäre, und du würdest sie nicht in ihren Heimatort bringen. Sie wartet darauf, daß er von der Saloniki-Front zu ihr zurückkommt.»

«Ich habe nichts von ihm gehört, seitdem Serbien besetzt ist», verteidigte sich der Alte, als sei es seine Schuld, daß er nicht sicher wußte, ob sein Sohn gefallen war.

Die alte Stojana beteuerte: «Bei meinem Augenlicht, wir wissen nicht, ob er lebt oder tot ist.»

Der schwarze Soldat sagte wie zum Spaß: «Wenn er gefallen ist, braucht er keine Frau, wenn nicht, soll sie für ihn zahlen.»

Der blonde Soldat versuchte, der Sache eine Wendung ins Scherzhafte und Lustige zu geben: «Sie sehnt sich gewiß nach ihrem Mann. Welche Frau hat es in diesen Zeiten nicht gern, wenn junge Männer sich mit ihr vergnügen?»

Doch niemand lachte. Der alte Mann begann vor Aufregung zu zittern und stützte sich mit seiner rissigen Hand auf den Stock, die Greisin flehte: «Hab Mitleid, Herr, Gott segne dich, auch du hast eine Frau, eine Schwester . . .»

Die junge Milojka saß reglos und starr, die Augen gesenkt. Ich mußte an ein Mädchen bei der Kommunion und an ein Lamm auf der Schlachtbank denken. Doch der Unteroffizier achtete nicht auf sie und nicht auf das Flehen der Alten, sondern befahl dem braunen Soldaten: «Schaff Platz dort drüben, Asen.» So erfuhren wir, daß der dritte Soldat Asen hieß.

Und dieser Asen scheuchte die Reisenden in der gegenüberliegenden Ecke von ihrem Platz. Ich weiß nicht, warum der Unteroffizier gerade diese Ecke gewählt hatte, denn man hätte auch jene frei machen können, in welcher der alte Dmitar saß. Doch sie bestimmten die andere, als scheuten sie sich, den Schwiegervater und die Schwiegermutter zu verjagen, als wollten sie einen möglichst großen Abstand zwischen sich und diesen beiden haben. Vielleicht war es ihre Absicht, Milojka vor unser aller Augen durch den ganzen Waggon zu führen, wie die Brautführer in der ersten Nacht die Braut vor allen Hochzeitsgästen ins Brautgemach geleiten.

«Komm», rief der Unteroffizier Milojka zu, und da sie sich nicht bewegte, befahl er dem blonden Soldaten: «Bring sie her!» Den breiten Mund zu einem munteren und schadenfrohen Grinsen verziehend, zog der Blonde die junge Frau fast zärtlich an der Hand: «Komm, Kleine. Hab keine Angst, mach keine Geschichten! Wir tun dir nichts zuleide, wir machen nur ein Spielchen mit dir.»

Die Alte kniete nieder und umfaßte schluchzend und flehend die Stiefel des Unteroffiziers, der alte Mann flüsterte etwas, ein Gebet oder eine Verwünschung, die blutleeren Hände auf den Stock gestützt.

«Asen, bring du sie her!» schrie der Unteroffizier wütend und stieß die Alte mit dem Stiefel fort, als scheuche er etwas Überflüssiges und Lästiges weg. Der blonde Soldat schüttelte den Kopf und winkte ab, als rechtfertige er sich: «Sie wäre auch gutwillig gekommen.» Doch Asen ging mit seinen krummen Reiterbeinen auf sie zu, riß ihr das Kopftuch herunter, zog mit unglaublicher Geschicklichkeit die Nadeln aus ihren aufgesteckten Zöpfen und wickelte diese um seine Hand.

«Geh, Tochter», stöhnte der Greis und fügte hinzu, als wolle er sich selbst überzeugen: «Es sind Soldaten, sie haben die Gewalt – Gott und die Menschen werden dir verzeihen.»

Die Alte wehklagte, als trage man ein Familienmitglied zu Grabe, der über ihr Gejammer erboste Unteroffizier trat sie mit dem Stiefel in die Rippen: «Du weinst um Serbien, gottverdammt! Wein nur, und wenn du bis zum Jüngsten Tag weinst, es nützt dir nichts!» Als hätte sie gerade darauf gewartet, schluchzte die Alte auf und begann zu wimmern. Die junge Frau, die bisher wie versteinert gewesen war, ging still und gehorsam mit dem Soldaten.

Asen rollte eine Decke auf, reichte ein Ende dem blonden Soldaten, das andere klemmte er unter einen Koffer beim Fenster. Die junge Frau und der Unteroffizier verschwanden hinter diesem Vorhang, und Asen, das Gewehr schußbereit, postierte sich, das Gesicht uns zugekehrt.

Der blonde Soldat spähte über die Decke, wandte sich uns zu, zwinkerte und kicherte widerlich, während Asen kalt und unbeweglich dastand, als gehe hinter der Decke etwas Belangloses oder überhaupt nichts vor.

Wir wagten nicht, einander anzublicken, und selbst wenn irgendeiner den andern anblickte, schien er ihn nicht zu sehen. Es war eine Schmach, Serbe zu sein, es war unerträglich, Mensch zu sein.

All dies dauerte nicht so lange, wie man meinen möchte, und doch entsetzlich lange, zu lange, um es ertragen zu können. Doch wir ertrugen es bis zuletzt, auch dann noch, als der Unteroffizier, die Hosen hochziehend, hinter der Decke hervortrat, gekünstelt lachte und uns zurief: «Was wollt ihr – euren Staat habt ihr verloren!», der blonde Soldat hinter die Decke schlüpfte und nach ihm Asen, ausdruckslos und streng, als handle es sich um eine läppische Angelegenheit. Hätten wir uns aufgerafft, wir hätten die Soldaten überwältigen können, zumal während sie ihrem schmählichen Vergnügen nachgingen. Doch wir dachten nicht im entferntesten daran. Wir wußten, daß die bulgarischen Kommandostellen derartige Übergriffe nicht billigten, doch sie hätten ihren Soldaten geglaubt und nicht uns. Eine Art Schwäche hatte unseren Verstand und unsere Kraft gelähmt, als habe der Blitz eingeschlagen oder die Erde gebebt, als sei jeder glücklich darüber, daß das Unglück nicht ihn getroffen habe.

Als die Soldaten einer nach dem andern mit geschulterten Gewehren, gleichmütigen Gesichtern und sicheren Händen aus dem fahrenden Zug gesprungen waren, begab sich Milojka, die Hände in die bunte Schürze verkrampft, vor sich hin starrend, langsam zu ihrem früheren Platz. Niemand wagte, ihr ins Antlitz zu blicken, bis die alte Frau ihre Hände in die ihren nahm, sie mit Tränen und Küssen bedeckte. Auch der alte Mann weinte still, über seinen Stock gebeugt. Milojka hingegen vergoß keine Träne. Nur ihre Wangen glühten, das Haar fiel ihr ins Gesicht. Sie saß starr und unbewegt, blickte zum Fenster hinaus in die Weite, auf die immer gleiche Morava, die rechts oder links von uns dahinströmte ...

Nun, da ich dies niederschreibe, mehr als vierzig Jahre nachdem ich es vernommen habe, entsinne ich mich des Erzählers nicht mehr, noch weiß ich, wo es mir erzählt wurde. Warum kann ich es nicht vergessen? Warum sehe ich immerzu die Soldaten, die überfüllten Waggons und die unglückselige junge Frau vor mir, irgendwo an der Morava, irgendwo in Serbien?

*23. bis 25. März 1964*
*Gefängnis in Sremska Mitrovica*

*Mancher, der ein Buch liest, murrt . . .*

. . . wenn er Werbung findet, wo er Literatur suchte. Reklame in Büchern!!!? Warum nicht auch zwischen den Akten in Bayreuth oder neben den Gemälden in der Pinakothek?

«Rowohlts Idee mit der Zigarettenreklame im Buch (finde ich) gar nicht anfechtbar, vielmehr sehr modern. Hauptsache, es hat Erfolg und nützt dem Buch, was die deutsche Innerlichkeit dazu sagt, ist allmählich völlig gleichgültig, die will ihren Schlafrock und ihre Ruh und will ihre Kinder dußlig halten und verkriecht sich hinter Salbadern und Gepflegtheit und möchte das Geistige in den Formen eines Bridgeclubs halten – dagegen muß man angehen . . .»

Das schrieb Ende 1950 – Gottfried Benn.

An Stelle der «Zigarettenreklame» findet man nun in diesen Taschenbüchern Werbung für Pfandbriefe und Kommunalobligationen. «Hauptsache, es hat Erfolg und nützt dem Buch.» Und es nützt auch dem Leser. (Für die Jahreszinsen eines einzigen 100-Mark-Pfandbriefs kann man sich beispielsweise drei Taschenbücher kaufen.)

# Aug um Auge

Nein, ich unterschied mich in keiner Weise von den anderen, den Bauern aus meinem Dorf. Ich war ein Mensch und ein Serbe wie andere Serben.

Ich habe nur die Volksschule besucht, vier Klassen in Toplica, dann übersiedelte mein Vater mit uns nach der Bačka, da er dort als Kämpfer an der Saloniki-Front Land erhalten hatte. Mein Großvater war, wie viele Einwohner von Toplica, aus Montenegro zugewandert, doch als seine Söhne das ererbte Land unter sich aufteilten, erhielt jeder so wenig, daß sie als Tagelöhner arbeiten mußten. Wäre es nicht zum Zerfall Österreich-Ungarns gekommen, wäre auch ich nichts anderes geworden als ein Tagelöhner, bestenfalls hätte ich ein Handwerk erlernt.

In der Bačka hatten wir ein schönes Leben. Bei unserer Übersiedlung 1920 war ich zwölf Jahre alt gewesen, und ich fand mich in der neuen Umgebung schnell zurecht. Als ich herangewachsen war, unterschied ich mich kaum von den Serben aus dem Banat – ein wenig durch die Aussprache und dadurch, daß mein Vater die Familie dazu verhielt, bestimmte Bräuche und Gewohnheiten weiter zu pflegen. Die Bačka ist fruchtbarer als irgendein anderer Landstrich. Der Boden fordert Arbeit, ist aber sehr ergiebig. Ich behaupte nicht, daß ich einer der Fleißigsten war, das nicht gerade, aber faul war ich auch nicht. Ich ging gerne in die Kneipe, doch nur sonntags wie alle anderen auch, und mehr des Tanzes und der Unterhaltung wegen, als um zu trinken. Ich war kein Trinker. Ich war auch kein Schürzenjäger, wie es viele sind, obgleich ich nicht sagen könnte, ich sei den Frauen nicht zu Willen gewesen. Karten und Würfelspiel haben mich nie interessiert. Ich war gesetzt und vernünftig, lebte nie mit irgend jemand längere Zeit im Streit und war nicht aufbrausend, außer wenn ich tödlich beleidigt wurde. Ich bin fromm, lästere Gott und die Heiligen nicht, feiere auch heute noch Slava, Weihnachten und alle serbisch-orthodoxen Feste.

Mit meiner Ehe hatte ich kein Glück. Als ich noch sehr jung war, verheiratete mich mein Vater mit einem Mädchen aus der Gegend, der wir entstammten, doch meine Frau wurde lungenkrank, kurz nachdem sie in die Bačka gekommen war – das dortige Wasser und Klima bekamen ihr nicht –, und starb bald darauf. Sie war kinderlos geblieben, hatte nur uns und sich gequält, die Arme. Danach heiratete ich nicht wieder. Die ortsansässigen Frauen nahmen nicht gerne einen von uns Zugewanderten, und ich konnte auch so genug Weiber haben. Ich schob die Heirat immer wieder hinaus, und schließlich brach der Krieg aus.

Der Krieg warf alles über den Haufen. Von dem früheren Leben und von meinen Plänen war nichts mehr übrig. Auch in mir hat der Krieg, wenn ich so sagen darf, das Unterste zuoberst gekehrt. Er hat mich nicht verändert, auch die anderen nicht, aber er brachte die Kehrseite meines Ich ans Licht. Als hätte ich vorher mich selbst nicht gekannt, auch die anderen nicht. Als sei der Krieg deshalb über uns hereingebrochen, damit jeder sich und die anderen kennenlerne. Nicht zufällig heißt es: Der Schnee fällt, damit die Raubtiere ihre Spur erkennen lassen.

Unser Dorf hatte eine gemischte Bevölkerung, in ihm lebten alteingesessene Serben, Ungarn und wir zugezogenen Serben. Wir unterschieden uns in jeder Hinsicht voneinander, doch unterstützten wir Kolonisten stets die ortsansässigen Serben gegen die Ungarn, wenn es um politische Fragen ging. Doch es gab keine Gehässigkeit, es war, wie es eben zwischen Nachbarn ist, die streiten und einander dennoch gut leiden mögen: Wir kamen zu den Ungarn zu Gast und sie zu uns, wir halfen einander und waren befreundet. Und obschon jeder von uns hartnäckig an seinem Glauben festhielt, kam es vor, daß ein Serbe aus dem Dorf eine Ungarin oder ein Ungar eine Serbin heiratete. Es war alles so, wie es zwischen Menschen und Nachbarn sein soll. Zuweilen kam es mir lächerlich vor, wenn mein Vater sagte: «Trau den Ungarn nicht. Du würdest dich wundern, was sie mit uns machten, wenn sie Gelegenheit hätten.» Später gedachte ich oftmals seiner Worte. Es ist wirklich so: Man sieht erst dann, was in den Menschen steckt, wenn sie mit anderen tun können, was sie wollen.

Wenn ich vom Krieg das Schlimmste erwartet hatte – daß unsere ungarischen Nachbarn, mit denen wir gegessen und getrunken, Feste gefeiert und getrauert hatten, uns so verraten würden, hatte ich nicht erwartet.

Sowohl sie wie auch ihre Besatzungsmacht stürzten sich zuallererst und am wildesten auf uns Kolonisten. Des Bodens wegen und weiß Gott, weswegen sonst noch! Sie behaupteten, die ehemals fürstlichen Güter, die unser Staat nach dem Ersten Weltkrieg aufgeteilt hatte, hätten ihnen gehören müssen, denn ungarische Bauern hätten sie bis dahin bearbeitet, folglich wären sie ihnen auch zugesprochen worden, hätte ihr Staat den Krieg nicht verloren. Jetzt konnten sie es kaum erwarten, uns dieses Land wegzunehmen. Den Vater kam der Verlust des Anwesens nicht hart an: Der Krieg hat gegeben, der Krieg hat genommen. Mich jedoch traf das alles schwer, es wollte mir nicht in den Kopf, ich konnte mich nicht damit abfinden, mir war so, als hätte ich damit auch mein ganzes Leben verloren und es unnütz vertan. Und hätten unsere ungarischen Nachbarn unseren Besitz einfach an sich gerissen, doch mit welchem Haß und welcher Schadenfreude sie das taten, wie sie uns demütigen und peinigten! Einige von ihnen gingen sofort zur ungarischen Gendarmerie und ließen uns ihre Macht spüren. Das waren die Gefährlichsten, eine ihnen übergeordnete Behörde gab es nicht, nichts konnte sie im Zaum halten.

Unseren Boden und unser Haus eignete sich unser nächster Nachbar János an, obgleich wir mit ihm befreundet gewesen waren. Er hatte sein eigenes Haus und sein Land, doch das war ihm zuwenig, er und einer seiner Söhne setzten sich auf unserem Besitz fest. Meinen Vater, der sein Heim nur widerstrebend verließ, trat er mit Stiefeln, dann stand er im weit geöffneten Tor, untersetzt und dunkel: «Lange genug habt ihr euch breitgemacht, jetzt sind wir dran!» Ich sagte zu ihm, und das Wort blieb mir im Hals stecken: «Schön, Bruder János, wenn jetzt ihr dran seid, mußt du deshalb meinen Vater prügeln?» Darauf er: «Nicht nur prügeln, umbringen sollte man ihn – solange wir euch Serben nicht alle umgebracht haben, können wir Ungarn nicht in Frieden leben!» Ich hielt ihm vor: «Aber wir haben euch Ungarn weder geprügelt noch umgebracht.» «Ihr konntet nicht», war seine Antwort, «ihr hattet Angst vor den Großmächten, aber wir können, die Großmächte helfen uns dabei.» Mein Vater schwieg, er war nicht so zornig und erbittert wie ich, ihm erschien das alles verständlich, ich hätte darauf schwören mögen, daß er im stillen dachte: «Recht hat der Ungar János. Seine Zeit ist gekommen, er kann alles tun, was zu tun uns nicht vergönnt war.»

Die meisten der von ihrem Land verjagten und um ihr nacktes Leben zitternden Kolonisten flüchteten nach Serbien. Auch mein Vater wollte flüchten, doch ich widersetzte mich, ich wollte nicht weg von dem Land, auch wenn es nicht mehr das unsrige war. Es ist schwer, sich von dem zu trennen, wofür man gelebt und all seine Kraft hergegeben hat. Wir blieben also im Haus eines ortsansässigen Serben, und ich arbeitete als Tagelöhner, um mich und meinen Vater zu erhalten. Doch im Krieg kommt alles anders, als man es sich vorstellt und wünscht.

Im August 1941 begannen die Ungarn bald in diesem, bald in jenem Dorf die Serben zusammenzutreiben, um sie in Lager abzuschieben. Die Reihe kam auch an unser Dorf. Sie holten sich vor allem die angesehenen Serben und ausnahmslos alle Kolonisten.

Das Unheil überraschte uns, obgleich wir es erwartet hatten, denn selbst diejenigen, die erzählt hatten, unser Dorf würde verschont bleiben, hatten nicht recht daran geglaubt. Am siebzehnten August frühmorgens wurden wir alle, wie wir gerade waren, in den Hof der Gemeindeverwaltung getrieben, auch Frauen, Kinder und Greise. Hier wurden wir aussortiert wie Vieh: Die Jüngeren wurden von den Älteren, die Kinder von den Erwachsenen getrennt und die einen dahin, die anderen dorthin geführt. Auch mein Vater und ich wurden getrennt, und wir sahen uns nie wieder. Später hörte ich, daß der Alte auch gar nicht bis in das Lager gelangt war, sondern schon unterwegs zusammenbrach und totgeprügelt wurde.

Ich wurde, da ich noch kräftig und arbeitsfähig war, zusammen mit den Jüngeren in den Hof des Hauses eines angesehenen Ortsansässigen gebracht, dessen Familie ebenfalls in ein Lager verschickt worden war. Wir waren ungefähr fünfzig Männer und Frauen, doch in der Mehrzahl Männer. Anschließend wurden wir Männer ausgesondert, wir mußten uns an der Hofmauer aufstellen, und wir dachten schon, sie würden uns ermorden. Alle Mädchen und jungen Frauen mußten sich uns gegenüber an der Hausmauer aufstellen, so daß wir einander sehen konnten. Sprechen war verboten. Ich erinnere mich, daß es ein heißer Tag war, doch man gab uns kein Wasser, obgleich der Brunnen im Hof stand.

Doch wir vergaßen Hunger und Durst, unser Unglück und auch den Tod, auf den wir gefaßt waren, über der Schändlichkeit, die vor unseren Augen und uns zum Hohn abrollte.

Im Hintergrund des Hofes stand ein geräumiger Stall mit einem breiten Tor, das für die Heuwagen passierbar war. Derartige Ställe und Gebäude gibt es überall in der Donauebene. In diesem Stall begannen sie unsere serbischen Frauen und Mädchen zu vergewaltigen.

Sie schlossen jedoch das Stalltor nicht, sondern ließen es offen. Vorsätzlich! Denn als ein Soldat es schließen wollte, schrie ein Unteroffizier ihn an: «Laß es offen, du Tölpel! Sollen die serbischen Banditen nur zusehen, wie wir ihre Zucht aufbessern!»

Doch obschon wir es mit ansahen, wollten wir es nicht glauben. Zuerst warfen sie vom Obergeschoß Heu herunter, um sich die Knie nicht zu beschmutzen und weich zu liegen. Auch alles übrige verrichteten sie bedächtig und ohne Hast, wie eine besonders wichtige Arbeit, wie ein – Gott verzeih mir's! – Ritual, bei dem jede Kleinigkeit exakt und kunstgerecht ausgeführt werden muß. Sie schleppten sogar ein Becken und einen Eimer Wasser herbei, um sich nachher waschen zu können, damit ihre Uniformen nicht befleckt würden und alles mehr einem echten Liebesakt gleichkäme, für welchen Ehemänner und erfahrene Liebhaber in Erwartung des bevorstehenden Genusses alles möglichst bequem einrichten und alle Hindernisse beseitigen.

Zuerst holten sie sich zwei Mädchen, die jüngsten und schönsten. Die eine war die Tochter des Hausinhabers, die andere die Schwester meines guten Freundes Mitar. Sie führten sie in die Zimmer der Herren Offiziere. Bisher waren wir im Zweifel darüber gewesen, was sie im Schilde führten – sie hatten sich uns gegenüber zwar streng, doch nicht brutal und gewalttätig verhalten. Wir hätten uns auch jetzt eingeredet, daß sie die Mädchen zu einem Verhör führten, hätte nicht einer der Offiziere, ein Junger, Schwarzhaariger, Untersetzter, die Tochter des Hausherrn mit verzerrtem, albernem Gelächter zur Tür hineingezerrt. Und die Mädchen begiffen es nicht oder wollten es nicht glauben. Sie gingen mit, ohne sich zu wehren, wenn auch bleich und erregt. Bald waren aus einem der Zimmer das Keuchen von Ringenden, Schläge und Schreie zu vernehmen: Die Tochter des Hausinhabers setzte sich zur Wehr. Sie konnte sich wohl nicht dareinfinden, daß man ihr das in ihrem eigenen Haus antat, auch war sie von stolzem Charakter. Mitars Schwester, die im andern Zimmer war, blieb stumm. Wahrscheinlich war sie von Angst und Entsetzen gelähmt.

Ja, jeder von uns wußte, was im Haus, ein paar Schritte von uns entfernt, vorging, hätte es auch gewußt, wenn die Fenster nicht offengestanden wären. Doch wir schwiegen, taten, als wüßten wir nicht, was hier geschah, und wir konnten auch wirklich nicht in die Zimmer sehen, da die Fenster hoch oben waren. Wir wagten nicht, einander in die Augen zu blicken. Ich sah Mitar an, doch er wollte und konnte meinem Blick nicht standhalten. Er gebärdete sich, als sei es nicht seine Schwester, die dort drinnen war, als ahne er nicht, was mit ihr geschah. Auch die Tochter des Hausinhabers konnte sich nicht lange widersetzen. Ein Soldat ging hinein, um dem Offizier beizustehen, man hörte den Lärm einer Balgerei, ein Röcheln, als werde jemand gewürgt, und bald darauf resigniertes Schluchzen.

Doch die Ungarn schienen zu wissen, daß es für uns eine Erleichterung war, nicht zusehen zu müssen, denn das Schluchzen der Unglücklichen im Haus hatte noch nicht begonnen, als der Feldwebel, ein Mann in reiferem Alter, rot im Gesicht und mit spitzem Schnurrbart, zwei Gendarmen befahl, Mara, die Frau eines Kolonisten, der aus derselben Gegend stammte wie ich, hineinzuführen. Dieser Feldwebel hatte bisher alles befehligt, auch weiterhin unterstand alles seinem Kommando, und ich konnte nicht begreifen, wie Männer auch dies auf Kommando tun können. Einer der beiden Gendarmen, ein blonder, fast weißhaariger Bursche, straubte sich, der Feldwebel herrschte ihn an «Was, du kannst nicht?» und hieß einen andern, es zu tun.

Mara leistete Widerstand: «Lebend lasse ich mich nicht von meinem Mann trennen!» Der Gendarm schlug mit dem Gewehrkolben gegen ihre Brust, sie sank, nach Atem ringend, zusammen, die Ungarn packten sie an den Armen und schleiften sie über den Hof. Ihr Mann Jakov konnte sich nicht beherrschen – vielleicht ertrug er die Schmach nicht, wir waren eine solche Behandlung ja noch nicht gewohnt – und eilte seiner Frau zu Hilfe. Doch er gelangte nicht bis zu ihr: Der Feldwebel jagte ihm mit seinem Revolver eine Kugel in den Rücken. Jakov schrie auf, wandte sich um, sah den Mörder ungläubig an, faßte sich an die Brust. Zwischen seinen Fingern quoll das Blut hervor, er stürzte zu Boden. Der Feldwebel ging zu ihm hin, fluchte, wie nur Ungarn fluchen können, und da Jakov, noch bei Bewußtsein, ihn anstarrte, schoß er ihm eine Kugel in die Brust, wohl ins Herz. Jakov war noch immer nicht tot, der Feldwebel feuerte auf seinen Kopf, einmal, noch einmal, bis Jakovs Schädel barst und sein Gehirn auf die Ziegel spritzte.

Dieser anfänglichen Details entsinne ich mich ungewöhnlich klar, was später kam, habe ich vergessen, es gab auch weiter nichts, woran man sich erinnern könnte. Alles Folgende glich dem, was mit Mara geschehen war, nur wehrten sich nicht alle Frauen, und keiner ihrer Brüder oder Männer wagte, ihnen zu Hilfe zu kommen. Nicht deshalb, weil wir Angst hatten – ich glaube, keiner von uns zitterte noch vor dem Tod –, sondern weil jeder Widerstand sinnlos und aussichtslos war, wir hätten unser Leben ohne jeden Zweck geopfert.

Die Gendarmen lösten einander auf Kommando ab, wenn alle im Hof Angetretenen an der Reihe gewesen waren, kamen von der Straße neue herein, und obgleich sie sich im Aussehen voneinander unterschieden, verrichteten es alle auf die gleiche Weise und sahen danach einer dem andern gleich, als schämten sie sich, seien aber noch gehässiger als zuvor. Sie gingen jeweils zu zweit in den Stall, und wenn eine der Frauen sich wehrte, setzte der eine sich auf ihren Kopf und drückte ihre Arme zu Boden, dem andern kehrte er, um ihn bei seiner Schandtat nicht in Verlegenheit zu bringen, den Rücken zu und beugte sich vor. Alle bewiesen Geschick darin, sie sparten nicht mit Schlägen, jeder ahmte seine Vorgänger nach, vielleicht ahmten sie auch nicht nach, sondern waren vorher unterwiesen worden. Wenn, wie es vorkam, eine Frau die Vergeblichkeit des Widerstandes einsah und sich in das Unvermeidliche fügte, wartete der andere, beobachtete mit Vergnügen, was der erste tat, und rief ihm Unflätigkeiten zu.

So ging es fort, ich weiß nicht wie lange, bis jeder von ihnen seine Begierde gestillt hatte und alle Frauen geschändet waren. Um bei der Wahrheit zu bleiben, es gab auch einige, die, wie jener weißblonde Bursche, nicht mittun wollten oder konnten. Die verheirateten Frauen ertrugen dies alles leichter, auch die Mädchen litten weniger aus Scham, die einen wie die anderen aber quälte ohnmächtiger Schmerz. Weinen und Flehen reizte die Gendarmen nur, ich beobachtete, daß sie mit Vorliebe über die Mädchen herfielen, doch ich glaube, nicht deshalb, weil ihnen das größeren Genuß bereitete, sondern weil es ihnen bestätigte, daß sie Macht und Gewalt über uns besaßen. Der Feldwebel hielt, nachdem er seine Lust an einem Mädchen gestillt hatte, sogar eine kleine Rede, ungefähr in dem Sinne: «Wir haben euer Land besiegt, euren Staat zerschlagen, und auch eure Frauen haben wir erobert!»

Als es vorbei war, herrschte eine Stille, die noch qualvoller war als das vorher Geschehene. Die Gendarmen begannen zu essen, denn im Haus gab es Lebensmittel in Fülle, uns erlaubten sie, uns niederzusetzen, wir durften sogar zu den Frauen hinübergehen.

Die Tochter des Hausinhabers wurde blutüberströmt und mit aufgelöstem Haar aus dem Haus gestoßen, und als sie zu schreien und die Gendarmen zu verfluchen begann, schlugen diese sie mit Gewehrkolben und traten sie mit den Absätzen, bis sie keinen Laut mehr von sich gab. Wie ich gehört habe, starb sie später an den Mißhandlungen.

Auch Mitars Schwester kam aus dem Haus, in zerfetzten Kleidern, gebrochen, zerzaust und mit zerbissenen Lippen. Ihr folgte der Sohn unseres Nachbarn János, Imre, der mit seinem Vater unser Haus bezogen hatte. Er war ein sehr kräftiger Bursche, noch unverheiratet, seinem Vater ähnlich. Erst vor kurzem war er zur Gendarmerie gegangen und besaß noch nicht einmal eine komplette Uniform, sondern nur Rock und Mütze. Im Gehen knöpfte er seinen Uniformrock zu und sagte in amtlichem Ton zu Mitar: «Deine Schwester ist als Frau in Ordnung, aber mir gefallen reife Frauen besser, die ich nicht erst ihre Pflicht lehren muß.» Mitar sah ihn stillschweigend an, als sei von etwas Belanglosem die Rede, doch sein Adamsapfel bebte. Mir wäre nie in den Sinn gekommen, daß jemand so mit seiner Nachbarin umspringen könnte, mit einem Mädchen, mit dem er Kolo getanzt und zusammen aufgewachsen war. Aber es hatte geschehen können – mit unserem Land und mit unseren Frauen.

Jetzt sahen wir einander an, ohne uns zu schämen, und sprachen auch miteinander – über alles mögliche, nur nicht über das, was sich soeben zugetragen hatte. Wir wollten uns selbst täuschen, als könne dies alles gar nicht Wirklichkeit sein, und den Ungarn erging es wohl ähnlich: Ihnen war nichts anzumerken, von uns erwähnte keiner das Vorgefallene, Jakovs Leichnam hatten wir weggeschafft wie einen Gegenstand, sogar der Feldwebel war besänftigt, aß Wurst und spülte die Bissen mit Wein hinunter, den er aus der Flasche trank. Nur die eine oder andere Frau wimmerte, verstummte aber rasch unter den Vorwürfen der anderen, die an der Schmach nicht zerbrochen waren, und unter den zynischen Blicken der Eroberer.

Die Mittagszeit und ein großer Teil des Nachmittags vergingen, ich könnte nicht sagen wie. Ich erinnere mich nur, daß ich versuchte, Mitars Schwester zu trösten, doch sie schien darüber gekränkt zu sein, sah mich sogar böse an. Ich verstummte, froh darüber, daß meine Frau tot war, daß meine beiden Schwestern schon als Kinder gestorben waren, daß ich keine Tochter hatte, daß mein Vater nicht hier war und nicht sah, welches Entsetzen und welche Schmach die Serben ertragen mußten.

Die Hitze ließ bereits nach, als das Rattern von Lastwagen zu hören war, und gleich darauf begannen sie uns hineinzustoßen, ohne die Männer von den Frauen zu trennen.

Man brachte uns in ein Lager in Ungarn, in ein schönes und reiches, doch feindliches Land. Männer und Frauen wurden dort voneinander getrennt, doch wir konnten uns Blicke zuwerfen und Briefe zustecken. Mitar blieb ständig mit seiner Schwester in Verbindung. Man setzte uns vorwiegend zur Feldarbeit auf den großen Gütern ein. Wir waren tief im Feindesland, am Plattensee, sie glaubten, wir könnten nirgendhin entfliehen, deshalb gab es nur wenige Wachtposten, einen auf zehn von uns, und die meisten von ihnen waren ältere und schwächliche Männer.

Wir brauchten nicht zu hungern, man gab uns zu essen, da man uns zur Arbeit benötigte. Doch ich wollte nicht in Ungarn Frondienst tun.

Es ging mir nicht aus dem Kopf, daß wir Serben jahrhundertelang unterdrückt gewesen waren, und gerade jetzt, als wir gehofft hatten, wie Menschen leben zu können, war das Schlimmste über uns hereingebrochen. Wieviel Leid hatte allein Montenegro ertragen, mein Großvater hatte es mir erzählt, in unseren Liedern war nur vom Unglück die Rede, jedes zweite Haus war zerstört worden! Und Serbien unter Karadjordje! Und Bosnien, die Woiwodina! Wir Serben sind dazu verdammt, dachte ich, anders als andere Völker stets das nackte Leben zu verteidigen. So mußten mein Großvater, dessen Großvater, mein Vater, so muß ich bis zum letzten Atemzug gegen die Feinde kämpfen. All das lastete auf mir wie ein anvertrautes Pfand, wie ein heiliges Vermächtnis, das von meinen Urahnen auf mich überkommen war: das unglückliche Los Serbiens. Ich war in den Krieg gezogen, um zu kämpfen, so gut ich konnte, doch die Regierenden, durch Macht, Herrschsucht und Rachgier verdorben, hatten uns verraten. Auch im Lager dachte ich darüber nach, wie ich kämpfen könnte, doch ich fand keine Möglichkeit.

Bald darauf wurde bekannt – auch die ungarischen Zeitungen meldeten es –, daß sich in unserem unglücklichen Land das Volk erhoben hatte, daß die Aufständischen sich zumeist in den Wäldern verborgen hielten und aus dem Hinterhalt angriffen. Die Zeitungen schrieben, die Kommunisten hätten dies angestiftet – sie hatten es auch, wie ich jetzt sehe. Doch mich interessierte nicht, wer die Sache leitete, sondern nur, daß für die Serben die Zeit gekommen war, sich zu erheben. Auch wir Lagerinsassen sprachen darüber, und ich entschloß mich, gegen die Ungarn zu kämpfen, wann und wo immer ich konnte.

Vier von uns – einer davon Mitar – verabredeten zu fliehen. Den andern wagten wir uns nicht anzuvertrauen, es gab auch unter den Gefangenen Verräter wie überall, wo Verschwörungen angezettelt werden und Gewalt herrscht. Doch unser Vorhaben war nicht leicht auszuführen. Es wurde Herbst, und Mitar wollte um jeden Preis auch seine Schwester mitnehmen.

So kam das Frühjahr 1942, wir faßten wieder Mut: Die Deutschen nahmen Moskau nicht ein und konnten England nicht besiegen, die Zeitungen schrieben zum hundertstenmal, die letzten Banden in Montenegro und Bosnien seien aufgerieben worden.

Den Ungarn war nichts heilig, auch an unserem orthodoxen Osterfest trieben sie uns zur Arbeit, als sei der Erlöser nicht auch für uns Serben gekreuzigt worden und wiederauferstanden. Ich hatte mir eine lange Feile beschafft und verbarg sie des Morgens unter meinem Rock – wir hatten für diesen Tag die Flucht verabredet.

Und just zu dieser Zeit, als habe das Schicksal es so gefügt, tauchte Imre im Lager auf, der Sohn meines einstigen Nachbarn János, jener, der nach dem Offizier Mitars Schwester geschändet hatte. Die in ihrem eigenen Land wohnenden Ungarn faßten ihre Landsleute aus der Bačka nicht mit Samthandschuhen an, wie diese es erwartet hatten. Imre war mit anderen an die Ostfront und dann, verwundet und entkräftet, als Aufseher in unser Lager geschickt worden. Ich und Mitar hatten vor, zu flüchten, wenn Imre Dienst hatte und uns begleitete.

Tatsächlich war er zu Ostern unser Begleitposten, und wie verabredet, stieß ich ihm die Feile in den Bauch, sobald wir den Wald erreicht hatten. Einer von uns fiel, doch wir erbeuteten zwei Gewehre. Ich wollte Imre den Rest geben, doch Mitar ließ es nicht zu, sondern zog ihm die Feile aus dem Leib und bohrte ihm damit die Augen aus – er durchstach sie nicht, sondern schälte sie heraus und sagte dazu: «Das ist für die Lust, die du auf Kosten meiner Schwester genossen hast, mein lieber, guter Nachbar!»

Mir hat mein Lebtag vor Blut und vor jeder Quälerei geekelt, noch heute ekelt mir davor. Ein Huhn zu schlachten ist mir immer schwergefallen. Doch während Mitar am Werk war – er mußte sich beeilen, damit uns die anderen Wachtposten nicht ertappten –, fühlte ich, wie mich Lust durchrieselte, ich war wie berauscht, sah alles mit an und bedauerte nur, daß wir Imre nicht ruhig und gemächlich quälen, uns nicht an seinen Bitten und blutigen Tränen weiden konnten, bis es mit ihm zu Ende ging. Denn ein Huhn ist ein unschuldiges Geschöpf, er aber war ein Mensch, ein Ungar, er war mit schuld am menschlichen Leid, am Unglück der Serben, er sollte nicht leicht und schmerzlos sterben.

Doch Mitar zögerte, vielleicht schauderte ihm vor seiner Tat, und ich mußte Imre eigenhändig töten. Ich mußte auch das auskosten, da die anderen nun einmal nicht dazu imstande waren. Ich zog das Messer, das ich Imre weggenommen hatte, packte ihn an der Kehle und schnitt sie ihm durch wie einem Schaf. Er schien nicht mehr zu wissen, was ihm geschah, er hob nicht einmal die Hand, um sich zu wehren. Ich schrie: «Imre, das bin ich, dein Nachbar Stojan, den du aus seinem Haus gejagt hast, jetzt schlachte ich dich ab!» «Schlachte mich», bat er, «aber quäl mich nicht, hab Erbarmen!» «Ich hätte ebensowenig Erbarmen mit dir wie du mit mir», entgegnete ich, «aber wir haben es eilig.» Dann fuhr ich mit dem Messer über seine Kehle, ritzte sie aber nur leicht, damit sein Leben nicht im Nu in Blut und Geschrei verströme. Ich schnitt jedesmal ein wenig tiefer und empfand keinen Schrecken dabei, es war mir sogar angenehm, Imres warmes Blut an den Händen, vor den Augen, in meiner Seele zu fühlen.

Wenn ich mich an all das erinnere, erkenne ich, daß wir ungeschickt zu Werke gingen und nervös waren. Später erwarben wir Übung darin, denn das Umbringen von Menschen wird zu einem Handwerk gleich jedem anderen. Wir waren blutbesudelt, und vor allem waren wir erstaunt, daß Imre nicht sofort tot war, als ich ihm die Feile in den Leib stieß. Wir fürchteten, er könne am Leben bleiben, und da er keinen Laut von sich gab, weil sein Blut unaufhörlich strömte, schnitt ich, wie ich mich entsinne, mit dem Messer so lange an ihm herum, bis ich ihm den Kopf abgeschnitten hatte, und es schien mir, als lebe der Leib, denke der Kopf noch, da er noch nicht erkaltet war. Ja, auch dies muß man können, man muß es erlernen, denn nichts ist leichter, als einen Menschen zu töten, wenn man weiß, an welcher Stelle man zustoßen muß. Wenn er noch zappelt, hat das nichts zu bedeuten, wenn sein Puls noch schlägt, sein Blut noch fließt, ist das kein Grund zur Besorgnis: Er hat zu viel Blut, als daß es in einem einzigen Augenblick verströmen könnte.

Wir wußten, wo Mitars Schwester arbeitete. Wir holten sie noch an diesem Tag heraus und töteten dabei zwei Wächter. Mit ihr zählte unsere Gruppe fünf Mitglieder. Ich wurde zum Anführer gewählt.

Selbst wenn wir uns zur Bačka hätten durchschlagen können, hätten wir uns dort nicht halten können, allerorts gab es Überschwemmungen, und die dortigen Ungarn hätten sich wie ein Mann auf uns gestürzt und unsertwegen die Serben ausgerottet. So verkrochen wir uns in Wäldern und Dickichten und versuchten, die Drau zu erreichen, denn wir hatten gehört, daß es auf der andern Seite, in Slawonien, Aufständische gab. Die Verfolgung hatte noch nicht mit aller Wucht eingesetzt. Doch jeder Ungar, ob Mann, Frau oder Kind, hätte uns sofort angezeigt, und zu essen hatten wir nur, was wir raubten oder stahlen.

So begann für uns ein grauenhaftes Leben. Alle Menschen, alle Ungarn waren gegen uns, nicht weil die Behörden, die Regierung sie dazu zwangen, sondern aus freiem Willen, weil sie sich ein Leben Seite an Seite mit uns nicht vorstellen konnten. Wir haßten die Ungarn.

Doch keiner von uns äußerte die Meinung, wir sollten sie allesamt umbringen, Kinder, Frauen, Greise. Das ergab sich von selbst, war die Folge der Bedingungen, unter denen wir lebten und kämpften. Wir gedachten der Leiden unseres Volkes: Für die Serben gibt es kein Leben, solange die Ungarn die Stärkeren sind. Zuerst schnitten wir einem kleinen Mädchen die Kehle durch, damit es nicht verraten könne, wohin wir uns wandten. Dann metzelten wir eine ganze Försterfamilie nieder. Sie hatten uns gesehen, als wir zufällig auf ihr Haus stießen, und wir mußten Munition sparen. Doch das Kind in der Wiege wollten wir verschonen, da sagte der einzige unter uns, dem bisher vor dem Abschlachten geschaudert hatte: «Wozu soll es am Leben bleiben, ohne Vater und Mutter, und außerdem ist das ein Kampf, in dem wir oder sie dran glauben müssen!» Er schnitt dem Kind die Kehle durch, und so hatte auch er die Bluttaufe erhalten.

Wir erfanden zahllose gewichtige Gründe dafür, weshalb wir alle Ungarn ermorden mußten, die uns in die Hände fielen. Am häufigsten argumentierten wir: je weniger Ungarn, desto mehr Serben. Und bald fanden wir noch etwas heraus, was wir nicht aussprachen: Wahres Vergnügen bereitet die Vernichtung des Feindes nur dann, wenn du fühlst, wie sein Leben in deiner Hand erlischt, und das bringst du am einfachsten und leichtesten zustande, indem du ihm die Kehle durchschneidest. Wir genossen die Furcht, die man vor uns empfand, das Entsetzen, mit dem man uns erkannte, die Flüche, die uns folgten. Doch der Mensch wird jedes Vergnügens, auch des Tötens, bald überdrüssig, wir erfanden neue Methoden. Wir wollten für die Ungarn der Satan in Person sein und waren überglücklich, als solcher angesehen zu werden. Wir glaubten, Gott selbst habe uns gesandt, damit wir die Serben rächten und so unsere Herzen erfreuten.

Auch zu der Vergewaltigung kam es wie zufällig, so, als hätte dies gar nicht geschehen müssen. Wir stießen im Wald auf ein Hirtenmädchen. Wir hatten die Absicht, ihr die Kehle durchzuschneiden, nichts weiter. In den Augen zweier meiner Kameraden entdeckte ich Begehren, doch sie sagten nichts, entweder schämten sie sich, oder das Begehren war nicht sehr stark. Mitars Schwester wiegelte uns auf: «Was seid ihr für Männer! Habt ihr vergessen, was sie mit uns angestellt haben?» Die Hirtin verstand nicht Serbisch und sah uns angsterfüllt an. Es hatte sich schon herumgesprochen, wer wir waren. Als sie sah, daß wir debattierten, glaubte sie, wir würden sie töten, und beschwor uns, sie zu verschonen. Sie ahnte nicht, was wir vorhatten, und keiner von uns konnte sich entschließen, den Anfang zu machen. Schließlich sagte einer: «Überlaßt sie mir, ich will sie kosten.» Mitars Schwester stand Posten. Vor ihr war es uns peinlich, doch ich glaube, daß sie heimlich alles mit ansah, sogar genoß, denn später ertappte ich sie einige Male bei derartigem. Als die Hirtin unsere Absicht erkannte, schien sie nicht mehr an ihr Leben zu denken und begann sich zu wehren. Doch Mitar schlug mit dem Gewehrkolben auf sie ein, wir warfen sie zu Boden, einer setzte sich auf ihren Kopf und drückte ihre Arme nieder, ganz so, wie es die Ungarn mit unseren Frauen getan hatten. Wir fielen einer nach dem andern über sie her, aber es bereitete uns kein Vergnügen. Uns reizte und erfreute nur der Gedanke, daß wir mit einem ungarischen Mädchen tun konnten, was wir wollten, auch das, was Männer und Frauen nur aus freiem Willen tun. Es erregte uns, daß wir uns einer Ungarin gegenüber nicht wie Menschen benehmen mußten, sondern Bestien sein durften, die sich über den Wunsch des Weibes, das sich nicht wehren kann, hinwegsetzen.

Doch auch unter uns fand sich einer, der nicht wollte oder nicht konnte, obgleich er jung und kräftig war. Und die wehrlose Hirtin wäre entblößt und blutüberströmt zurückgeblieben, hätte Mitar nicht gesagt: «Sie wird uns ganz gewiß verraten. Wir müssen sie töten.» Doch dies widerstrebte uns allen, nachdem wir unsere Lust an ihr gestillt hatten.

Da sagte Mitars Schwester: «Wollt ihr, daß sie mit einem serbischen Kind schwanger geht?» Ich zog das Messer, das Mädchen mit seinem blutenden, entblößten Leib heulte auf, wir liefen davon und ließen sie sterbend zurück, wir waren nicht fähig, ihr den Rest zu geben.

Dieses Treiben setzten wir fort, mordeten, vergewaltigten, sengten, vernichteten Menschen, Vieh, Hab und Gut. Man machte häufiger Jagd auf uns und ließ uns nicht zur Ruhe kommen. Und wären wir auf unserer Flucht nicht bei Baja auf serbische Dörfer gestoßen, in denen man uns Unterkunft gewährte, es wäre mit uns bald aus gewesen. Es war ein Zufall. Wir hatten nicht gewußt, daß es in Ungarn Serben gab, daß sie hier existieren konnten. Gewöhnlich übernachteten wir dort, wo man uns am wenigsten vermutete, wir verkrochen uns in irgendeinen Wald, rasteten und erkundeten die Umgebung. Dann überfielen wir ein entlegenes Haus, töteten die Bewohner, nahmen uns, was wir brauchten, und entfernten uns so rasch und so weit wie möglich.

So drangen wir einmal in ein Haus am Rande eines Dorfes ein. Wir sahen uns um und waren überrascht: orthodoxe Ikonen und eine Ampel vor dem Bild des heiligen Nikolaus. Vor Fremden sprachen wir stets ungarisch, um unsere Spur gründlich zu verwischen. Wir fragten sie: «Woher habt ihr diese Ikonen?» Der Hausvater antwortete, ebenfalls auf ungarisch: «Wir sind orthodoxe Serben.» «Was für Serben, wieso Serben hier in Ungarn?» fragten wir verwundert. Aber es stimmte. Wir begannen serbisch zu sprechen, sie antworteten in gutem Serbisch, dann fragten wir sie aus über die Schlacht auf dem Amselfeld, die serbischen Fürsten, über unsere Heiligen. Sie wußten, wann welcher gelebt hatte, kannten alle Bräuche, die mit dem Slavafest zusammenhingen: echte Serben, kein Zweifel.

Da wir nun einen Stützpunkt gefunden hatten, bereiteten wir alle Überfälle noch besser vor und verübten sie in möglichst weiter Entfernung von den serbischen Siedlungen. Doch bei den Serben der Ortschaft gewahrten wir bald Unbehagen und Argwohn. Sie begannen uns auszufragen, ob wir zu jenen gehörten, die alle Ungarn vernichteten und die schlimmsten Greueltaten begingen. Wir mußten unsere Unternehmungen vor diesen Serben geheimhalten, sogar innerhalb unserer Gruppe kam es zu Auseinandersetzungen: Warum brachten wir alle Ungarn um, wenn sie nicht alle Serben in Ungarn umgebracht hatten? Und sobald wir begonnen hatten, uns derartige Fragen zu stellen, hörten wir auf, wahllos zu morden und zu schänden, und verlegten uns darauf, besonders brutale Machthaber zu beseitigen. Und die Serben begannen uns als ihre Rächer zu verehren und zu beschützen.

Dennoch ging es nicht ohne Verluste ab. Schon bevor wir in Baja Zuflucht gefunden hatten, war jener Junge umgekommen, der die Hirtin nicht vergewaltigen wollte. Ein Hausvater rannte ihm eine Heugabel in den Leib, und er selbst bat uns, ihn zu töten, damit er nicht den

Gendarmen in die Hände falle. Auch andere ereilte der Tod: Wir setzten keinen Verwundeten der Gefahr aus, gefangengenommen zu werden. Bei Baja vergrößerte sich unsere Gruppe zeitweilig, der eine oder andere Bauer schloß sich uns um persönlicher Vorteile oder um der Rache willen an und kehrte, wenn unser Unternehmen beendet war, zu seiner gewohnten Arbeit zurück. Zu fünft hatten wir begonnen, im Sommer 1944 waren nur noch drei von uns am Leben: ich, Mitar und seine Schwester.

Mitten im Sommer, als wir am wenigsten darauf gefaßt waren, wurde Mitars Schwester verwundet: Wir gerieten nachts in einen Hinterhalt. Wir trugen sie fort, doch am Morgen waren die Verfolger dicht hinter uns, wir hörten ihre Flüche und Rufe. Sie bat Mitar: «Töte mich, Bruder, der Tod von deiner Hand wird mir süß sein!» Ich wußte, daß man uns einholen würde, wenn wir sie nicht zurückließen, und lebend konnten wir sie nicht zurücklassen, sie würden sie schänden und verstümmeln. Vor Schmerz brachte ich kein Wort heraus, ich weinte: Ich hatte mich an sie gewöhnt, als sei sie meine leibliche Schwester. Auch Mitar weinte, sie aber vergoß keine Träne, sondern flehte nur. Schließlich legte Mitar auf sie an, sie ergriff den Gewehrlauf und richtete ihn gegen ihr Herz: «Hierher, Bruder!» Und Mitar drückte ab, sie schrie auf und prallte zurück. Endlich hatte sie Frieden gefunden, die Ärmste. Wir haben ihren Tod nie verwunden.

Bald darauf wurde auch Mitar verwundet. Unsere Gruppe bestand aus fünfzehn Leuten, doch jemand hatte uns angezeigt, und im Wald stießen wir auf Gendarmen. Doch der Wald war unsere Rettung, zersprengt und verwundet fanden wir in ihm und im Moor Unterschlupf. Der verwundete Mitar wollte Selbstmord begehen, doch ich hinderte ihn daran, ich trug ihn auf meinen Schultern mit mir. Ich fürchtete, seine Wunde würde eitern, doch damals überzeugte ich mich mit eigenen Augen davon, daß der Schlamm Wunden reinigt.

Im Herbst stieß die Sowjetarmee vor, und im Laufe des Winters besetzte sie ganz Ungarn. Ich hoffte, mich am Elend der Ungarn weiden zu können.

Wir wußten, daß in unserm Land alles umgekrempelt worden war, daß die Kommunisten im Aufstand gesiegt, eine Armee geschaffen und ihr Regime errichtet hatten, wir hatten sogar Zusammenkünfte mit ihren Partisanen. Doch wir wollten nicht zu den Kommunisten gehen, sie waren Ungläubige, und das schlimmste war, daß sie nicht alle Ungarn töteten, sondern nur die Polizisten und Faschisten, während für einen Serben jeder Ungar dem andern gleicht und er sie alle tot sehen möchte. Wir blieben bei unserer Kampfmethode, verbündeten uns mit Soldaten unseres Glaubens und schufen mit unseren Verbindungsleuten unser eigenes Kundschafternetz.

Doch es schien uns, daß wir uns mit den russischen Soldaten verstehen könnten, obgleich auch sie kommunistisch waren. Sie sind Slawen und lieben uns Serben. So war es, und so wird es bleiben, mit oder ohne Kommunismus. Wir dürften uns nicht mit drei Fingern bekreuzigen, noch hätten wir unseren Staat und unseren Namen, wären nicht die Russen. Nicht alle waren so, auch sie hatten Politiker, Kommunisten und Kommissare, aber der echte Russe, jener, der sich von alters her nicht geändert hat und sich in Ewigkeit nicht ändern kann, ist Slawe, er weiß, daß er nicht existieren kann, wenn er nicht die anderen Stämme besiegt und, wenn es sein muß, ausrottet.

In ihrer wie in jeder Armee gab es Leute verschiedensten Schlages. Kein Wunder! Im Krieg sind alle gut, die ihr Leben nicht schonen, und so gab es in ihrer Armee Zuchthäusler und allerlei Gesindel, jene Sorte, die plündern, vergewaltigen und morden will. Von diesen rede ich nicht, es gibt sie in allen Armeen, und überall sind sie ein Übel, das man bekämpfen muß. Ich rede auch nicht von denen, die durch die Greuel des Krieges zu wilden Tieren geworden waren. Es ist schwer, Tausende Kilometer an den Leichen, Brandstätten und Trümmern des eigenen unschuldigen Vaterlandes vorbeizumarschieren und dann auch noch sanft und vernünftig zu bleiben, wenn man auf dem Boden und im Haus jener steht, die all das verschuldet haben. Doch diese, die Erbitterten und Wütenden, haben sich bald ausgetobt. Sie töten oder schänden einmal, zweimal, dann durchläuft es sie kalt, und danach sind sie traurig und bedrückt.

Ich rede von den anderen, die so sind wie ich, die die Feinde nicht zu ihrem Vorteil und nicht aus Erbitterung ausrotten, die nicht von Natur aus verbrecherisch oder bösartig sind, von jenen, die wie ich keiner Fliege, geschweige denn einem Menschen etwas zuleide tun konnten. Ich kann mich nicht so treffend ausdrücken, aber ich denke an jene, die das tun, weil sie wissen – nicht gerade wissen, eher mit ihrer ganzen Seele, mit jeder Fiber spüren –, daß sie nicht anders können, daß sie so, just so handeln müssen, wenn sie selbst überleben wollen, nicht sie persönlich, sondern ihr Volk, wie es war und wie es ist.

Die russischen Befehlsstellen schienen in den ersten Tagen die Zügel nicht in der Hand zu haben, oder aber sie ließen bewußt zu, daß die abgekämpften Soldaten sich austobten. Doch bald wurden Gewalttaten und Plünderungen streng untersucht und geahndet. Die Schuldigen wurden erschossen, ohne Rücksicht auf Rang und Verdienst, wie ihre Leute das eben fertigbringen, wenn sie Befehle erhalten und sie ohne Wimpernzucken ausführen. Aber wer kann Tag und Nacht jeden Soldaten einer derart großen Armee überwachen, wer kann jede Ähre und jedes Korn an der Ähre kennen? Und Menschen gleicher Art, mit gleichen Neigungen erkennen einander, wie Hunde einander wittern. So fanden wir uns bald zusammen, wir Serben und Russen, die wir für die Ausrottung der Ungarn waren.

Keiner von uns konnte Russisch, auch ich nicht. Dennoch waren wir für diese Russen gewissermaßen Dolmetscher. Wir konnten Ungarisch, und Serben und Russen verstehen einander, auch wenn ihre Sprachen sich nicht allzu ähnlich sind – die Seelen sind verwandt, bestimmte Wörter sind gleich, andere ähnlich, etliche sind anders, aber auch diese kann man verstehen, wenn man nur will. Wir gaben also unseren Gesinnungsfreunden unter den Russen Anweisungen und verleiteten sie, das zu tun, was wir vor unserm Aufenthalt in Baja getan hatten. Alles erledigten diese Russen, wie es sich gehört, doch sie mordeten nicht gern, das besorgten im wesentlichen wir Serben. Denn wir haben die Ungarn auf dem Hals und vor der Tür, von den Russen ist es weit bis zu ihnen, deshalb wollten diese Russen sie nur ihre Macht spüren lassen und ihnen einen Denkzettel geben, auf daß es auch die Urenkel ihrer Urenkel nicht gelüste, gegen Rußland Krieg zu führen.

Ich merkte, daß es auch diesen Russen darum zu tun war, eine Rechtfertigung, eine Deckung vor ihrer Befehlsstelle, vor ihrem Gewissen zu finden. Wir redeten ihnen zu, gemeinsam mit uns auf Zerstörung und Raub auszugehen, sie wanden sich: «Es ist nicht in Ordnung, auch die Ungarn sind Menschen.» Wir darauf: «Gewiß sind sie Menschen, aber ihr sollt die Faschisten erledigen.» «Ah, die Faschisten, das ist etwas anderes!» stimmten sie sogleich zu.

Ich und meine Kumpane, wir brauchten derartige Ausreden nicht. Wozu? Faschisten, Kommunisten – für mich war entscheidend, daß es Ungarn waren, über mir und in mir gab es kein anderes Kommando als meine Seele und meinen Verstand, und diese sagten mir: «Vernichte die Ungarn, damit sie nicht dich und die Serben vernichten!»

Doch leider währte das nicht lange. Das russische Kommando verschärfte die Kontrolle, der Krieg ging zu Ende, wir mußten vorsichtiger zu Werke gehen. Zu guter Letzt zerfiel unsere Gruppe, wir flüchteten in unser Land, unsere russischen Freunde in das ihre. Diese Russen aber haben mir geschadet: Ich lauschte ihnen, wie sie immerzu Ausreden suchten und fanden, wenn sie einen Überfall auf die Ungarn planten, und so begann auch mir vieles durch den Kopf zu gehen, ich erfand Vorwände, wenn auch andere als die Russen. Immer mehr zwang ich mich, an die Greuel und Gewalttaten zu denken, welche die Ungarn in meinem Dorf an uns Serben begangen hatten. Ich entsann mich aller Einzelheiten, auch der grausigsten, ich ließ mir gerne alle Missetaten und Verbrechen erzählen, die sie anderswo verübt hatten, und ich merkte mir das alles. Ich sagte zu mir und meinen Kameraden: «Wenn sie sich das erlauben durften und damit angefangen haben, dürfen wir es auch, wir werden ja sehen, wer gewinnt.» Doch ich wußte, und vor allem jetzt weiß ich, daß ich die Ungarn auch dann umgebracht hätte, wenn sie die Greuel in meinem Dorf nicht begangen und auch sonst nichts verbrochen hätten. Bis zum Ausbruch des Krieges hatte ich wirklich nicht geahnt, daß etwas Derartiges in mir steckte. Erst der Krieg brachte das an den Tag, und zwar so, daß ich nicht davon loskommen konnte. Auch ein Same würde nicht keimen, würde er nicht von der Sonne beschienen. So wäre auch die Saat in mir nie aufgegangen, wäre nicht der Krieg ausgebrochen. Doch hatte dies schon vorher unbewußt in mir geruht. Und was in unserem Dorf geschehen war, ließ mich nur erkennen, was zu tun meine Pflicht war.

Ich weiß, daß es Menschen gibt, die das, was ich getan habe, nicht begreifen und noch weniger gutheißen können. Ich weiß, es gab und gibt viele Serben, die nicht getan hätten, was ich tat, aber es gibt auch viele meinesgleichen. Ich bin fromm und kenne das Gebot: Du sollst nicht töten! Aber ich habe keine Gewissensbisse. Könnte ich leben, wenn ich sie hätte?

Doch jetzt wird mir klar: Während ich all das tat, hatte ich das Gefühl, nicht ich täte es, sondern ein anderer. Es gibt jemand oder etwas in mir, das mir befiehlt: Tu das oder jenes – und ich tue es. Und es ist, als täte eigentlich nicht ich es, nicht der, den ihr kennt und vor euch seht, den ich selbst kenne und sehe, sondern ein anderer, eine Gewalt, die weder gut noch böse ist und der ich nicht entrinnen kann. Es sind meine Hände, die das Messer halten und über die das warme Blut rinnt, und doch bin nicht ich es, nicht mein Bewußtsein, nicht mein Verstand. Oft habe ich zu mir gesagt: Was du tust, ist Sünde und Verbrechen. Aber es war, als redete ich nicht zu mir, sondern zu einem anderen, vielleicht zu dem, der mich lenkte. Wenn dadurch eine Sünde begangen wurde, hat er sie begangen, nicht ich.

Wenn ich allein bin, packt mich zuweilen das Grauen, und ich sehe schreckliche Szenen vor mir. Deshalb bin ich nicht gerne allein. Aber das ist ein widerwärtiges Grauen, Gewissensbisse sind es nicht! Und ich habe mich gezwungen, viele Greuel zu vergessen, nämlich jene, die ich angerichtet habe.

Doch eine meiner Taten ist mir noch heute im Gedächtnis, als hätte ich sie gestern begangen. Wir glaubten, die ganze Familie ausgerottet zu haben, da entdeckten wir im Stall einen Knaben. Er war acht, neun Jahre alt und hatte große schwarze Augen – sein ganzes Wesen, die Weisheit seiner Seele sprach aus ihnen. Mitar stieß ihm das Messer in die Schläfe, durchbohrte sie aber nicht. Das Gesicht des Knaben zuckte im Krampf, Blut und Tränen vermengten sich, er klammerte sich an meinen Arm: «Laß es nicht zu, Onkel», wimmerte er, und zu Mitar gewandt: «Nicht, Onkel, es tut mir weh!» Mir tat der Junge leid, aber ich schämte mich vor mir selbst und den anderen, Mitleid mit einem Ungarn zu haben, ich konnte ihm nicht helfen. Mit der Hand, die er gefaßt hielt, packte ich seinen Kopf, mit der anderen schnitt ich ihm die Kehle durch. Diesen Knaben und das, was wir ihm antaten, kann ich nicht vergessen. Auch jetzt tritt er nachts, während ich schlafe, aus den

Gefängniswänden auf mich zu, er späht durch das Gitter und verflucht mich. Auch wenn ich bete, stört er mich dabei! Aber auch diese Tat bereue ich nicht, ohne Greuel geht es bei solchen Unternehmungen nicht ab, ich ärgere mich nur über Mitar, daß er so ungeschickt auf ihn einstach und einen solchen Jammer verursachte.

Doch auch ich hatte genug vom Krieg, nicht um der Taten willen, die ich beging, begehen mußte – ich würde sie mein Leben lang begehen und dabei nicht müde werden. Nein, ich sehnte mich nach meinem Heim, meinem Dorf und einem ruhigen Leben.

1946 kehrten Mitar und ich in die Bačka auf unsere Anwesen zurück. Wir hatten gelobt, unseren Nachbarn János umzubringen, wenn wir ihn antreffen sollten. Doch nach unserer Heimkehr kamen Mitar Bedenken, als sei ein Ungar nicht auch im Frieden ein Ungar. Und er widmete sich seinem Land und seiner Familie. Ich hatte keine Lust zu arbeiten, obschon ich in Baja eine Frau und zwei kleine Kinder zurückgelassen hatte. Mit dieser Frau, einer Serbin, hatte ich gelebt, als ich mich in jener Gegend aufhielt. Ich sagte zu mir: Laß die Ungarn in Ruhe, jetzt ist Friede für sie und für dich, bring das Haus und das Grundstück in Ordnung, laß Frau und Kinder nachkommen. Doch vergebens – der Krieg zwischen mir und János war nicht zu Ende, auch die Arbeit ging mir nicht von der Hand.

Ich tötete János und schaffte seinen Leichnam beiseite. Die Behörden hatten Wind von dem bekommen, was ich und Mitar in Ungarn getrieben hatten, doch sie behelligten uns nicht. Das war während des Krieges in einem fremden Land geschehen, der Teufel selbst hätte nichts Genaueres herausgebracht. Auch der Mord an János wäre nicht ans Licht gekommen, selbst wenn jemand Mitar oder mich verdächtigte, gab es keine Beweise. Niemand rührte uns an. Ich ließ Frau und Kinder kommen, begann fleißig zu arbeiten und friedlich zu leben. Zwei Jahre vergingen, der Mord an János blieb unaufgeklärt. Dann ging man daran, landwirtschaftliche Genossenschaften zu gründen. Mitar und ich gerieten aneinander, er war für die Genossenschaft und die Behörden, ich dagegen. Ich hatte Mitar anvertraut, was ich getan hatte, denn ich erwartete alles andere eher, als daß er mich eines Ungarn wegen verraten würde. Doch er zeigte mich bei den Behörden an, die Zeit und die Umstände hatten uns beide zu Feinden gemacht. Ich wurde zu zwanzig Jahren verurteilt.

Zehn Jahre habe ich schon abgesessen, zehn sind noch übrig, wenn es nicht eine Amnestie gibt. Mein Leben, die Zeit, in welcher man etwas vom Leben hat, ist dahin. Jetzt bin ich ein alter Mann, gebrechlich und krank. Auch Mitar ist alt geworden.

Immerzu befürchte ich, einer von uns beiden könnte sterben, bevor ich wieder frei bin. Ich muß Mitar umbringen. Es ist mir nie in den Sinn gekommen, serbisches Blut zu vergießen, aber seines muß ich fließen sehen. Ich habe immerzu das Gefühl, er sei eigentlich kein Serbe. Wenn er einer gewesen ist, jetzt ist er keiner mehr. Mit ihm will ich abrechnen – das ist das letzte, was ich mir vom Leben noch wünsche.

*28. April bis 3. Mai 1959*
*Gefängnis in Sremska Mitrovica*

# Die Vernichtung der Hölle

*Für Matija Bechovic*

Hätte ich nur das Glück gehabt, das Bewußtsein nicht wiederzuerlangen! Dann hätten ihre Ärzte mich nicht noch länger quälen können, dieser Abschaum und Blutsauger Mićun hätte sich nicht an meinem Unglück weiden, nicht die Worte erlauschen können, die sich mir in meinem Fieberwahn, meiner Ohnmacht entrangen.

Ich betrüge mich selbst! Etwas anderes bedrückt mich, treibt mich zur Raserei ...

Auch Bewußtlosigkeit ist schlimm und gefährlich in Anwesenheit von Teufeln, wie Mićun einer ist. Seit Menschengedenken hat nicht gegolten, was ein Gefangener im Fieber phantasiert. Doch Mićun und seine Bande machen sich gerade derartiges zunutze! Kein Wunder! Den Verstand hat Gott den Menschen gegeben, und Leute wie Mićun achten weder Gott noch die Menschen. Sie leben von der menschlichen Dummheit und gedeihen dabei ...

Lausch nur, Mićun, lausch! Mich hast du gefangen, doch du wirst kein Wort von mir erlauschen. Denn ich weiß – ich kann nicht sagen, wieso und woher –, daß mich mein Verstand auch in der Bewußtlosigkeit nicht im Stich lassen wird. Das ist keinem der Meinen geschehen, es wird auch mir nicht geschehen. Gott wird wachen über meinen Verstand, den er mir gegeben hat, damit ich meine Helfer und Genossen nicht verrate ... So, nun habe ich meine Kampfgefährten Genossen genannt, wie sich auch Mićuns Banditen gegenseitig betiteln ... Sogar unsere schöne Sprache haben sie verunstaltet. O Gott, warum beherrsche ich keine andere Sprache, damit ich in ihr zumindest mit mir selbst sprechen könnte und mich nicht mit Worten zu beschmutzen brauchte, wie sie aus diesen Fressen kommen ...

Sei dem wie immer, ich sollte diesem Aas sagen: All eure Tücken und Unmenschlichkeit sind vergebens! Ich wollte niemand aus einem anderen Grund gesund machen, als um ihn dann seelisch zu zerbrechen und seinen Verstand zu umnebeln.

Doch mit alledem betrüge ich mich selbst. Mich quält, mich plagt etwas anderes als Feigheit und Verrat. Ich weiß etwas, was ich niemand anvertrauen darf, was ich nicht wissen möchte ...

Die Welt wird jetzt von Dämonen beherrscht. Ich bin wohl nicht mehr auf der Welt ... Ich bin gewiß in demselben Gefängnis, in dem ich unter den Serben war – damals, im Jahr neunzehnhunderteinundzwanzig, als ich das Freischärlertum aufgab und mich der Justiz stellte. War das einundzwanzig oder zwanzig? Einundzwanzig: Ein Jahr darauf kam mein Nikola zur Welt ... Wohin ist deine Jugend entschwunden, mein Sohn? Sie haben dich von mir fortgelockt, die Verbrecher! Deine Jugend hat dich zu ihnen gezogen, als sie nach Bosnien vertrieben wurden, die Verfluchten. Dort irgendwo ruhst du auch, ohne Grab und ohne Marmor. Nicht einmal sie wissen, wann und wo es dich ereilt hat, aber sie feiern dich – um deinen Vater als Verräter zu brandmarken!

Mir wird wirr im Kopf ... Doch das bedeutet nicht, daß mein Verstand die Wirklichkeit flieht, der er nicht entrinnen kann, nein, ich bin es, der ihn in die Flucht treibt ... Welches Ich? Wer bin ich? Wo bin ich? Wer ist stärker, als sein Verstand es ist? Ich ringe mit meinem Verstand, er darf nicht wissen, was er weiß ...

Die Welt bleibt sich gleich: dasselbe Gefängnis wie einundzwanzig ... Das gleiche Hallen der Gänge, das gleiche steinerne Deckengewölbe über meinem Kopf. Auch Doktor Glomazić ist derselbe, nur war er damals jung und ... Ja, damals war er für die Vereinigung mit Serbien, Gendarmen und Polizeibeamte tummelten sich um ihn. Jetzt ist auch er ein Gefangener und dienert vor einem Tölpel von der Miliz, der nicht einmal «bäh» sagen kann. Siehst du, Doktor, damals lagen wir uns Serbiens und Montenegros wegen in den Haaren, und Lumpenkerle wie Mićun mästeten und mehrten sich, und nun werfen sie uns beide in denselben Kerker. Jetzt könnten wir wie Menschen miteinander sprechen, Doktor, wenn sie es dir erlaubten und wenn ich mir vor ihnen die Blöße geben dürfte ...

Alles ist geblieben, wie es war, nur die Wärter tragen jetzt andere Uniformen. Ja, und ich liege in einem Lazarettbett. Sie haben mich nicht ins Krankenhaus gebracht, die Banditen, sondern meine Zelle zum Schein in einen Sanitätsraum verwandelt ... Sie wissen, was sie tun, anders als seinerzeit die serbischen Gendarmen, die sich nur aufs Schimpfen und Prügeln verstanden. Sie bieten mir alles, worauf ein Verwundeter oder Kranker Anspruch hat, aber sie haben mich in eine Zelle gesteckt, die in den Fels gehauen ist, wohin kein Lichtstrahl und kein Laut dringt ...

Doch ich zwinge mich zu solchen Gedanken, eigentlich ist es etwas anderes, das an mir zehrt, schlimmer als die Wunde, als der Tod beider Söhne, als der Untergang Montenegros und die Schmach Serbiens.

Jemand geht über den Gang ... Zwei sind es ... Sie unterhalten sich über irgend etwas. Ich verstehe nicht, was sie sagen, aber der eine ist Mićun, der andere Doktor Glomazić ... Sie flüstern vor der Tür miteinander. Werden sie hereinkommen? Warum wird eigentlich die Zelle immer abgeschlossen, ich kann mich ohnedies nicht von der Stelle rühren! Vorschrift! Mir ist, als drehe sich der Schlüssel nicht in diesem Schloß – es ist genauso eines wie jenes von neunzehnhundertzwanzig, unter dem Herrscher gab es wohl ein ebensolches – ja, auch mein Herrscher hat seine Gegner hier eingekerkert, niemals gab es Herrscher ohne Gefängnis, und nie wird es sie geben ...

Doch der Schlüssel dreht sich einmal, zweimal – ja, darauf wollte ich eigentlich hinaus: Es ist, als drehe sich der Schlüssel nicht im Schloß, sondern in meinem Kopf – er foltert und verwirrt meinen Verstand ...

Vielleicht könnte ich den Arzt täuschen – nicht täuschen, sondern prüfen. Das ist schwierig, Ärzte wissen viel – wenn Glomazić der ist, als der er sich gibt, ist vielleicht etwas Menschliches in ihm, er wird mir verraten, andeuten, in welcher Welt ich bin ...

Ich werde tun, als sei ich nicht bei Bewußtsein ... Vielleicht bin ich es wirklich nicht ... Vielleicht habe ich das Glück, von alledem in einer anderen Welt zu träumen ... In der Hölle ... Wenn schon, nur Mićun sollte nicht da sein! Der Teufel hat sich in Mićun verwandelt, hat den Arzt und die Zelle erdacht, um mich für meine Sünden mit unvorstellbaren Qualen zu foltern ... Denn sündig bin ich, das weiß ich genau. Ich habe Menschen getötet und gemartert. Gewiß, es war für Montenegro, für meine Hoffnung ...

Es sind keine Teufel, an ihren Füßen sind die Fersen nicht nach vorne gekehrt ... Aber das hat nichts zu sagen! Wenn der Teufel Mićuns Gestalt angenommen hat, hat er sich auch seine List zu eigen gemacht, um mich zu übertölpeln ...

Taste mich nur ab, horch mich nur ab, Doktor, soviel du magst! Du kannst dennoch nicht hören und erkennen, was in mir ist, das wissen nur ich und Mićun! Ich und Mićun! O Gott, habe ich eine furchtbare Strafe verdient: daß er sich im Leben, im Tod, in Ewigkeit an mich heften darf!

Jetzt erlausche ich ein Gespräch zwischen Doktor Glomazić und Mićun, doch ich stelle mich, als hörte ich nichts.

«Nun, was meinst du, Doktor? Ist er bei Bewußtsein?» fragt Mićun und reckt sich, schwarzhaarig und dunkelhäutig, wie er ist, gegürtet und in Stiefeln, zu seiner ganzen Höhe.

«Das ist schwer zu sagen», antwortet Glomazić und reibt seine Brille. Er ist blond und noch wohlgenährt, rot wie ein Säugling, doch unrasiert. Offenbar ist er auch ein wenig kurzatmig, denn er hüstelt, dann fährt er fort: «Seine Reflexe sind normal. Aber das besagt noch nicht, daß nicht eines der Nervenzentren geschädigt sein kann – die Sprache, das Gehör – ja, das Gehör – Vukota, hörst du mich? Ich bin Doktor Glomazić. Du kennst mich seit langem – warum sprichst du nicht?»

Ich werde so lange nicht sprechen, bis ich weiß, woran ich bin ...

Doktor Glomazić hat sich ihnen verkauft! Vielleicht nicht verkauft, sondern sich aus Angst gefügt. Die Angst ist eine furchtbare Himmelsmacht. Nicht zu Unrecht sagt man: Die Prügel stammen aus dem Paradies. Ich habe diese Gewalt niemals anerkannt und mich ihr auch nie gebeugt. Es wäre besser gewesen, ich hätte mich ihr gebeugt, dann wäre ich heute vielleicht nicht, wo ich bin, meine Söhne wären nicht gefallen – Nikola auf seiten der Kommunisten, Danilo mit meinen Soldaten –, noch hätte meine Tochter Miruna getan, was sie niemals ... Miruna, mein Nesthäkchen, hast du das getan? Nein, das kann, das will ich nicht glauben – ich kann nicht eher sterben, als bis ich Gewißheit habe ... Jetzt kann ich nicht verstehen, was sie sagen. Ich sehe nur Nebel und Blutbäche. Immer habe ich im Traum Blutbäche gesehen: Krieg und Aufruhr. Und unerträgliche, giftige Pein befällt mich, als hätte ich Tollkirschen gegessen. Oder aber es kommt von Mićuns Anwesenheit – ich weiß, daß er hier ist, doch ich höre und sehe ihn nicht mehr. Das Gift ist mir in die Eingeweide, ins Blut gedrungen ...

Jetzt höre und sehe ich sie wieder – ich höre besser, als ich sehe ...

«Das heißt», sagt Mićun, «er könnte gesund werden – vielleicht verstellt er sich! Warum stichst du ihn nicht in die Ohren, in die Zunge, Doktor, um festzustellen, ob er hören, ob er reden kann?»

«Die Sprach- und Gehörzentren sind nicht in der Zunge und nicht im Ohr. Augenscheinlich verliert er zeitweilig das Bewußtsein – er reagiert nicht. Der untere Teil seines Körpers ist gelähmt, völlig gelähmt. Die Bewegungszentren sind ernstlich verletzt. Weitere Untersuchungen werden notwendig sein ...»

«Zögern Sie es nicht hinaus, Doktor! Mir können Sie nichts weismachen, obschon ich mich auf eure medizinischen Tricks nicht allzugut verstehe. Für uns ist es unerläßlich – merken Sie sich's: unerläßlich! –, daß er gerettet wird, daß er zu sich kommt!»

Willst du mich foltern, Mićun, damit ich dir meine Gefährten verrate ...

«Er muß vor Gericht!» donnert Mićun. «Das Volk muß ihn sehen und aus seinem eigenen Mund hören, wie er mit der Besatzungsmacht zusammengearbeitet hat! Davon, ob Sie ihn gesund machen – alles weitere ist unsere Sache –, davon, wiederhole ich, wird auch unsere Nachsicht Ihnen gegenüber abhängen! Denn es ist nicht unsere Absicht, Sie zu vernichten. Mit Ihren Kenntnissen können Sie, trotz Ihrer schweren Vergehen, dem Volk dienen ...»

Wieder habe ich mich geirrt: Mičun will mich öffentlich zum Verbrecher stempeln. Das will er! Er trachtet mir nicht einmal nach dem Leben – er hätte mich schließlich umbringen können, als ich ihm ins Netz ging. Nicht um mich ist es ihm zu tun, sondern um das Volk! Das Volk soll mich als Feigling und Büßer sehen! Öffentlich will man meine Abkommen mit den Italienern verlesen und Zeugen über meinen angeblichen Verrat an Montenegro verhören! Das würde doch bedeuten, daß er kein Teufel ist und ich nicht in der Hölle bin! Oder ist das eine Falle Satans? Will er mich mit Mirunas Schandtat und Verrat peinigen? Alles ist so quälend und undurchsichtig ... Doch ich will hören, was der Doktor ihm erwidert. Er hüstelt schon wieder . . .

«Ich tue, was die Wissenschaft und meine langjährige medizinische Erfahrung mir gebieten. Im übrigen wissen Sie selbst recht gut, daß ich immer ein Gegner der montenegrinischen Separatisten war. Ihr Kommunisten steht mir heute näher. Ihr habt den Staat gerettet, für dessen Errichtung ich meine Jugend, für dessen Erhaltung ich mein Leben eingesetzt habe . . .»

«Ich weiß, ich weiß! Aber ich weiß auch, daß ihr uns haßt, ihr genauso wie sie. Warum soll ich Ihnen glauben. Ich will Beweise! Mich interessieren Taten, Taten und nicht Worte!»

«In diesem Sonderfall», verteidigt sich der Doktor schwach, «bin ich nur Arzt und nichts weiter . . .»

«Das ist es eben», herrscht Mićun ihn an, «daß Sie nicht nur Arzt sind, nicht das Recht haben, nur Arzt zu sein! Sie sind auch Sträfling, und was für einer! Ich habe nicht nur deshalb Sie an Stelle eines Arztes aus dem städtischen Krankenhaus beigezogen, weil ich wünsche, daß diese Affäre geheim bleibt, sondern auch, um Ihnen Gelegenheit zu geben, sich unserer Großmut würdig zu erweisen! Denn nur ein Narr glaubt leeren Worten. Taten, Taten sind notwendig, Doktor! Im übrigen haben Sie jetzt eine zweifache Chance: Sie können Ihren langjährigen Widersacher heilen und damit zeigen, daß Sie als Arzt unparteiisch sind, und Sie können uns davon überzeugen, daß Sie zumindest begonnen haben, sich von Ihren Irrtümern, Ihren Verfehlungen gegen das Volk und seinen Kampf loszusagen. Ist Ihnen nicht klar, daß Ihnen hier Gelegenheit geboten wird, Ihre Haut zu retten – das ist nicht so wichtig – und sich zu bessern – das ist enorm wichtig für Sie als Mensch und für uns als humane Volksmacht!»

«Sie haben mich in eine peinliche, unerträgliche Situation gebracht. Und wenn ich als Arzt nicht dazu in der Lage bin, wenn die Wissenschaft noch nicht soweit ist?»

Ich weiß nicht, wieviel Zeit vergangen ist, seitdem diese Bestie Mićun mit Doktor Glomazić bei mir war. Woher sollte ich es wissen? Ich fiel in Ohnmacht oder auch in tiefen Schlaf. Hier gibt es weder Tag noch Nacht, immerzu brennt die Glühlampe. Und nichts geschieht, woraus ich auf die Tageszeit schließen könnte oder darauf, wieviel Zeit verstrichen ist. Ich bin weniger erschöpft nach dieser Ohnmacht oder diesem traumlosen Schlaf.

Etwas Seltsames geht in mir vor, mein ganzes Leben zieht gedrängt an mir vorbei . . .

Die Kindheit, als ich im Gebirge Ziegen hütete, mich mit meinen vier Brüdern herzte und prügelte – zwei von ihnen starben an der spanischen Grippe, zwei sind bei Skadar gefallen. Meine Kindheit geht in die Jugendzeit über, als ich in Cetinje die Unteroffiziersschule besuchte. Es folgen die Hochzeit mit Stana, das Leben mit ihr, der Krieg gegen die Türken und gegen Östereich, die Illegalität unter der österreichischen Besatzung und nach der Vereinigung mit Serbien im Jahre neunzehnhundertachtzehn. Um den Verfolgungen durch die Gendarmen und die Befürworter der Vereinigung zu entgehen, floh ich nach Albanien und von dort nach Italien, nach Gaeta. Ich hoffte, dort meinen früheren König und Herrscher zu sehen, aber mich erwarteten nur Schmach und Elend. Die Italiener internierten uns in Baracken, steckten uns in ihre Uniformen und ließen uns zum Exerzieren antreten. Die Tochter unseres Herrschers, Jelena, war die Gemahlin ihres Königs, ich hatte geglaubt, die Leute dort würden uns wie Verwandte aufnehmen, aber sie bildeten uns zu ihrem Balkan-Kanonenfutter aus. Und als der Herrscher starb, schlossen sie Frieden mit Belgrad und ließen uns im Stich. Wir liefen auseinander wie eine Herde ohne Hüter, waren Bettler, Diener und Tagelöhner, um unser nacktes Leben zu fristen. Wir waren auf die Gnade Belgrads angewiesen, kehrten geschmäht und verbittert heim. Wieder gründete ich mir ein Zuhause, doch ich sehnte weiter die Unabhängigkeit Montenegros herbei. Dann kam der Krieg, die Macht Serbiens und der Staat Jugoslawien zerfielen wie ein morscher Holzklotz, an dem ein Stier seine Hörner wetzt. Die Italiener gaben die Macht uns, den Gegnern Serbiens. Auch einen Staat boten sie uns – ein jämmerlicher Staat war das, aber er nannte sich immerhin Montenegro. Ich dachte: Wenn nicht anders, mag der montenegrinische Staat eben auf diese Weise wiedererstehen, wenn die Zeit kommt, werden wir uns von Italien loslösen. Doch die Serben und die Kommunisten hatten die Jugend verdorben. Kaum hatten wir den montenegrinischen Staat proklamiert, entflammte in Montenegro der Aufstand. Die Italiener waren bestürzt darüber und gleichzeitig wütend auf uns, als hätten wir nicht auch selbst in der falschen Vorstellung gelebt, Montenegro sei noch jenes von einst – Montenegro, das heute in mir dahinsiecht und zugrunde geht. Was konnte ich, was konnten wir, die wir das Wiedererstehen Montenegros wünschten, anderes tun als uns mit den Italienern verbünden? Ich durchstöberte damals jeden Winkel nach Kommunisten, genau wie sie bis gestern nach mir fahndeten, doch sie waren schlauere Bestien, als ich eine bin, es glückte mir nicht, in ihrem Blut zu waten. Bald darauf begann das Gemetzel zwischen den Kommunisten und den Anhängern Serbiens, die Italiener kehrten den Spieß um und halfen den letzteren. So trog uns unsere Hoffnung auch damals. Für die einen waren wir Helfer der Besatzungsmacht, für die anderen Verräter an Serbien. Und mir ging es doch nur um meinen Glauben, um mein Montenegro! Um jenes Montenegro, das serbischer war als Serbien, das die Wiege des Serbentums war. Dann wurde auch Italien geschlagen. Die Deutschen kamen, doch für sie war Montenegro nur ein Haufen Steine, aus dem das rebellische, verhetzte Volk schoß. Unter ihnen lebte ich wie im Fieber, bis auch sie vertrieben wurden und die Kommunisten ans Ruder kamen. Jeder konnte sich auf irgend jemand stüzen oder irgendwohin fliehen – ich nur in die Nacht und in die Wildnis. Ich war schlimmer dran als ein Wolf, der hat zumindest eine Höhle mit der Wölfin und den Jungen darin. Die Quellen und Sträucher verwandelten sich in Spitzel und Fallen. Es ist die reinste Wahrheit: Einmal kreuzte ein Wolf mit einem Lamm im Rachen meinen Weg, ich nahm ihm die Beute ab . . . Als ich glaubte, die Kommunisten hätten meine Spur verloren und mich vergessen, suchte ich mir eine Bleibe unweit des Hauses meiner Tochter Miruna. Ich entdeckte in der Nähe eine tiefe Bodensenke, zu welcher man sich durch Gestrüpp und Geäst nur mit viel Geschick durchschlagen konnte. Nicht einmal Miruna kannte diese Höhle. Nicht einmal sie, obgleich es mir, Gott bewahre, niemals eingefallen wäre, mein Versteck vor ihr, meiner leiblichen Tochter, geheimzuhalten. Sie kannte nur den Platz, wohin sie mir nachts Essen brachte, und den Fußpfad, auf dem ich mich dorthin schlich. Dennoch haben sie mich gefaßt, als ich mich auf dem Weg zu Miruna über die unwegsamen Klippen stahl. Ich bin ein alter Gebirgswolf, meinen Ohren und Augen entgeht nichts . . . Wenn ich es recht bedenke: Sie wußten, daß ich nur aus dieser Richtung kommen konnte, um mich mit Miruna zu treffen, und dort stellten sie mir die Falle . . . Ich habe gewußt, daß sie mich eines Tages umbringen werden, aber daß sie mich fassen würden – zu diesem Triumph gedachte ich ihnen nie zu verhelfen. Ich hielt die Waffe stets schußbereit und kletterte über nahezu unpassierbare Steilhänge, wo sie mich nicht schnappen konnten. So war es auch damals. Mir war, als hätten sich die Sträucher und Dornen auf mich gestürzt, so gut waren sie versteckt, eins mit der Nacht und dem Erdboden. Doch ich wehrte mich mit aller Kraft – sie ist mir noch nicht abhanden gekommen, obgleich ich mit meinen sechzig und etlichen Jahren mehr Böses als Gutes erlebt habe – und stürzte mit zweien von ihnen den Abhang hinab. Ich weiß nicht, was dann geschah, ich kam in einem Lastauto zu mir . . . Oder war das schon die andere Welt, die Hölle?. . . Es schüttelte, als ginge es über wegloses Gelände – vielleicht erlangte ich gerade dadurch das Bewußtsein wieder. Ich hörte, wie neben mir die beiden mit mir Abgestürzten stöhnten. Mein Kopf schien nicht mir zu gehören, er war in tausend Stücke zersprungen, ich konnte ihn nicht wieder zusammensetzen. Einer rauchte, ich gewahrte auf den Bänken finstere Gesichter und Waffen. Durch das schmerzhafte Rütteln verlor ich abermals das Bewußtsein, und als ich zu mir kam, war es noch schlimmer. So gelangten wir auf die ebene Straße, und ich fand in einer Ohnmacht Ruhe. Dann, als man mich vom Wagen hob, kam ich wieder zu mir und hörte, wie Mićun – ja, ausgerechnet Mićun, ich kenne ihn von klein auf, er ist auf meinem Schoß aufgewachsen – zu jemand sagte: «Man muß ihr erklären, daß ihr Vater durch eigenes Verschulden abgestürzt ist. Man muß es ihr erklären – wir haben ihr versprochen, ihn unversehrt festzunehmen und ihm das Leben zu schenken. Im übrigen weiß sie, daß wir nicht nach seinem Leben trachten, sondern nach seiner Entlarvung vor dem Volk.» Das oder ähnliches sagte Mićun im Dunkeln zu irgend jemand, in der Meinung, ich sei nicht bei Bewußtsein. Mićun oder der Teufel ... Das oder ähnliches, Mićun oder der Teufel ...

Miruna, meine geliebte Tochter, meine einzige Tochter hat mich verraten! Deshalb flüchte ich in Erinnerungen – ich flüchte vor dieser Welt oder vor der Hölle ... Mein Verstand trügt mich gewiß, wahrscheinlich sind es Teufel, die mich auf diese Weise quälen ... Denn so etwas hat es in Montenegro noch nicht gegeben! Weshalb sollte sie das getan haben? Gibt es eine Gewalt, die sie dazu zwingen kann? Und sie hat doch keinen Grund, es zu tun. Ihr Mann ist in der Gefangenschaft gestorben – sie können ihr nichts antun, ihre Kinder sind noch klein, an Kindern vergreifen sie sich nicht. Brüder, deretwegen sie mich opfern würde, hat sie nicht mehr. Sie war ihrem Mann treu, sie ist sittsam, wie alle Frauen unseres Geschlechts. Sie hat sich mit keinem von denen eingelassen, hat auch nicht ihren Glauben angenommen, der Sünde und Rücksichtnahme nicht kennt und nicht anerkennt. Kann sich solche Tücke in einem Geschöpf Gottes verbergen? Wie soll ich es ertragen, wie es begreifen?

Ich werde sterben, das weiß ich. Aber nicht einmal sterben kann ich, solange ich keine Erklärung dafür habe, warum sie das getan hat ...

Vielleicht gibt es die Welt nicht mehr. Vielleicht hat Mićun, diese Verkörperung alles Bösen, oder sein Doppelgänger aus der Hölle, der Vollstrecker alles Bösen, dies absichtlich behauptet, um mich unermeßlichen Foltern zu unterwerfen? Vielleicht bin ich gar nicht mehr am Leben, sondern er führt in der Hölle meine Seele in Versuchung.

Barmherziger Gott, gib, daß sich das alles in der Hölle abspielt!

Wieder sind Mićun und Doktor Glomazič hereingekommen, um mich zu untersuchen und zu betasten. Wieder streiten sie um meine Seele, mein Leben ...

Mögen sie streiten, soviel sie wollen – ich weiß, was ich nicht wissen dürfte ...

Ihr Feilschen und Zanken hat sich länger hingezogen, eine halbe Stunde vielleicht, dann hat der Wärter den Mićun gerufen, und dieser ist rasch hinausgegangen. Der Wärter hat, an einen Pfosten gelehnt, auf dem Gang gestanden und mit einem Frauenzimmer geschwatzt, sicher war es eines ihrer Weiber mit kurzen Haaren und in Hosen. Ich werde versuchen, den Doktor auf die Probe zu stellen. Ist er ein Teufel, muß er sich vor dem heiligen Kreuz zu erkennen geben, ist er der, als der er sich ausgibt, kann er nicht ohne Menschlichkeit sein. Doch ich muß es geschickt und vorsichtig anstellen. Selbst wenn er nicht aus Satans Geschlecht ist, ist er der Barmherzigkeit des Unbarmherzigen anheimgegeben ...

«Wer bist du, ein Mensch oder ein Teufel?»

«Wie schön! Du hast das Bewußtsein erlangt, hast endlich gesprochen! Kennst du mich nicht mehr, Vukota? Ich bin Doktor Glomazić, wir sind alte Bekannte.»

«Ich erinnere mich an Doktor Glomazić, ich kenne ihn gut, wir haben uns lange Zeit bekämpft. Aber ich bezweifle, daß du dieser Doktor bist! Ich bezweifle auch, daß ich der bin, der ich war. Wo bin ich? Wer bist du? Bin ich am Leben, oder bin ich schon in der anderen Welt?»

«Du bist am Leben, Vukota. Du hörst, du siehst ...»

«Ich weiß! Aber ich weiß von meinen Ahnen um die Hölle wie um die Welt. Vielleicht hast du dich in den Teufel oder der Teufel hat sich in dich verwandelt.»

«Ich kann dich verstehen. Du warst lange Zeit im Wald, und dann diese Verwundung und die Bewußtlosigkeit. Aber es steht dir nicht an, dich zu verstellen. Du warst doch ein vernünftiger Mensch! Und ich kann dir beweisen, daß du in dieser und nicht in jener Welt bist. Aber warum soll ich mich mit dir abplagen? Glaub, was du willst! Du warst immer dickköpfig und eigenwillig.»

«Das bin ich allerdings. Aber willst vielleicht auch du mich umerziehen, Doktor? Wenn du ein Mensch bist, der du auch als mein Gegner warst, sag mir, was mit mir geschehen ist und wo ich bin!»

«Das ist nicht meine Aufgabe, das kann ich dir nicht erklären. Meine Aufgabe ist es, dich zu pflegen und – hoffentlich – zu heilen. Welcher Teil des Kopfes tut dir weh? Aha, dieser! Verschwimmt dir alles vor den Augen? Zuweilen? Und die Ränder der Gegenstände zittern? Gut. Spürst du es, Vukota, wenn ich deine Beine berühre? Nein. Die Bewegungsnervenzentren ...»

«Das bekümmert mich nicht im geringsten! Sag mir vielmehr, Doktor, ich beschwöre dich bei deinen und meinen Leiden ...»

«Sei nicht albern, Vukota! Du kannst dir selbst ausrechnen, wo du bist. Gibt man dir zu trinken? Ja. Gibt man dir zu essen? Ja. Könnte deine Seele in der Hölle Nahrung aufnehmen? Und warum sollten Teufel sich bemühen, dich gesundzupflegen? Was für einen Zweck hätte das? Sieh her, ich bekreuzige mich. Würde ein Teufel das tun? Der Amtsleiter Mićun wird es nicht tun. Er ist Atheist. Ich aber tue es, ich bin Christ wie du, obschon ich nicht viel auf Kirchen und Pfaffen gebe. Und auch du kannst dich bekreuzigen. Bin ich noch da? Nun siehst du. Auch dein Verstand ist heil. Hör zu, das wissen nur du und ich in diesem Raum: Wer war im Jahr zwanzig, als du in diesem Gefängnis warst, der Wärter?»

«Der Wachtmeister Popović, Fluch seinen Gebeinen!»

Unser Gespräch wird unterbrochen. Mićun tritt ein, geschniegelt, gestriegelt und gegürtet. Aber das Gespräch mit dem Doktor hat mir gezeigt, daß meine Gedanken nicht wirr sind. Ich habe geahnt, wo ich bin und was mit mir geschehen ist. Ich habe nur befürchtet, ich hätte Träume und Erinnerungen durcheinandergebracht. Ich habe mich selbst belogen in der leeren Hoffnung, es sei nicht geschehen, was in Wahrheit doch geschehen ist, ich wisse nicht, was ich in Wirklichkeit doch weiß ... Ich habe geahnt, daß Miruna mich verraten hat, nur sie hat gewußt, wann und woher ich zu kommen pflegte! Ich habe es sofort vermutet, als man mich festnahm. Ich habe es vermutet und mir eingeredet: nein, nein, nein! Denn wer könnte sich so etwas vorstellen: die eigene Tochter! Jede Zeit hat ihr Schlechtes, aber dies ist Schlechtes außerhalb der Zeiten, das Schlechteste alles Schlechten ... Und die Welt steht wie zuvor! Die Menschen sind dieselben, die sie waren.

Wenn ich wenigstens den Wunsch hätte, mich an ihr zu rächen, ihr Blut fließen zu sehen! Aber ich habe zu nichts mehr Kraft. Gelähmt, gefangen, Kopf und Verstand durcheinander ... In den Abgrund müßte man sie stoßen, damit die Geier sie fressen, wie es die Montenegriner seit alters mit Gottlosen getan haben!

In all meinem Unglück fasse ich heimlich einen Entschluß: Ich werde ihr die Nase abbeißen und sie brandmarken, wie man es in Montenegro seit je mit schamlosen Weibern getan hat. Sollen die Leute mit Fingern auf sie zeigen, solange sie lebt!

«Ja, sein Zustand bessert sich merklich», erklärte der Doktor eifrig, zu Mićun gewandt. «Wir haben schon miteinander gesprochen.»

«Ja, ich habe beim Hereinkommen etwas gehört. Worüber habt ihr denn gesprochen?» erkundigte sich Mićun.

«Über nichts von Bedeutung. Ich habe sein Gedächtnis und seine Kombinationsfähigkeit geprüft. Wir haben uns zum Beispiel über den Krieg gegen Österreich unterhalten.»

«Gut, Doktor, gehen Sie einen Augenblick hinaus.»

Jetzt sind wir allein, ich und Mićun. Er geht in der Zelle auf und ab. Dann steckt er sich eine Zigarette an und hält auch mir eine hin. Doch ich lehne ab. Zerschlagen, wie ich bin, könnte ich mir den Schnurrbart versengen und mich seinem Spott aussetzen, und außerdem lasse ich mich nicht auf solche Art nachgiebig stimmen, wie ihm das bei anderen gelungen ist.

«Wie du willst. Wenn du magst, kannst du rauchen», bemerkt Mićun mit ätzender Gleichgültigkeit. «Wichtig ist etwas anderes: Du siehst, wir sind nicht solche Unmenschen, wie du es dir vorgestellt hast. Wir pflegen dich, wir wollen dich retten!»

«Möge der liebe Gott euch so retten!»

Mićun lächelt ironisch über meinen doppelsinnigen Einwurf – Verwünschung und Segensspruch – und fährt fort:

«Du denkst, ich hätte dich vergessen – ich schäme mich, daß es nicht so ist, nun weißt du's! Du denkst, ich hätte vergessen, daß du mich auf den Schoß genommen, mir Heldensagen erzählt und mich zu dir aufs Pferd gesetzt hast. Ich habe in dir einen zweiten Vater gesehen, dein Nikola war für mich während des Studiums und des Kampfes gleich einem leiblichen Bruder. Du und mein Vater, ihr wart Klassengenossen aus zwei benachbarten Dörfern. Ihr wart gute Freunde, ich kann das nur bestätigen, obgleich mein Vater – weil er mein Vater war – in einem Konzentrationslager umgekommen ist. Du bist deine eigenen Wege gegangen und hast es zum Feind des Volkes und zum Lakaien der Besatzungsmacht gebracht. Ja, ein Feind und ein Lakai! Denn was könnte ein Feind anderes sein als ein Lakai, ein Lakai anderes als ein Feind? Gerade deshalb würde ich mich an dir mit größerem Genuß rächen als an sonst jemand. Aber die Partei lehrt uns und hat mich gelehrt, daß unser Ziel nicht die Rache sein kann, sondern die Umerziehung des Menschen. Dich trifft insofern nicht die ganze Schuld, als du in einer schlechten Welt geboren bist. Diese Welt gibt es nicht mehr, deine Schuld ist geblieben. Von deiner Einsicht, deiner Haltung hängt es ab, wie hoch die Strafe bemessen wird.»

Er bleibt stehen und wartet auf meine Antwort, oder er will sehen, wie seine Worte auf mich wirken. Ich denke mir das Meine und verrate meine Absichten nicht. Ich werde ihn hintergehen, trotz allem . . .

«Ich erkannte selbst, daß die Italiener nicht um unser Wohl besorgt waren, sondern um das ihre. Ich weiß seit langem, daß mein Montenegro untergegangen ist. Ich mußte in die Berge fliehen, um meine Haut zu retten. Aber zermürbt und zerschunden, wie ich bin, kann ich nicht von heute auf morgen umdenken.»

«Nun siehst du, das klingt schon besser. Wir werden dir helfen, aber du darfst gegen dich selbst nicht nachsichtig sein. Alles ist ehrenvoll und heldenhaft, was dem Volk und seinem Kampf dient. Nimm dir ein Beispiel an uns Kommunisten – wir sind gegen uns selbst und die Unseren am wenigsten nachsichtig. Denk selbst darüber nach, wir wollen dich zu nichts zwingen. Von deiner Haltung – nicht hier im Gefängnis und uns gegenüber, sondern vor dem Volk und für das Volk – wird alles abhängen. Deine Zeit ist um, das erkennst du selbst. Das Volk, die neuen Generationen, auch deine Tochter und ihre Kinder, dein eigen Fleisch und Blut, sie müssen leben. Du bleibst in Haft, solange es notwendig ist, dann lassen wir dich frei. Das Leben kann für dich noch schön werden . . . Doktor Glomazić wird dich betreuen, er ist ein Schuldiger, aber gegen ihn als Arzt ist nichts einzuwenden. Auch ich werde nach dir sehen. Du kannst mich auch jederzeit rufen lassen. Wir sind nicht wie die jugoslawische Polizei von einst, uns interessieren vor allem die Menschen, wir finden immer Zeit, einem Menschen auf den rechten Weg zu helfen . . .»

«Ich habe kein Recht auf irgend etwas! Aber ich möchte dich um etwas bitten: Darf ich Miruna sehen?»

«Miruna! Und weshalb?»

«Ich habe niemand als sie. Ich möchte mit ihr sprechen. Vielleicht muß ich sterben, ich möchte von ihr Abschied nehmen . . .»

«Sie ist hier, sie bettelt und fleht, dich sehen zu dürfen, aber bisher haben wir es ihr nicht erlaubt. Häftlinge, deren Einvernahme nicht abgeschlossen ist, dürfen nur in Ausnahmefällen Besuch empfangen. In Ausnahmefällen! Du bist schwerer Verbrechen angeklagt, aber da sie an alledem nicht beteiligt war und du selbst einzusehen beginnst . . .»

Mićun entfernt sich. Ich warte, warte – mit meinen Racheplänen.

Da ist Miruna, es ging schneller, als ich dachte, gerade als hätten sie sie für alle Fälle bereitgehalten, die Hündin. Ich erschrecke, denn ich merke, daß sie mir noch nie so ähnlich gesehen hat wie heute: schwarzes Haar, dunkles Gesicht, grüne schlangengleiche Augen. Still und starr steht sie vor mir, und das bestätigt mir, was ich schon weiß.

«Komm her zu mir, Tochter», sage ich.

«Vater, man hat dich mißhandelt?» schreckt sie aus ihren Gedanken und sinkt ohne Tränen, ohne einen Klagelaut zitternd an meine Brust.

Ich umfasse sie mit dem linken Arm, als sei er aus Eisen, und feuere flüsternd meine Worte wie Kugeln auf sie ab: «Du hast mich verraten! Den eigenen Vater, Verdammte!»

Ich schicke mich an, meine Absicht auszuführen und ihr die Nase abzubeißen. Doch sie flüstert schluchzend: «Ja, Vater! Was hätte ich sonst tun können? Man hat mir versprochen, dir kein Leid zu tun, und nun dies! Ich habe gedacht, deine Zeit ist um, und wir müssen irgendwie weiterleben . . . Verzeih mir, Vater! Verzeih deinem Fleisch und Blut um meiner toten Brüder willen, um unsertwillen, um meiner Kinder willen . . .»

Kann man Verrat verzeihen, Verrat am eigenen Vater? Kann Verzeihung eine derartige Schuld tilgen? Aber hier gibt es nichts zu verzeihen. Sie ist, was sie ist, was sie sein muß in einer Welt, in der es für mich keinen Platz gibt . . . Ich lasse ab von ihr, soll sie sich an meiner Schulter ausweinen und gleichzeitig meinen andern Arm so lange verdecken, bis ich den Verband heruntergerissen und meine Nägel in meinen Schädel, in mein Hirn gegraben habe . . .

So, ja, so . . .

«Weine nur, Tochter, weine dich aus. Ich aber . . .»

Jetzt bin ich mit der Hand an der Wunde – die zersplitterten Knochen geben nach und knirschen. Einen Augenblick noch, dann werden sich die Knochensplitter und meine Nägel in mein Gehirn, meinen Verstand, meine Erinnerungen, mein Leben bohren. Schmerzen, Dunstschleier. Süße Ohnmacht! Sie haben, scheint's, gemerkt, daß ich an meinem Kopf herumnestele. Mićun schreit, ruft die Wärter, den Arzt ... Mićun hat recht, es gibt keine Hölle. Es gibt bloß die Welt, in der Mićun allmächtig ist – eine grauenhafte Welt ohne Hölle und ohne Satan.

«Weine, Tochter! Erleichtere dein Herz, mein armes Kind! Es gibt nur diese Welt und die Menschen. Die Menschen ...»

*Januar 1970*

# Der gefangene Adler

Alle im Dorf kannten den Doktor und den Adler. Den einen liebten, den andern fürchteten sie. Nichts verband die beiden, denn der Doktor war ein Mensch, und zwischen Adlern und Menschen gibt es bekanntlich nichts Gemeinsames.

Der Adler war ein echter Adler, höchstwahrscheinlich ein Weibchen. Er kannte keine Furcht und griff an, ohne sich viel um Geschrei oder Schüsse zu kümmern. Er konnte es sich nicht leisten, Furcht zu haben, denn dann wäre ihm die Beute entwischt, und er mußte sie den Menschen vor der Nase wegschnappen, um seine Jungen zu ernähren. Sicherlich hatte er Junge irgendwo auf den steilen Höhen über der Schlucht, aus der er immer wieder auftauchte und in welche er mit seiner Beute entschwand. Das Dorf lag am Fuße eines kahlen, steinigen Gebirges, und nur hier konnte der Adler stets Nahrung finden. Das hatte er von seinen Vorfahren erlernt, und wenn er über den Bergen kreiste und, nachdem er sein furchterregendes Krächzen ausgestoßen hatte, nichts Lebendes sich regen sah, bog er zum Dorf ab. Dort krabbelte immer Geflügel, stumm erkor er seine Beute und stürzte sich aus der Höhe unsichtbar und unhörbar auf sie herab.

Auch der Doktor fürchtete sich nicht, weder vor Menschen noch vor wilden Tieren, auch nachts nicht. Vor den Behörden hatte er keine Angst, denn er war ein Rebell, und als Atheist zitterte er auch nicht vor Gott und dunklen Gewalten. Und obgleich er eigentlich noch kein Arzt war – er stand vor dem Abschluß des Medizinstudiums –, nannten alle ihn den Doktor, er selbst verhielt sich, als sei er einer, und gewährte den Bauern ärztlichen Beistand. Diese liebten ihn, denn er betreute sie kostenlos und war nicht eingebildet, er plauderte mit den alten Männern, scherzte mit den alten Frauen und spielte mit den Kindern.

Eines Tages gelang es dem Doktor, den Adler zu fangen. Die Nachricht machte noch am selben Abend die Runde im ganzen Dorf, und in den Vorstellungen und Erinnerungen der Menschen gehörten die beiden zusammen.

Das Haus des Doktors stand einsam unter dem Berghang, und der Adler hatte es auf das Geflügel rings um das Haus abgesehen. Oft und oft verwünschte ihn die Mutter des Doktors. Er trug ihre beste Bruthenne davon, so daß die Küken nicht ausgebrütet wurden. Als der Doktor ihn fing, posaunte die Mutter die Neuigkeit im Dorf aus, und die Leute freuten sich und lobten den Doktor. Dieser hatte das Lob verdient, denn er hatte das Dorf von dem Plagegeist befreit, vor allem aber hatte er dabei Mut und Geistesgegenwart bewiesen. Der Adler hatte sich nämlich auf eine Hühnerschar gestürzt und seine Krallen in eine Henne gegraben, diese aber wehrte sich, flatterte ins Haus und zerrte den Adler hinter sich her. Auch die anderen Hühner stoben ins Haus und flatterten um den Herd. Der Doktor eilte aus seinem Zimmer herbei, schlug die Haustür zu und warf sich auf den Adler, der, zwischen die Möbel gezwängt, die Schwingen nicht ausbreiten konnte. Er hieb den Doktor mit dem Schnabel in den Arm und in die Hand, doch dieser überwältigte und fesselte ihn.

Alle erwarteten, daß der Doktor den Adler sofort töten würde, wie es jeder andere im Dorf getan hätte. Der Doktor aber sperrte den gefesselten Vogel über Nacht in den Schuppen. Die Bauern waren besorgt: Der Doktor, dieser Ungläubige, könnte am Ende den Adler wieder freilassen. Der gelehrte Doktor aber wollte gründlich überlegen, bevor er entschied, wie er sich an dem Adler rächen werde.

Am nächsten Morgen führte er aus, was er nachts ausgeklügelt hatte. Er stach dem Adler mit einer glühenden Nadel die Augen aus, band ihn los und setzte ihn im umzäunten Garten aus. Der bezwungene Adler verhielt sich still bis zur ersten nachmittäglichen Brise. Dann erwachte etwas in ihm – es war die Tageszeit, zu welcher ihn sonst die Hirten aus der Schlucht hervorbrechen sahen –, und er tappte vorsichtig umher. Doch ringsum stieß er gegen den Zaun. Da er keinen Fluchtweg fand, blieb er mit hängendem Kopf stehen, Blut und Wasser rannen aus seinen Augen auf den krummen, kräftigen Schnabel. Die Bauern höhnten ihn, die Kinder kletterten auf den Zaun und stachen ihn mit Reisern, doch ihn kümmerte all das nicht, er war verloren in einer Dunkelheit, von der er nichts geahnt hatte. Plötzlich tat er einen Sprung und breitete die Schwingen aus. Es waren die gewaltigen, herrlichen Schwingen eines echten Kreuzadlers, mit weißen Federn in der Mitte, Laub und Gras zitterten unter ihrem Schlag. Er wäre tatsächlich weggeflogen, doch er prallte gegen die Äste des Pflaumenbaums, verfing sich darin. Federn stoben umher, er fiel wie leblos mit einem dumpfen Aufschlag zu Boden.

Ich fragte mich: Wohin will er den fliegen, da doch für ihn nunmehr überall Finsternis herrscht? Doch er versuchte es hartnäckig immer wieder, bis er erschöpft und zerrupft umsank.

Die Bauen äußerten Besorgnis, daß der Adler tatsächlich davonfliegen und auch geblendet noch auf irgendeine Weise Schaden anrichten könnte. Doch der Doktor erklärte: «Der Adler hat Augen, die vergrößern, aus der Höhe sieht er selbst das winzigste Detail. Wenn er eine Beute anpeilt, stürzt er sich mit angezogenen Schwingen aus der Höhe auf sie, sein Ziel wird in seiner Sicht immer kleiner, und in dem Augenblick, da er es erreicht, nimmt es seine wirkliche Größe an. Die Augen sind für ihn das wichtigste – ohne sie ist er hilflos.»

Die Bauern ließen sich überzeugen, daß der Adler ohne Augen ungefährlich sei, und bewunderten den Doktor aufs neue: ein Gelehrter, er versteht seine Sache und hat es dem Vogel nach Gebühr gegeben. Endlich konnten sie aufatmen.

Der Adler siechte noch einige Tage im Garten dahin, aber nur die Hühner interessierten sich für ihn, zuerst aus sicherer Entfernung, dann wurden sie mutiger und peckten ihn. Der Adler versuchte weder wegzufliegen noch sich zu wehren. Vielleicht hätten die Hühner ihm schließlich den Rest gegeben, wäre dem Großvater des Doktors nicht die Idee gekommen, der Adler sei noch zu etwas nütze. Er hielt ihn an den gewaltigen, kraftlos nachschleifenden Schwingen fest, drückte seinen Kopf auf einen Holzklotz und hieb ihn mit einem Beilschlag ab. Der Rumpf des Adlers zuckte, bevor er still liegenblieb, und der Alte sagte: «Seine Flügel sind zäh, man kann mit ihnen Asche und Mehl fegen, so sind sie wenigstens zu etwas nütze.»

Mir, dem Knaben, schienen in diesem Augenblick Himmel und Erde in Finsternis und Blut zu versinken.

*23. April 1959*
*Gefängnis in Sremska Mitrovica*

# Der Hinterhalt

Der Hauptmann wußte, daß er beobachtet wurde. Das war nicht nur eine Vermutung und das Wissen um unbeglichene Rechnungen aus der Zeit, da er die Guerillakämpfer verfolgt und ihre Häuser zerstört hatte: Es gab tagtäglich untrügliche Anzeichen hierfür.

Immer häufiger wurden die Nächte, in denen Garov laut und tief anschlug, womit er ankündigte, daß Menschen und nicht Tiere um das Haus strichen. Stets klang sein Gebell anfangs zögernd und besorgt, dann wurde es wilder und anhaltender: Er rang förmlich nach Luft. Das bewies, daß die ungebetenen Gäste sich näher und näher heranschlichen, wenngleich sie sich niemals zu erkennen gaben oder an die Tür pochten.

Des Hauptmanns Haus stand vereinzelt auf dem Landbesitz, und der Hauptmann selbst hielt gerne Abstand zwischen sich und den einfachen Bauern. Eigentlich war es eine zweigeschossige Burg, ganz aus Stein. Er hatte sie fest gebaut zu der Zeit, als man sich nicht nur gegen Blutrache, sondern auch gegen Angreifer von jenseits der Grenze sichern mußte. In einer jener vom Gebell des Hundes erfüllten Nächte prallten Steine und Knüppel gegen die Mauern, der Hauptmann und seine Frau hörten, aus dem Schlaf geschreckt und beunruhigt, wie vor der Schwelle unter menschlichen Füßen losgelöste Steine kollerten und morsche Zweige knackten. Der Hauptmann griff nach seinem Gewehr und stieß leise einen Fensterladen auf, seine Frau, ebenso mutig wie sorgenvoll, schrie mit schriller, ihr selbst unbekannter Stimme: «Wer seid ihr? Warum schleicht ihr nachts um das Haus und zeigt euch nicht?» Aber vor dem Haus war nur Garov zu hören, der wild an seiner Kette zerrte, und von der linken Hausecke her das metallische Rascheln der Buchenzweige. Die Unbekannten verschwanden in der Nacht wie Diebe. Am nächsten Tag durchsuchten die beiden Söhne des Hauptmanns, als sie die Kühe auf die Weide trieben, die Umgebung. An der Böschung, an der Grenze zwischen Wald und Wiese, fanden sie im niedergetretenen Gras Zigarettenstummel, Käse- und Brotrinden, die von den Ameisen noch nicht davongezerrt worden waren. Hier hatte man dem Hauptmann aufgelauert in der Hoffnung, er werde zum Mähen auf die Wiese kommen.

Am auffallendsten jedoch war das Verhalten der Bauern, besonders jener, die verdächtigt wurden, die Guerillas zu unterstützen. Sie begegneten dem Hauptmann schweigend und, wie ihm schien, mit unterdrücktem, doch unverkennbarem Staunen darüber, daß er noch lebte. Und der invalide Fähnrich, ein ungeschliffener und geradliniger Mensch, der seine Sympathie für die Guerillas nicht verhehlte, dem Hauptmann aber Dank schuldete, weil dieser in ihm den Helden und Dorfgenossen gesehen und deshalb zur Zeit der Rebellion sein Haus und Leben geschont hatte – der Fähnrich also rief ihm zu: «Nimm dich in acht – die Zeit ist wölfisch, und die Berge sind dicht bewaldet.»

Der Hauptmann konnte nicht damit rechnen, daß die Gendarmen aus dem Nachbardorf ihn schützen würden, denn obgleich er seinerzeit die Guerillas verfolgt hatte, war er jetzt selbst unzufrieden. Das neue Regime enttäuschte ihn, es entsprach nicht seinen Idealen und Wünschen. Wegen seiner kritischen Einstellung war er zuerst aus seinem Heimatort versetzt und dann pensioniert worden, wobei man ihm, zum Trost gewissermaßen, einen Orden und einen höheren Rang verliehen hatte. Nach der Rückkehr in seinen Heimatort fand er weder auf der einen noch auf der andern Seite Freunde. Mit den noch nicht niedergemachten Guerillas stand er in Blutfehde, die herrschende Partei traute ihm nicht, er war ihr Gegner. Er konnte sich nur auf seine eigene Umsicht und Geistesgegenwart verlassen. Er hatte schon viel Schlimmes überstanden, und obgleich ein Fünfziger, war er lebhaft und wendig wie ein Jüngling.

Doch restlos vertrauen konnte er niemandem als seiner Frau. Selbst wenn er nicht ein Fremder gewesen wäre, der in dieser Gegend weder Brüder noch Vettern hatte, wäre es ihm nicht anders ergangen. Auch seinem nächsten und einzigen Nachbarn, dem Müller, traute er nicht, um so weniger, da er von früher her wußte, daß dieser für die Gendarmen spionierte, und wer die einen verrät, verrät auch die anderen. Zudem gelüstete es den Müller nach der Wiese des Hauptmanns, die neben dem Bach lag, und vielleicht ahnte er etwas von der Liebschaft seiner lebhaften, hübschen blonden Frau mit dem Hauptmann.

Es wäre dem Hauptmann nicht schwergefallen, sich vorzusehen, sich in seine feste Burg einzuschließen, hätte er nicht den Vorwurf der Feigheit gefürchtet und nicht im Dorf seine Pension beheben und Besorgungen erledigen müssen. Dennoch entging er den Fallen und meisterte die Schwierigkeiten, und niemand außer seiner Frau merkte ihm etwas an.

Tagsüber blieb er zumeist im Haus, und wenn er es verlassen mußte, mied er ungeschützte Plätze, den Garten und die Wiesen. Nachts ging er nur aus, wenn Garov in seiner Hundehütte still vor sich hindöste. Er versetzte sich an die Stelle der Guerillakämpfer, und da er annahm, daß auch sie ihre Taktik der seinen anpaßten, ging er ins Dorf oder in die Stadt, wenn niemand es erwartete, mit geschultertem Gewehr und möglichst ruhigem Schritt. Sobald er den Wald erreicht hatte, verließ er den Pfad und wanderte über wegloses Gelände mit geschärften Sinnen, die Hand am Abzug des Gewehrs. Stets kehrte er nachts heim, stahl sich unbemerkt an das eigene Haus heran und betrat es erst dann, wenn seine Frau sich gemeldet hatte.

Schon vorgestern war dem Hauptmann über den Müller eine Vorladung der Gemeinde zugekommen, und an diesem Morgen mußte er sich auf den Weg machen. Von seiner Frau begleitet, die wie zufällig mit ihrem Körper seinen Rücken zum Dickicht hin deckte, durchquerte er schnell den Garten und blieb oben am Steilhang stehen. Etwa hundert Meter weiter unten schillerte der Bach, der aus der dunklen Schlucht in einen zwei-, dreihundert Meter breiten und um eine Spur längeren Hain hervorbrach, sich durch grünes Erlen- und Weidendickicht einen Weg bahnte und dann wiederum in eine Klamm schlüpfte, wie eine Schlange unter einen Stein. Hier, an der rechten Seite des Baches, lag die frisch gemähte Wiese des Hauptmannes, jenseits schimmerte bläulich des Müllers Kartoffelacker, darüber leuchtete weiß das ebenerdige Müllerhaus.

Zwanzig Meter oberhalb des Müllerhauses stand die Mühle, ein grauer Vogel, durstig über den Bach geneigt. Vor dem Haus war der Müller zu sehen, wie er sich an etwas Weißem zu schaffen machte. Seine Nebenarbeit war die Herstellung von Holzgeschirr. Der Hauptmann blickte über das Tal hin. Das Erlengehölz zwischen der Wiese und dem Bach war dicht und unübersichtlich, und eben dieses mußte er passieren. Er entschloß sich blitzschnell, nicht den Weg längs des Baches zu nehmen, sondern sich nahe der Wiese durch das Gehölz an die kleine Brücke heranzupirschen, die etwa hundert Meter von der Mühle weg stromaufwärts lag. Auf diese Weise würde er, genau wie in der Nacht, im Dickicht lauernden Verfolgern ebenbürtig sein. Sie müßten sich ihm offen stellen und könnten auch nicht direkt auf ihn zielen.

«Leb wohl», rief er seiner Frau zu und ging. Doch sie hockte sich am Rande des Steilhangs hin. Schwarzgekleidet, vornübergebeugt, dabei von Natur aus hochgewachsen und bleich, erinnerte sie ihren Mann, der sich nach ihr umwandte, an einen Vogel, der Unglück bringt: eine Krähe oder einen Raben. «Warum gehst du nicht? Worauf wartest du?» fragte er gereizt. «Ach, auf gar nichts», antwortete sie friedfertig, «ich schaue nur, ob du wohlbehalten das Dorf erreichst.»

Der Hauptmann lächelte vor sich hin: «Sie ist mir treu!» Und gewohnheitsmäßig, nach außen hin unbekümmert, legte er das Gewehr über beide Schultern, die eine Hand am Lauf, die andere am Kolben.

Doch seine Frau wußte, daß diese Unbekümmertheit gespielt war. Sie sah, wie er, beim Dickicht angelangt, das Gewehr von den Schultern nahm, den Lauf nach vorne richtete wie einen glänzenden Dolch und spähend, tastend sich einen Weg durch den Erlenhain bahnte.

Auf dem Heimweg stand der Hauptmann urplötzlich vor dem Haus des Müllers, wie vom Mondlicht hingezaubert. Der Hof des Hauses und das Dach der Mühle waren von bläulichem Licht überflutet, während jenseits des Baches alles im Dunkeln lag.

Der Müller saß auf der Schwelle seines Hauses mit aufgeknöpftem Hemd, barfüßig, in schmutzigen Leinenunterhosen, als sei er im Begriff zu Bett zu gehen. Mit der bei ihm üblichen, nicht näher begründeten Freundlichkeit erklärte er: «Den ganzen Tag war es schwül, jetzt brauche ich ein wenig frische Luft.» Auch die Müllerin war häuslich gekleidet: barfüßig, ein schwarzes Tuch übergeworfen, in einer getupften Baumwollbluse mit aufgekrempelten Ärmeln und einem leinenen Faltenrock, der, wie der Hauptmann sehr wohl bemerkte, ihre Hüften breiter und beweglicher wirken ließ. Sie huschte jeden Augenblick vom Haus zur Mühle hinüber, als führe sie hastig etwas zu Ende, und das fiel dem Hauptmann auf.

Der freundliche Müller war heute freundlicher denn je. Sein hageres Gesicht mit dem langen braunen Schnurrbart sah im Mondlicht noch hagerer aus, sein Lachen war breiter, zuvorkommender, seine Stimme klang in der kühlen Nacht tiefer, sanfter. «Meine Frau hat eine Pastete gebacken», begann er, «ich habe meinen Schwager und seine Frau erwartet. Die Kinder schlafen schon, bleib hier, dann werden wir gemütlich zu Abend essen und plaudern, und es wird sich auch ein Gläschen Schnaps finden – gekühlt schmeckt er besser.»

Auch die Müllerin wollte den Hauptmann zum Bleiben bewegen, ihre Worte hatten einen schelmischen Unterton, den nur sie beide heraushören konnten: «Komm, setz dich, man findet das Glück nicht nur im eigenen Haus. Du läßt dich kaum noch blicken.»

Doch der Hauptmann wollte nicht bleiben, obschon er gerne Pastete gegessen und geplaudert hätte. Er war müde von dem langen Weg, er wußte, daß seine Frau zu Hause auf ihn wartete, daß sie jetzt noch besorgter war als heute morgen, da sie ihn zur Böschung begleitet hatte. Deshalb brach er auf, während der Müller gähnte und ihm beinahe traurig nachrief: «Schade, man ist nicht gern sein eigener Wirt.»

Doch als der Hauptmann an der Mühle vorbei wollte, pflanzte sich die Müllerin vor ihm auf, als habe sie auf sein Kommen gewartet. Sie stellte sich auf die Zehenspitzen und flüsterte ihm ins Ohr, so daß er ihren heißen Atem fühlte: «Geh nicht über die Brücke! Nimm einen anderen Weg!»

Auch ohne die Eindringlichkeit ihres Flüsterns war dem Hauptmann sofort klar, daß man ihm bei der Brücke auflauerte und daß der Müller nicht nur davon wußte, sondern an den Vorbereitungen teilgenommen hatte. Mit dem Abendessen hatte er ihn aufhalten wollen, bis das Mondlicht die Brücke erhellte. Der Hinterhalt konnte nur am andern Ufer im Erlenholz errichtet worden sein, denn die hiesige Seite des Baches war genau zu überblicken – die Wiesen und der kleine Acker des Müllers reichten bis zum kiesigen, steinigen Ufer. Rasch wandte er sich ihr zu, um sie auszufragen oder ihr mit einem Blick zu danken, und als er merkte, daß der Müller sich in das Haus zurückgezogen hatte, faßte er sie mit der linken Hand um die Taille. Er spürte die Erregung ihres weichen Bauches und zog sie sacht in den Schatten der Mühle.

«Die Guerillas?»

«Ja. Frag nicht. Lauf!»

Er hielt sie auch weiter um die Taille, doch jetzt mit beiden Händen. Er zog sie sanft an sich, als Ausdruck der Dankbarkeit und unvergessener Freuden, und sie reagierte mit verhaltener Wärme, bebend und verlangend auf seine körperliche Nähe. «Nicht! Laß mich! Mein Mann!» flüsterte sie schmeichelnd und stemmte energisch ihre kleinen Fäuste gegen seine Brust. Er ließ sie los, mit einer Wendung ihres Körpers umarmte sie ihn hastig und küßte ihn mit ihren feuchten, kühlen Lippen. Ja, das war ihre Art. Immer leckte sie die Lippen, bevor sie küßte. Und bevor er zur Besinnung kommen und ihren Kuß erwidern konnte, schlüpfte sie an der Mühle vorbei zum Haus, zu ihrem Mann.

Der Hauptmann blieb im Schatten stehen und überlegte, welchen Weg er nehmen sollte. Er entschloß sich, den Bach von hier aus zu überqueren. Die Erlen und die Windung des Baches würden ihn decken. An den seichten Stellen ragten Steine aus dem Wasser, er konnte auf ihnen hinübergelangen, ohne die Füße zu benetzen. Das Mühlrad übertönte mit seinem Stampfen und Zischen alle anderen Geräusche. Er bereute, auch der Müllerin mißtraut zu haben. Sie war schlau und übermütig, steckte voller Streiche, und gerade so liebte er sie, jetzt mehr denn je. Der Mond beschien nun fast schon den Bach und die Brücke. Er hätte ihnen ein gutes Ziel geboten, den Kopf vom Schnaps benebelt, mit der Pastete im Magen. Sie hätten ihn nicht verfehlen können, auch kleinere Gegenstände waren im Mondlicht bereits deutlich zu erkennen: die Steine, das dichte Gesträuch, ein knorriger dürrer Erlenstumpf, bei Tag rötlich, jetzt dunkel und reglos wie ein Wachposten.

In seiner alten, doch gut erhaltenen olivgrünen Uniform, in den Stiefeln mit Gummisohlen war der Hauptmann unsichtbar und unhörbar. Es war klug von ihm gewesen, seine Uniform sorgsam aufzubewahren und sich diese Stiefel anfertigen zu lassen, vor allem die Stiefel waren wichtig: Er wollte nicht wie ein einfacher Bauer Opanken tragen, und deren Sohlen hätten ihn jetzt verraten. Er hatte den Bauern nicht genau erläutert, weshalb er Gummisohlen bevorzugte: Sie waren unverwüstlich! Und sie bewirkten festen Halt am Stein, wenn dieser nicht feucht war.

Vorsichtig sprang er von Stein zu Stein. In der Mitte des Baches angelangt, befürchtete er, der zunächst liegende Stein sei feucht, und trat behutsam in das seichte Wasser. Die Stiefel bewährten sich auch jetzt. Der halb ausgetrocknete Bach reichte ihm kaum bis zu den Knöcheln, mit fünf, sechs Schritten erreichte er das Ufer.

Alles war nahe: der Müller, die Verfolger, die Müllerin. Er hörte sogar, wie der Müller seiner Frau laut zurief, daß es auch die auf der Lauer

Liegenden hören konnten – vielleicht signalisierte er damit verabredungsgemäß des Hauptmanns baldiges Erscheinen auf der Brücke: «Hast du die Kuh festgebunden?» Dennoch klang es wie von weither, als habe er mit der Durchquerung des Baches eine andere Welt betreten, die ihm vertrauter war trotz der Finsternis und der Gefahr, in die er um ein Haar geraten wäre.

Er lauschte auf das muntere Plätschern des Baches, das oben bei der Brücke und unten im Gesträuch sich nahezu gleich anhörte. Das von den Schaufeln des Mühlrades aufgewühlte Wasser zischte und sprühte. Sonst war nichts zu vernehmen, die Antwort der Müllerin auf die Frage ihres Mannes blieb unverständlich: «Ach, jetzt hat sie mich nicht verraten – sie antwortet nicht auf das verabredete Losungswort.» Und während er am Ufer im Erlenholz stand, wurde ihm zum erstenmal klar, wie sehr ihn die Müllerin liebte und weshalb.

Sie liebte seinen hageren ovalen Kopf mit dem schwarzen, hochgedrehten Schnurrbart, der nach Tabak roch und nach etwas noch Herberem, Männlichem und Trotzigem. Sie liebte auch seine Augen, die auf unerklärliche Weise dem Schnurrbart ähnlich waren – blau, ironisch und bieder. Vor allem aber liebte sie seinen knochigen, muskulösen Körper, der ungeduldig und begehrlich war wie die Art, in der er sie nahm: unruhig, hastig und um so leidenschaftlicher, je mehr ihn seiner Frau und der Nachbarn wegen das Gewissen plagte. Was sie wohl am meisten anzog, war seine noble Art und seine Feinfühligkeit, wie sie Bauern und ungebildete Leute nicht besaßen.

Der Müller war vor das Haus getreten, hatte seiner Frau und den Guerillas die Worte zugerufen, die auch der Hauptmann vernommen hatte, und nun wartete er ungeduldig auf die Schüsse. Doch bald besann er sich – eine Kugel könnte sich verirren – und zog sich hinter das Haus zurück. Seine Ungeduld wuchs.

Doch nichts geschah. Seine Frau werkte lautlos in der Mühle, der Bach murmelte fröhlich, das Mühlrad stampfte. Er glaubte, er habe in seiner Ungeduld den Zeitpunkt falsch berechnet, zu welchem der Hauptmann die Brücke erreicht haben mußte, und rief, hinter der Hausecke verborgen, leise nach seiner Frau.

«Wie steht's? Er müßte schon auf der Brücke sein!»

«Oh, er ist schon drüben», antwortete die Frau gelassen.

«Er ist also entwischt!»

«Ja, er ist entwischt, er ist eben schlau.»

Der Müller brauste auf: «Und das sagst du so ruhig! Du freust dich sogar, du Drecksweib. Vielleicht steckst du mit ihm unter einer Decke.»

«Ich freue mich nicht, noch ärgere ich mich. Und du steckst deine eigene Frau mit Hinz und Kunz unter eine Decke! Schäm dich! Er ist ein gerissener Fuchs, Punktum.»

Der Müller kannte die Grenze, bis zu welcher er seine Frau reizen durfte, ohne zu riskieren, daß sie ihm ihre Zärtlichkeit und Aufmerksamkeit entzog. Von ihrer Seite zeigte gewöhnlich ein Schwall derber, männlicher Worte diese Grenze an: «Schäm dich» und «Punktum» waren solche Worte, selbst wenn sie nicht mit harter, zorniger Stimme gesprochen wurden. «Ja, ein Wiesel, ein Fuchs», bestätigte er beschwichtigend, «und alles war so gut vorbereitet, daß es besser gar nicht hätte sein können! Niemand konnte sie entdecken, erst in der Dämmerung haben sie sich auf die Lauer gelegt. Na schön, geh und sag ihnen, daß er weg ist, damit sie nicht umsonst warten. Sieh dich aber vor, damit sie dich nicht für den Hauptmann halten – obwohl es am Bach schon hell ist. Und überleg dir gut, was ich dir gesagt habe, du weißt schon.»

Die Müllerin hastete ins Haus und kam mit einem Korb wieder heraus.

«Brot und Käse», erklärte sie ihrem Mann im Weggehen.

Sie kannte ihren Mann genau und wußte, was ihm auf der Zunge lag: Sie werden schon noch Brot und Käse bekommen! Doch er warf nur gleichmütig hin: «Schon recht!», und dies ließ noch Schlimmeres ahnen.

Die Müllerin verschwand lautlos in Richtung Brücke. Es ging ihr nicht aus dem Kopf, was ihr Mann ihr aufgetragen hatte, besser gesagt, was sie beide heute morgen verabredet hatten. Sie sollte die Guerillakämpfer bewegen, den Bachlauf abwärts zu gehen, denn in der Klamm lauerte bereits ein starker Trupp Gendarmen. Zudem mußte sie sich raschestens ein Losungswort ausdenken, mit welchem sie sich den Guerillas zu erkennen geben konnte, um nicht von ihnen für den Hauptmann gehalten zu werden.

Es war zu erwarten, daß die Guerillas auch ohne ihren Rat den Bachlauf abwärts gehen würden. Von der Weggabelung bei der Mühle führte den Bach hinab ein für einen Ungeübten auch bei Tag schwieriger Fußsteig. Dann war da der Weg zum Dorf, auf dem man unversehens einer Gendarmeriepatrouille in die Hände fallen konnte. Der dritte Pfad führte am Haus des Hauptmanns vorbei und verlor sich im Geröll und in den Berghalden; folgte man ihm, konnte man in eine Falle geraten, die der wachsame, verwegene und unberechenbare Hauptmann aufgestellt hatte. Der einzige Weg, der in Frage kam, war also der Fußsteig längs des Baches.

Für die Müllerin stand bereits fest, wie sie sich den Guerillas zu erkennen geben würde, nicht aber, wie sie sie überreden würde, den Bachlauf abwärts zu gehen. Auch ihr Mann hatte ihr nichts Genaues gesagt, er verließ sich auf ihren regen Verstand, ihre Geistesgegenwart und ihre Fähigkeit, in der kritischsten Situation die beste Lösung zu finden. Nach alter Gewohnheit verließ auch sie sich darauf.

Als sie die schon vom Mondlicht erhellte Brücke betrat, trällerte sie ein Lied, das sie gesungen hatte, als sie vor drei Jahren im Wald Farnkraut als Streu für die Kuh gesammelt und dabei den Anführer der Guerillas kennengelernt hatte. Seither diente ihnen dieses Lied als Losungswort und Erkennungszeichen.

Vom Ufer drang ein schriller Pfiff zu ihr, und ein Mann in einem langen, umgehängten Mantel, ein wenig vorgebeugt, trat aus dem Gebüsch. Schon daran erkannte sie den Anführer, der, obgleich noch keine fünfundzwanzig Jahre alt, bereits seiner Tapferkeit wegen berühmt und seiner Grausamkeit wegen gefürchtet war. Eine hohe Summe war auf ihn ausgesetzt.

«Was gibt's?» fragte er und umfaßte ihr linkes Handgelenk. Er zog sie zur Seite, so daß nicht einmal seine beiden mit ihm auf der Lauer liegenden Gefährten sie sehen konnten.

«Ich habe euch zu essen gebracht», sagte die Frau, als er innehielt.

«Gut, gut», unterbrach er sie, «aber was ist mit ihm?»

«Er war zuvor bei uns, und mit einemmal war er weg. Wir haben all die Zeit über gelauscht, aber kein Schuß war zu hören. Nun bin ich gekommen, damit ihr nicht vergeblich wartet.»

«Es gibt doch keine Brücke über den Fluß außer dieser hier?»

«Was heißt Brücke und Fluß», spöttelte die Frau, «an jeder Stelle kann man jetzt von Stein zu Stein springen.»

Der Guerillaführer, der sich kaum für etwas interessierte als für das Töten von Menschen, trat von einem Fuß auf den andern: «Das stimmt. Und er ist ein alter Fuchs, wie ich bisher noch keinem begegnet bin.»

Sie schwiegen.

Die Müllerin wußte, daß der Guerillaführer nicht einmal ihr restlos traute, geschweige denn ihrem Mann. Ebenso wußte sie, daß ihm die Begleitumstände klar waren, wie auch, daß ihr Mann, zumindest in bezug auf den Hauptmann, den Mund halten mußte und daß er den Guerillas aus Angst und um seines Vorteils willen helfen würde. Ganz bestimmt wog der Guerillaführer jetzt innerlich den einen Verdacht gegen den anderen ab. Ihr war schon eine Idee gekommen, wie sie ihn in die Falle locken konnte. Es genügte, wenn sie ihm sagte, sie sollten nicht den Weg zum Dorf und nicht den andern, am Haus des Hauptmannes vorbeiführenden nehmen, denn auf diesen Wegen hätten die Hirten heute Patrouillen gesehen. Dann blieb den Guerillas keine andere Möglichkeit, als den Bach entlang zu gehen.

Er hielt auch weiter ihr Handgelenk umfaßt und zog sie plötzlich an sich. Klein, munter und überrumpelt verlor sie sich ganz in seinem Mantel und in dem Geruch von Schweiß, Gras und Erde, den seine breite Brust ausströmte.

Ja, das war er!

Wenn er, was selten vorkam, in dieser Gegend auftauchte, war sie die Seine, und auch jetzt erkannte sie seinen Hang zu roher Gewalt, die keinen Widerspruch duldete. Sie konnte seine Augen nicht sehen, doch sie erriet, daß deren harter, greller, grüner Glanz von Verlangen gemildert und gebändigt war. Nur die Begierde konnte in seine wilde, ungezügelte Angriffslust zumindest für einige Augenblicke auch ein wenig unterwürfigen, kindlichen Gehorsam hineinbringen. Sie liebte auch diese jähe Roheit an ihm, ebenso die Augenblicke, da er sich ihren zarten, weichen Gliedern anpaßte und fügte. Doch noch unwiderstehlicher zog sie die Gegenwart des Todes an, den er unabänderlich mit sich trug und verkörperte – die gesamte Gegend zitterte vor ihm, und jeden Augenblick konnte es ihn ereilen. Jede Begegnung mit ihm war ein leidenschaftlicher, endgültiger, tödlicher Abschied.

Auch jetzt preßte er sie mit unbändigem Verlangen an sich. Er erdrückte sie fast mit seinen Armen und küßte ihren Hals, ihr Gesicht, ihre Augen mit seinen großen, trockenen, heißen Lippen, über welche der goldblonde, noch jugendliche Schnurrbart fiel. «Nicht, du Narr, beherrsch dich», wehrte sie sich vorgeblich entrüstet, «deine Kameraden oder mein Mann könnten uns sehen!»

Doch er gab sie nicht frei, und sie stellte den Korb nieder, umschlang mit dem linken Arm seinen Hals, mit der rechten Hand fuhr sie unter sein Hemd und streichelte seine feste, unbehaarte Brust. Dieses Streicheln weckte in ihm stets Zärtlichkeit und etwas wie Unterwürfigkeit. Er beugte sich nieder, umfaßte sie unterhalb der Knie und versuchte sie hochzuheben. Doch als habe sie eben darauf gewartet, flüsterte sie ihm zu, während sie sich gewandt, sanft und entschlossen losmachte: «Du Narr! Weißt du, daß ich dich vielleicht noch heute nacht verliere? Geh nicht den Bachlauf abwärts. Hörst du? Geh nicht den Bachlauf abwärts!»

«Warum?» fragte er ernüchtert, die Hände um ihre Taille blieben reglos.

«Frag nicht. Nur geh nicht dort entlang!»

«Warum nicht? Warum nicht?» brauste er in seinem üblichen Jähzorn auf, vor dem es kein Entrinnen gab.

Sie machte sich seine Aufregung zunutze, packte das Essen aus, breitete es auf ein schwarzes Tuch, reichte es ihm, damit seine störrischen Hände Beschäftigung hätten, und streifte den Korb über ihren Unterarm.

«Muß ich dir denn alles erzählen! Die Hirten haben heute nachmittag dort Gendarmen gesehen.»

Noch bevor er sich fassen konnte, war sie lautlos und behende durch das Buschwerk davongehuscht.

Ihr Mann kam hinter der Hausecke hervor und stellte sich grimmig vor sie hin: «Hast du alles erledigt?»

«Nein», antwortete sie kalt und kurz angebunden.

«Warum nicht?» fragte er böse und folgte ihr zum Haus. «Zu guter Letzt wirst du auch noch mit den Guerillas anbändeln! Warum hast du nichts erledigt? Was hatten wir verabredet?»

«Ich habe eben nicht, und fertig», damit betrat sie das Haus. Nachdem sie den Korb auf ein Regal in dem geräumigen, auch als Küche dienenden Vorzimmer gestellt hatte, erklärte sie: «Sie wollen nicht dorthin. Sie wollen den Hauptmann überfallen.»

Denn sie hatte kombiniert: Auch den Weg zum Dorf würden die Guerillas nicht nehmen, da sie ja von den Patrouillen gehört hatten, und den Bachlauf hinauf zu gehen, war bei Nacht ohnedies unmöglich.

«Den Hauptmann? Die sind ja wahnsinnig! Wissen sie denn nicht, was für ein reißender Wolf er ist und was für eine Festung von Haus er hat? Na, hol sie alle der Teufel! Und du, dir fällt es leichter – ich bin nicht zum Ausgehen gekleidet, und der Kopf tut mir weh –, sag dem Kommandanten Bescheid, damit sie nicht nutzlos die ganze Nacht dort herumlungern. Lad sie zum Abendessen ein. Gib dich aber nicht so viel mit dem Kommandanten ab, wie es sonst deine Gewohnheit ist – Gott geb's, daß auch ihn die Hunde zerreißen!»

«Ich gehe schon, ich will nur Wasser trinken», sagte die Frau und wischte sich mit dem Tuchzipfel die Stirn.

«Wieso schwitzt du?» fragte der Mann geradezu gehässig.

«Wie sollte ich nicht schwitzen!» entrüstete sich die Frau abermals. «Lauf hierhin, lauf dorthin, und jeden Augenblick kann es die Männer den Kopf kosten!»

«Du hast recht, aber was können wir dabei tun? Helfen wir dem Hauptmann, bekommen wir es mit den Guerillas zu tun, helfen wir den Guerillas, haben wir die Gendarmen auf dem Hals!»

«Ich weiß», pflichtete die Frau bei, protestierte jedoch sogleich: «Aber wir brauchen uns über all das Böse nicht auch noch zu freuen.»

«Ich freue mich auch nicht darüber, aber das Böse quillt ja aus allen Ecken, ohne das Böse kann ich nicht überleben.»

So rechtfertigte sich der Müller stets, wenn ihm etwas mißglückte oder wenn er etwas Schlechtes getan hatte. Die Müllerin wischte angewidert mit dem Tuchzipfel ihr Kinn und den vom Wasser benetzten Mund, und auf bloßen Füßen enteilte sie im Mondlicht.

Der Hauptmann hatte sich unterdessen vorsichtig einen Weg durch den Hain gebahnt und schritt durch das freie Gelände und die Kühle gemächlich seinem Hause zu.

Doch in unmittelbarer Nähe des Hauses ließ er die gewohnte Vorsicht walten. Zuerst hielt er Ausschau nach dem Hund, der ihn mit freudigem Gekläff empfing und an ihm hochsprang, dann rief er, hinter der Hausecke verborgen, leise nach seiner Frau. Sie antwortete sogleich und öffnete das Tor, als habe sie dahinter auf ihn gewartet. Als er eingetreten war, schloß sie das Tor zweimal ab und folgte ihm in das Zimmer, in welchem sie aßen und schliefen, wenn sie nicht Besuch hatten. Die Söhne des Hauptmanns schliefen auf einer Matratze, die auf dem Fußboden ausgebreitet war. Auch die Frau schlief zumeist auf dem Fußboden, auf einer Matratze. Der Hauptmann hingegen schlief in einem gefederten Bett, an dessen hohen Lehnen Veilchen abgebildet waren – ein solches

Bett war ein Zeichen der Würde und Vornehmheit des Hauptmanns in diesem wilden und rückständigen Gebiet.

Der Hauptmann setzte sich auf einen schlichten, harten Stuhl aus Buchenholz, der aber mit einer Lehne versehen war – solche Stühle gab es sonst nicht auf dem Land – und streckte das linke Bein vor. Die Frau setzte sich wie gewohnt rittlings auf sein Bein und umfaßte mit den Händen Sohle und Absatz des Stiefels. Der Hauptmann trat mit dem anderen Fuß sacht gegen ihr Gesäß – so hatte er es in der Armee mit der Ordonnanz gemacht –, und der Stiefel wie die Frau glitten vom Fuß herunter. Auf die gleiche Weise wurde der rechte Stiefel abgestreift. Ohne die grauen Baumwollsocken auszuziehen, stieß der Hauptmann einen tiefen Seufzer aus und befahl seiner Frau, das Abendbrot zu bringen.

Die Frau brachte aus der Küche einen Teller Suppe, bis obenhin voll mit Lammfleischstücken – ein Gericht, das der Hauptmann besonders gern mochte. Als er zu essen begann, fragte sie ihn sanft, da sie wußte, daß er während der Mahlzeiten gesprächig war: «Wieso sind deine Stiefel naß?»

Der Hauptmann antwortete nicht sofort, sondern gab vor, mit den Knochen beschäftigt zu sein, dann murmelte er möglichst gleichmütig: «Man tat mir aufgelauert.»

«Wer? Wo? Woher weißt du es?» bestürmte ihn die Frau.

Der Hauptmann sagte ärgerlich: «Du weißt doch, wer! Die Guerillas. Auf der Brücke.»

Er verstummte, schlürfte die Suppe und schluckte mit Genuß die von den Knochen geschabten Fleischstücke. Die Frau verließ das Zimmer und brachte einen Teller voll saurer Milch mit Sahne.

«Du hast mir nicht gesagt, woher du es weißt», bemerkte sie, während sie den Teller vor ihn hinstellte.

Der Hauptmann kaute seinen Bissen zu Ende, um nicht sofort antworten zu müssen. Dann erwiderte er, ohne die Frau anzusehen, sich über die Milch hermachend: «Sie hat mir's gesagt. Die Müllerin.»

Nun schwiegen beide, der Hauptmann rätselte, was ihr durch den Kopf gehen mochte. War das etwa die Bestätigung dafür, daß zwischen ihm und der Müllerin etwas nicht stimmte?

Doch seine Vermutung war nicht richtig, jedenfalls nicht ganz. Denn selbst wenn die Frau an derartiges dachte, laut sagte sie etwas anderes: «Wie sie auch sein möge – jedes Glück sei ihr gegönnt! Ich werde ihr meine schönste Bluse schenken, die seidene, gestickte, die du mir zu Ostern gekauft hast.»

Der Hauptmann horchte auf jedes ihrer Worte, freute sich sogar über diese, spann jedoch seine eigenen Gedanken weiter. Als er den Teller mit Milch zur Hälfte geleert hatte, schob er ihn von sich, wischte sich den Schnurrbart, richtete sich auf dem Sessel auf und zog die Frau, die sich am Tisch zu schaffen machte, auf seinen Schoß: «Du bist meine Einzige! Du allein würdest mich nie verraten.»

Die Frau lehnte den Kopf an seine Schulter, fast weinend flüsterte sie: «Wenn du nur wieder da bist.»

Da begann Garov zu bellen, laut, böse – so kläffte er Menschen an. «Sie sind da!» flüsterte der Hauptmann und stieß die Frau von sich. «Lösch das Licht!»

Die Frau sprang auf und blies die Lampe an der Wand aus, im Dunkeln kehrte sie zu ihrem Mann zurück. Er hatte die rechte Hand nach ihr ausgestreckt und preßte sie an sich, doch anders als zuvor: wie einen unersetzlichen Gefährten und Mitkämpfer.

Die Frau und der Mann schwiegen in der Finsternis und lauschten. Doch nichts war zu hören als das immer wildere Gebell des Hundes vor dem Haus, das sich bald zur Raserei steigerte, als nähere sich jemand nicht nur dem Haus, sondern auch Garovs Hütte. Garov erstickte fast an seinen kurzen, scharfen Kläfflauten.

«Reich mir das Gewehr», flüsterte der Hauptmann seiner Frau zu, während er sich erhob. Sofort ertasteten ihre Finger das Gewehr in der Ecke über dem Bett. Der Hauptmann öffnete den Fensterladen einen Spalt, doch plötzlich berührte ihn im Dunkeln eine Hand, er vernahm das Flüstern seines älteren, zehnjährigen Sohnes: «Vater, Vater, laß mich schießen.»

Der Vater war überzeugt gewesen, daß die Knaben schliefen. Doch es stellte sich heraus, daß der ältere heimlich und stumm alles mit angehört hatte. «Gut, mein kleiner Falke», willigte der Hauptmann ein und reichte dem Jungen das Gewehr, «aber bleib hinter der Wand in Dekkung.»

Ein Augenblick gespannten Schweigens, dann der Schrei des Hauptmannes: «He, Garov, mein Held!» Dann ein Schuß, der durch das Haus hallte, daß die Mauern zu bersten schienen, und durch den die Bewohner eins wurden mit der Nacht und mit Garov. Der Hund verstummte, und als er begriffen hatte, daß die Hausbewohner ihm mit dem Schuß zu Hilfe gekommen waren, heulte und kläffte er lebhafter und eifriger als zuvor. Der jüngere Sohn war erwacht und begann zu weinen, der ältere tröstete ihn: «Es ist nichts, gar nichts, hab keine Angst.»

Der Hund begann sich zu beruhigen, kläffte nicht mehr ununterbrochen, nicht mehr so wütend, eher besänftigt. Die Nacht hatte die ungebetenen Gäste verschlungen, er witterte sie nicht mehr.

«Gehen wir zu Bett», meinte der Hauptmann, umarmte und küßte den Sohn, preßte den Arm der Frau und gab ihr das gewohnte Zeichen, zu ihm zu kommen, sobald die Kinder schliefen.

Mittlerweile überquerte die Müllerin wie tänzelnd Äcker und Wiesen und betrat die finstere, steinige Schlucht. Auch dort bewegte sie sich so leicht und gewandt, daß sie sich nirgends die bloßen Füße wundstieß, obgleich der Weg mit spitzen Steinen übersät war. Noch weniger geriet sie vom Weg ab auf den Steilhang oder in das Dornengestrüpp, obschon man in der Schlucht kaum die Hand vor den Augen sah. Als sie zur engsten Stelle der Schlucht gekommen war, pfiff sie leise und abgehackt. Ein ebenso leiser, doch tieferer, weicherer Pfiff antwortete ihr, hinter den Felsen kam eine vierschrötige Gestalt hervor, und als sie nur noch drei, vier Schritte von der Müllerin entfernt war, erkannte diese an der Gangart deutlich den Gendarmeriekommandanten.

«Was gibt's?» fragte er, ergriff sie am Arm und führte sie den Weg zurück, den sie gekommen war.

Auf dem engen, unebenen Pfad konnten sie nicht nebeneinander gehen, deshalb schritt die Müllerin leise voraus, der Kommandant stapfte mit seinen schweren Schuhen hinterdrein. Sie ließen die Schlucht hinter sich und betraten den mit Farnkraut und alten, weitverzweigten Sträuchern bewachsenen, mondbeschienenen Hang. Der Kommandant ergriff die linke Hand der Müllerin und schlug den Weg zu einem Strauch ein, der vereinzelt auf einem ebenen Fleckchen wuchs.

«Was gibt's?» fragte er abermals mit seiner tiefen, rauhen Stimme.

«Sie sind auf und davon.»

«Wohin?»

«Wenn ich das wüßte! Räuber im Wald! Ich wollte sie überreden, hier entlangzukommen oder zu sagen, wohin sie gehen, aber vergeblich, sie schwiegen nur finster und verbissen.»

Und obgleich sie sicher war, daß die Guerillas am Haus des Hauptmannes vorbeiziehen und in ihrer Erbitterung vielleicht versuchen würden, den Hauptmann zu überfallen, verschwieg sie dies, nicht nur deshalb, weil auch ihr Mann den Gendarmen verheimlichte, daß die Guerillas den Hauptmann ermorden wollten, sondern auch, weil sie nicht gerne unnötig über brenzlige Dinge redete – immer kam dabei etwas Unangenehmes heraus. Darum fügte sie schmeichelnd hinzu: «Und auch um dich hatte ich ein wenig Angst.»

Denn die Müllerin hielt des öfteren mit dem Kommandanten Schäferstündchen ab. Diese Zusammenkünfte mit ihm brachten sie bei den Bauern in Verruf, doch ihrem Mann gegenüber konnte sie sich leicht rechtfertigen: Man mußte dem Kommandanten Informationen zukommen lassen und den Gendarmen Eier und Milch verkaufen. Zumeist trafen sie sich unter freiem Himmel bei den allzu häufigen, überflüssigen Patrouillengängen des Kommandanten in der Nähe ihres Hauses, vor allem deshalb, weil sie im Sommer die Liebe gerne unter Bäumen und Sträuchern und besonders im Farnkraut genoß. Auch mit dem Hauptmann traf sie sich am liebsten im Hain, neben dem Bach, mit dem Guerillaführer hingegen im Wald oberhalb ihres Hauses. Während ihrer Schäferstunden im grünen Meer der Halme und im Spitzenwerk der Farnkräuter war ihr, als begebe sie sich in ein Leben, das es lange vor dem ihren gegeben habe oder das lange nach dem ihren entstehen werde, in dem vielleicht keine Menschen existieren würden, sondern alles sorglose Lust und Leidenschaft atmen und alles deren beklemmende, scharfe, herbe Düfte verströmen würde. Und sogar der Himmel selbst würde dann, durch das grüne Flechtwerk hindurch, das ihre Wangen und Lider liebkoste, sich mit ihren gelösten Zöpfen vermengte und ihre Augen blendete, nahe, greifbar erscheinen – ein zweiter, noch feinerer Vorhang hinter jenem aus Gras.

Schon konnte sie den Strauch erblicken, bei dem sie sich einige Male abends getroffen hatten. Das genügte, um in ihr sehnsüchtige Erinnerungen und Wünsche wachzurufen, selbst wenn dem saftigen Farnkraut nicht, sobald sie darauftrat, verlockende wilde Düfte entströmt wären. Doch jetzt ging sie widerwillig mit und überlegte, wie sie sich herauswinden könnte. Denn sie hatte den Hauptmann und den Guerillaführer abgewiesen, und es schien ihr, als würde sie ihnen untreu, wenn sie sich jetzt dem Kommandanten hingab. Das war keine Nacht für Liebesabenteuer, auch wenn keiner von ihnen dies begreifen konnte, am wenigsten ihr Mann.

«Schade, schade! Wer weiß, wann sich für mich wieder eine solche Gelegenheit ergibt, daß sie mir vor den Gewehrlauf kommen», meinte der Kommandant bedauernd.

Sobald sie den Strauch erreicht hatten, warf er sich mit seinem schweren Leib auf sie, küßte sie mit seinen wulstigen, nassen Lippen unterhalb der Ohren, wobei sein kurzgeschnittener, borstiger Schnurrbart sie kitzelte. Sie riß sich los, doch er preßte sie so fest an einen knorrigen Stamm, daß sie nach Atem rang.

«Nicht, hör auf! Deine Leute sind hier, und mein Mann kann uns überraschen!» sträubte sie sich.

Aber der Kommandant ließ sie nicht los. «Was zierst du dich?» fragte er zornig und versuchte, sie zu Boden zu zwingen.

So machte er es immer, ohne Umschweife und ohne Feingefühl, doch auch ohne Gewalt. Er schwelgte dabei in obszönen und derben Worten und zwang auch sie, solche Worte zu sprechen. Je mehr ihn das Verlangen überkam, um so besessener gebärdete er sich. In solchen Augenblicken nahmen seine Worte einen anderen Klang und Sinn an, es war nichts Niedriges und Schamloses in ihnen, nur reines, heißes Verlangen. Diese unverblümte Schamlosigkeit gefiel ihr an ihm. Seine Worte, wenn sie beide allein waren, und seine Blicke, wenn andere dabei waren, verrieten ihr unmißverständlich seine feste Entschlossenheit, sie zu nehmen. Er war ein erfahrener, weltmännischer Liebhaber, unermüdlich im Erfinden neuer, aufreizender Obszönitäten und bei all seiner Plumpheit und Ungeschliffenheit von unerschöpflicher Manneskraft. Die Befehlsgewalt über mehrere Dörfer und sein männliches Ungestüm verbanden sich in ihm zu einem unteilbaren Ganzen, und eben diese Verbindung zog die Müllerin unwiderstehlich an.

Doch jetzt riß sie sich fast schroff los: «Laß mich, bitte – ich bin heute abend ganz durcheinander.»

Und als der Kommandant von neuem auf sie eindrang, als habe er ihre Worte nicht gehört, bückte sie sich, als wolle sie sich hinkauern, entwand sich seinen großen weichen Händen, huschte durch das Farnkraut davon und rief ihm zu: «Das Abendessen steht für euch bereit – es gibt Pastete! Mein Mann erwartet euch!»

Der Kommandant eilte ihr durch das Farnkraut nach: «Warte, warte! Bist du bei Vernunft?»

Doch sie entkam auf dem glatten Weg. Sie hörte, wie er schwerfällig und nach Atem ringend hinter ihr herkeuchte und fluchte, dann stehenblieb und die Pfeife trillern ließ. Sie verlangsamte ihren Lauf, und bald darauf blinkten hinter ihr Waffen, stampften schwere Schuhe.

Der Kommandant und die Gendarmen stürzten sich auf die Pasteten und den Schnaps, welche die Müllerin ihnen auftischte. Die Guerillakämpfer erwähnten sie nicht, denn der Kommandant unterrichtete die Gendarmen nicht davon, daß der Müller und die Müllerin in seinen Plänen eine Rolle spielten. Die Gendarmen konnten dies zwar erraten, doch alle hielten sich an die Regel, wonach es Dinge gibt, die man tut und um die man weiß, von denen man aber nicht spricht. Deshalb klatschten sie über Dorfneuigkeiten, über die Ernte und das Wetter.

Dennoch begegneten die zudringlichen und finsteren Augen des Kommandanten und die sanften, lieblichen der Müllerin einander des öfteren. Sie begriff, daß er ihr den heutigen Starrsinn vergeben hatte, und er begriff, daß sie sich ihm wieder bereitwillig hingeben würde.

Der Kommandant hatte sich schon erhoben und streifte die Krumen von seinen Hosen, als vom Haus des Hauptmanns ein Schuß herüberhallte. Jetzt kam ihnen zum Bewußtsein, daß der Hund des Hauptmanns seit einiger Zeit wie rasend bellte, doch niemand hatte darauf geachtet.

«Beim Hauptmann ist etwas los», bemerkte der Müller.

«Ja, ja, der Hauptmann», sekundierte der Kommandant, als äußere er seine Zustimmung zu etwas, was der Müller nicht ausgesprochen hatte, vielleicht nicht aussprechen wollte oder konnte, «ein seltsamer Mensch: rechtschaffen, klug, und dabei so dickköpfig und eigenwillig.»

*24. bis 27. Juli 1962*
*Gefängnis in Sremska Mitrovica*

# Erbfolge

Alles Lebende schien losgelöst und zerstoben in diesen flammendheißen, berauschenden, lustgesättigten Hundstagen. Jokas Körper, der Winterkleidung ledig, verschmolz mit der Luft und der Sonne, ihr Verlangen schwoll an beim Anblick der Maisstauden auf dem Hang unterhalb des Hauses, der von fahlgelbem Heu bedeckten Wiese am rechten Bachufer und vor allem des jungen, in der drückenden Hitze dampfenden Weidendickichts am linken Ufer, in dem sie sich stets mit Mladen traf.

Sie vergaß immer häufiger, sich ihres üppigen, schwellenden Körpers zu freuen, der sich der Kraft seiner Leidenschaft und seiner unverwüstlichen Lust an der Liebe bewußt war. Wenn sie nach der leidenschaftlichen Vereinigung mit Mladen wieder zu sich kam, ärgerte sie sich um dieser Vergeßlichkeit willen, die mit der aufreizenden Sommerhitze unvereinbar, ihrem gelösten Körper unbegreiflich, der warmen Erde, dem heiteren Himmel und den sich als Lagerstatt bietenden grünen Zweigen fremd war. Sie zürnte sich selbst, noch mehr aber ihrer Tochter Jela und ihrem eigenen einstigen Geliebten Boško, einem Lehrer aus der Nachbarschaft, der wie Mladen auf der linken Seite des Baches in einem weißen, vom Grün des Gartens verdeckten Häuschen wohnte.

Seitdem sich diese Beziehung zwischen Boško und Jela angebahnt hatte, sah sie auch Mladen, ihren letzten und jüngsten, nur eben für diesen Sommer ausersehenen und in diesem Sommer herangereiften Liebhaber, mit anderen Augen: ohne jene Ungeduld, jenes Verlangen, von ihm Besitz zu ergreifen, sich ihm hinzugeben, sobald sie ihn neben dem weißen Haus mit den roten Fenstern auf dem gelben Stoppelfeld weiter oben am Bach erblickte. Gerade dieses Verblassen, dieses Erlöschen Mladens in ihr empfand sie als verhängnisvollen Vorboten der Entwurzelung und Auflösung ihres Daseins.

Auch jetzt verrichtete sie ihre Arbeit in Haus und Hof, wie stets im Sommer, barfüßig, nur in einem engen Unterkleid aus Crêpe de Chine und einem losen blauen, weißgeblümten Kleid. Mit ihren dunklen rauhen Fußsohlen spürte sie die feuchte heiße Erde, mit dem Körper den leisesten Windhauch, jede leichte Erwärmung oder Abkühlung. Sie kleidete sich so luftig, um die Darbietung und Freiheit ihres Körpers zu genießen, aber auch Mladens wegen, den die Bräune ihrer runden Arme und straffen Waden, ihre zarten Gelenke und vor allem ihre vollen Brüste und Hüften, von der sie umspannenden Seide noch betont, betörten und rasend machten.

So luftig gekleidet, hielt sie seit dem Frühjahr von früh bis spät Ausschau, ob Mladen nicht auf die ihrem Haus gegenüberliegende Wiese herauskäme, um Wasser zu holen, das Pferd zu tränken, einen Graben oder einen Zaun auszubessern oder sich mit einem Buch unter der Ulme niederzulassen. Sobald er sich zeigte, huschte sie, zumeist ohne irgendeine Verrichtung auch nur vorzutäuschen, durch das Maisfeld unterhalb des Hauses, über das ebene Fleckchen zwischen der Akazienhecke zum Bach, den sie eilig durchwatete. Nur so konnten sie beide sich im Weidendickicht, unsichtbar, doch wie vor den Augen des gesamten Dorfes, einige Augenblicke hastiger, wilder, toller Liebeslust stehlen.

Der Bach war nahe, sie konnte ihn in vier, fünf Minuten erreichen. Doch da Mladen auch Schwierigkeiten hatte, von seinem Heim loszukommen und den Eltern gegenüber, die ihren Einzigen nicht aus den Augen lassen wollten, einen Vorwand zu finden, mußte sie sich immer bereithalten, ins Weidengesträuch zu eilen. Dieses angespannte, wollüstige Warten nahm ihrer Verbindung das Zärtliche und Liebevolle, prägte sie mit Ungeduld und Besessenheit. Doch auch so war sie zufrieden. Ihr Leben erfuhr auf diese Weise eine freudige Erfüllung, und Zärtlichkeit erlebte sie vorher und nachher in sich selbst.

Es gelang ihr lediglich, Mladen so weit zu erziehen, daß er zuweilen nach dem Mittagessen in der Nachmittagshitze ins Weidendickicht kam, während seine Eltern schliefen, die Bauern und das Vieh im Schatten ruhten und dösten. Dann breitete sie als Signal eine weiße Decke über den Zaun vor dem Haus, begab sich zum Bach, um sich in der Strömung unterhalb des Weidengesträuchs zu erfrischen, dann aus dem Gebüsch aufzutauchen und Mladen zu überraschen, der sie, während er durch das Dickicht wanderte, mit den Augen gesucht hatte. Bedächtig und verlangend, als gehöre auch das zum Baden, zog sie ihn an sich, glatt wie sie war in ihrem nassen Unterkleid, mit kälteschauernder Haut und vor Begehren bebenden Lippen. Einzig in diesen Augenblikken war ihrer beider Leidenschaft von reifer, selbstsicherer Ruhe erfüllt. Ihre Rundungen boten sich seinen Händen dar, beider Lippen fanden sich, und sie glitten in süßes, sanftes Vergessen.

Mladen war ihr nicht nur deshalb lieb, weil nach ihm keiner mehr kommen würde. Er zog sie auch an durch sein prahlerisches Ungestüm, seinen noch knabenhaft schlanken Körper, durch seine eben erst erwachte Kraft, seine unermüdliche Wißbegier.

Er war siebzehn Jahre alt, Mittelschüler, das einzige Kind eines pensionierten Beamten, die elterliche Sorge und Strenge hemmten ihn noch, so daß er nicht einfach in die Hütte vor ihrem Haus kam, wie es Boško und zuweilen auch andere ihrer Liebhaber getan hatten. Er hätte sich geschämt, wäre ihrer beider Beziehung entdeckt worden, denn obschon sie keine Dirne war, genoß sie als geschiedene Frau, die ohne viel Tränen ihre Liebhaber wechselte, keinen guten Ruf. Doch das aufgewühlte, fieberhafte Verlangen des Jünglings trieb ihn zu ihr, und sie nahm Rücksicht auf seine Ängstlichkeit, tat, als überlasse sie sich seiner angeblichen Erfahrung, hielt sorgsam sein Verlangen wach und steigerte es, um ihn für möglichst lange Zeit und möglichst eng an sich zu binden.

Sie war sich dessen bewußt, daß ihre Leidenschaft für Mladen nicht frei von Schlauheit und Berechnung war, daß sie sich jedoch in sie eingesponnen, sich in ihr verloren hatte, wie ihr dies noch nie zuvor geschehen war.

Stets hatte es in den Dörfern Frauen gegeben, denen es besonderes Vergnügen bereitete, junge Männer die Liebe zu lehren. Doch so war sie nicht geartet. Sie wollte nicht so sein, hatte es auch nicht notwendig. Sie war noch hübsch und jung, erst achtunddreißig, in der Blüte ihrer schwellenden, selbstbewußten weiblichen Kraft, und die Männer taten sich gerne mit ihr zusammen.

Mladen war der erste Jüngling, der bei ihr die Liebe erlernte. Eine in ihr erwachte unverhohlene Neugier und ein bisher ungekannter, heimlicher, dunkler Wunsch nach Verjüngung, nach Erneuerung trieben sie zu ihm. Es hatte als Spiel, ja als Scherz begonnen. Sie hatte den langaufgeschossenen, braunen Jungen mit eindeutigen Fragen bedrängt. Erst in diesem Frühjahr war ihr zum Bewußtsein gekommen, daß sie in Wahrheit zwei Jahre lang sein Heranwachsen beobachtet und auf den richtigen Augenblick gewartet hatte, ihn zu verführen.

Denn von allen ihren Geliebten – die meisten von ihnen waren zufällige, unpersönliche, fehlgeschlagene Begegnungen – war ihr einzig Boško unauslöschlich in Erinnerung geblieben durch die rauhe Offenheit seines Auftretens, durch seine raffinierten Liebkosungen und vor allem durch sein Ungestüm, nach welchem ihr Körper erschöpft, völlig verausgabt mit gestillten Begierden zurückblieb, durchsichtig wie Quellwasser, seiner augenblicklichen heiteren Ruhe und der sich bald aufs neue regenden Leidenschaft bewußt. Sie hoffte, daß auch Mladen ihr in Erinnerung bleiben würde, wenn auch auf andere Weise. Ihn, den unschuldigen, unreifen Jungen, hatte sie zu ihrem Partner für diesen Sommer gemacht, indem sie sich mit Vorbedacht seiner Unerfahrenheit fügte und ihm unmerklich immer neue und schamlosere Methoden beibrachte. Niemals würde er sie vergessen; auch dann, wenn er seiner Wege gehen und sie verlassen würde – er würde immer zu ihr zurückkehren.

Schon bevor sie ihn verführte, wußte sie alles über ihn: wie er lebte, aus welchen Anlässen er in Zorn geriet und widersprach, wo und wie er jeden Augenblick seines Tages verbrachte. Ihrer beider Familien standen einander nicht übermäßig nahe, waren jedoch auch niemals verfeindet gewesen, und Joka glaubte zu wissen, daß sich zwischen Mladens Vater, einem ehemaligen Steuerbeamten, und ihrer Mutter Doca einmal etwas Ungewöhnliches abgespielt hatte – es mußte wohl Liebe gewesen sein. Das war, wenn die beiden einander begegneten, an ihrem müden Lächeln, den Falten um ihre Lippen und Augen, an ihrer familiär anmutenden, erkalteten Aufmerksamkeit und Liebenswürdigkeit zu erkennen. Das erleichterte es Joka, Mladens Eltern zu besuchen, wie zufällig ein Gespräch mit ihnen anzuknüpfen. Und obgleich die Eltern Mladen sorgsam behüteten – nicht aus Angst um seine Unschuld, sondern damit er nicht krank werde, sich nicht erkälte und ihn nicht etwa jemand überfalle, der sich für die Unbarmherzigkeit und Strenge seines Vaters rächen wollte –, gelang es ihr, ihn auch von ihnen unbeobachtet zu treffen, zumeist indem sie ihn abfing, wenn er von der Schule heimkehrte. Sie freute sich im voraus auf die – wenn auch ungewissen – Siege ihrer harmlosen Schlauheit und erbebte bis ins Innerste, sooft sie bei der Überwindung der launischen, scheuen Unnahbarkeit des Jünglings einen Schritt weiter kam.

Im Frühling, einen Tag nach dem St.-Georgs-Tag, setzte sie schließlich in ihren Plänen das Datum und die Stunde, die Art und Weise und den Ort ihrer Vereinigung fest.

Sie hatte beobachtet, daß das Knospen und Keimen des Frühlings Mladen in seinen Bann zog, und sie nahm an, daß er vom St.-Georgs-Fest, den Wettkämpfen der Burschen und dem Reigentanz mit den Mädchen wie berauscht war.

Nachdem sie sich mit duftender Seife gewaschen hatte, erwartete sie ihn wie zufällig nachmittags, als er aus der Schule kam, am Stadtrand und trat mit ihm zusammen den Heimweg an.

Um nach Hause zu gelangen, brauchten sie, selbst wenn sie gemächlich gingen, nicht länger als eine halbe Stunde. Der übliche Weg dahin war die breite, zerfurchte Hauptstraße, von welcher etwa in der Höhe von Boškos Haus ein Pfad zu Jokas Haus abzweigte. Von hier bis zu Mladens Heimstatt brauchte man weitere zehn Minuten. Doch führte eine Wegabkürzung vom Stadtrand weg, am rechten Bachufer entlang, durch den Eichenhain zu Jokas Haus. Dieser schmale Fußsteig zweigte bei der Holzbrücke ab, über welche auch der meistbenützte Weg führte.

Als sie bei der Brücke angelangt waren, forderte sie ihn lächelnd und ihn mit Blicken liebkosend auf: «Laß uns hier abbiegen, für mich ist es näher, und für dich ist es ein hübscher Spaziergang durch den Wald.» Er zögerte, schob die abgewetzte Lederschulmappe von der linken Hand in die rechte und meinte: «Aber für mich ist es auf der Straße näher.»

Da sie wußte, daß er eigensinnig und trotzig sein konnte, verlegte sie sich darauf, den Mann in ihm herauszufordern. Sie verzog den kleinen runden Mund zu einem lebhaften, spöttischen Lachen: «Du fürchtest dich wohl, mit einer Frau durch den Wald zu gehen! Noch dazu jetzt, da es bald dunkel wird! Was wird deine Mutter dazu sagen?»

«Aber nein doch!» rief er fast zornig und folgte ihr.

Jetzt mußte sie ihm die Verlegenheit nehmen und ihn in die richtige Stimmung bringen. Es blieb ihr nicht viel Zeit, und eine so günstige Gelegenheit würde nicht bald wieder kommen.

Sobald sie die zwanzig Meter Steigung unmittelbar nach der Brücke zurückgelegt und den schon belaubten, durchsichtig grünen Wald betreten hatten, entschloß sie sich, möglichst ohne Umschweife auf ihr Ziel loszusteuern, doch so, daß er sich nicht bei seinen Eltern über ihre Zudringlichkeit und Schamlosigkeit beschweren konnte, falls es ihr nicht gelingen sollte, ihn zu verführen.

«Weißt du», begann sie, Blätter von einem abgerissenen Zweig zupfend, «ich habe nicht nur gescherzt, als ich sagte, du fürchtest dich wohl, mit einer Frau durch den Wald zu gehen. Du weichst mir aus, und ich – vergehe vor Sehnsucht, mit dir zu reden, mit dir allein zu sein. Ich denke so oft an dich, jede Nacht träume ich von dir, ich weiß nicht, was mit mir los ist, noch nie hat mir jemand derart den Kopf verdreht.»

Sie sprach atemlos, hastig, um ihn in dieser Einsamkeit, inmitten dieses weichen, hellen, frischen Grüns zu betören. Doch der Junge schwieg, und da sie auf dem schmalen Steig nicht nebeneinander gehen konnten, wandte sie sich nach ihm um, um in seinem Gesicht zu lesen. Mladen war bleicher als gewöhnlich, seine Lippen bebten. Seinen Augen, welche das Versinken der Sonne hinter den grünen Hügeln widerspiegelten, konnte sie nichts Bestimmtes entnehmen. Er senkte sogar erschrocken den Blick und strauchelte. Sie fing ihn auf und behielt seine kalten, zitternden Hände lange in den ihren.

Sie wanderten weiter, und da es eine ebene, zum Sitzen geeignete Stelle erst wieder unter dem wilden Birnbaum unweit ihres Hauses gab, nahm sie sich vor, ihn erst dann zum Stehenbleiben zu veranlassen, wenn sie dort angelangt waren, und ihn vorläufig nur mit Worten anzustacheln und weich zu stimmen.

Langsam und mit kleinen Schritten vorangehend, klagte sie, sie sei nicht so jung wie seine Schulkameradinnen, sicherlich sei er in eine von ihnen verliebt, sie aber stehe als Frau noch in voller Blüte. Sie beteuerte, sie wünsche ihm nur Glück und Freude, sie würde ihre Seele für ihn geben. Sie beschwor ihn, nicht töricht und unbarmherzig ihr gegenüber zu sein, sondern sich mit ihr zusammenzutun. Es würde schön für sie beide sein, versprach sie, sie würde ihm Freuden schenken, von denen ihm nicht einmal träume. Er schwieg noch immer, stumm und starr vor Staunen oder voll süßer Ahnungen. Doch sie, berauscht von den eigenen Worten, achtete immer weniger auf seine Schweigsamkeit.

Als sie unter dem Birnbaum angelangt waren, wandte sie sich langsam und entschlossen um und umfaßte seine freie linke Hand mit ihren heißen Händen. Auch seine Finger glühten und bebten jetzt. Er riß sich nicht los, und als sie merkte, daß seine Finger die ihren suchten, griff sie mit der Rechten in seinen offenen Hemdkragen und flüsterte, tief in seine großen, brennenden, glänzenden und angsterfüllten Augen blikkend: «Mein Liebling!»

Er umarmte sie mit der freien Hand, und da er sich nicht entschließen konnte, sie zu küssen, reckte sie sich hoch, schmiegte sich an seinen unreifen, doch festen männlichen Körper, zog sanft seinen Kopf zu sich herab und preßte sacht, zartfühlend, als gebe sie seinem Wunsche nach, ihre feuchten auf seine trockenen, herben Lippen.

Rasch drängte sie ihn unter den Birnbaum, unter dem Vorwand, jemand könne vorbeikommen und sie auf dem Pfad überraschen. Sie ließ seine Linke nicht los, obgleich es beschwerlich war, Hand in Hand durch das Buschwerk zu dringen. Er ging gehorsam und, wie ihr schien, entschlossen hinter ihr her. Beim Birnbaum angekommen, lehnte sie sich an den knorrigen Stamm und zog ihn erneut an sich, an ihre Lippen und ihre Brust.

«Leg die Schulmappe weg, Dummerchen! Warum sträubst du dich, wenn ich dir doch alles, auch das Herz in der Brust geben würde!» flüsterte sie fiebernd. Als sie sein Widerstreben spürte – fast wütend warf er die Mappe hin –, fürchtete sie, die Zärtlichkeiten übertrieben zu haben, und fügte hinzu: «Wie erfahren und süß du küssen kannst!»

Küssen konnte er, wenn auch wie im Fieber und ohne zu saugen, daß es einem den Atem benahm und einen alles vergessen ließ. Er wußte nicht, was er mit seinen langen, knochigen Händen anfangen sollte, schien sich vor ihren Brüsten und noch mehr vor ihren Hüften zu scheuen. Sie kombinierte, daß er schon irgendeine Halbwüchsige geküßt hatte, daß aber sie seine erste wirkliche Geliebte war. Sie mußte vorsichtig sein, um ihn nicht vor den Kopf zu stoßen und abzuschrecken, vielmehr mußte sie ihn erregen und anleiten, sich seinen impulsiven, vermeintlich kühnen, in Wahrheit tappenden und ängstlichen Bewegungen überlassen.

Der Boden war feucht, das Gras noch frisch und saftig. Doch das durfte sie jetzt, dieses eine Mal, nicht stören.

Als er fieberhaft den Kopf an ihrem weichen und duftenden Busen barg und seinen knochigen, schlanken Körper blindlings gegen ihre vollen, kräftigen Schenkel preßte, meinte sie, auch selbst von einem sachten Taumel der Leidenschaft erfaßt, nun unbekümmert auch das ausführen zu können, was noch zu tun blieb. Sie zog ihn zu sich ins Gras, als winde sie sich überwältigt und hingerissen unter ihm, und flüsterte ihm zu: «Komm, mein Herz, quäl mich nicht länger! Nur gib auf deine Hose acht!»

Sie mußte ihm jedoch weiterhin unauffällig helfen, sich vorgeblich seinen Bewegungen fügen und seine Männlichkeit reizen. «Oh, wie süß ist es mit dir, mein Liebling!»

Als es vorbei war, sah er sie wortlos an. In seinen Augen erblickte sie sich, selbstsüchtig frohlockend und verjüngt in der grünen Flut von

Gras und Laub. Sie fürchtete, sein unterdrückter Widerwille könnte ihn bewegen wegzulaufen, deshalb begann sie ihn rasch und geistesgegenwärtig zu liebkosen, wie eine Mutter oder Schwester sein errötetes, flaumiges Gesicht zu streicheln. «Wie lieb, wie wundervoll, wie zärtlich du bist! Ein wahrer Engel! Glücklich wird diejenige sein, die du lieben wirst, die dich genießen wird!»

Denn ebenso wichtig wie zuvor die Verführung war es jetzt, ihn nicht sich selbst zu überlassen, ihn im Bann ihrer Hände, ihrer Liebkosungen und sanften Umarmungen zu halten. Sie mußte ihm den Verlust häuslicher Geborgenheit ersetzen und ihn an das Dasein gewöhnen, das nun vor ihm lag. Das Laub über ihnen wurde dunkelblau im Dämmerlicht, von Boškos Haus – erst jetzt erinnerte sie sich, daß sie sich unter diesem Baum auch Boško hingegeben hatte – hallten Menschen- und Tierstimmen herüber, die Mühle weiter unten rauschte einschläfernd. Mit einemmal barg er in krampfhaftem Aufwimmern den Kopf an ihrer Schulter, voll Freude fühlte sie seine Tränen auf ihrer Haut, die kühl war von der Abendluft und dem Nachlassen der Erregung. Sie konnte nicht erraten, und es war im Augenblick auch nicht entscheidend, ob er aus Scham und Verzweiflung oder vor Verzückung und Glück weinte. Sie koste ihn zärtlicher, liebevoller, drückte ihn enger an sich, bis seine Tränen versiegten und er begann, sie mit Küssen zu bedecken, bis sein Körper, in einem neuen, wilderen Feuer erbebend, sich in den ihren zu versenken begann. Irgendwo in ihrem von Leidenschaft benommenen Bewußtsein festigte sich die Erkenntnis, daß der abermalige Liebesrausch der Sünde die Kraft nahm, daß Mladen sie nicht mehr so leicht vergessen konnte.

Später, wieder ruhig geworden, gingen sie etwa hundert Schritte durch den Wald und setzten sich im Schutz des Buschwerks am Rande ihrer Wiese nieder, als halte Scham und Trauer sie ab, ans Licht und ins Freie zu treten. Sie warteten, bis es vollends dunkel war, damit niemand aus seinem Haus oder aus dem Dorf sie erblickte. Drei Fenster seines Hauses waren von gelbem Licht erhellt, und sie, jetzt ein wenig traurig, legte den Kopf in seinen Schoß und klagte: «Ich liebe dich wie einen Bruder, genau wie einen Bruder. Ich habe keinen Bruder, dir will ich eine Schwester sein. Ich hätte nie gedacht, daß es so kommen würde, ich habe dich wie eine ältere Schwester umarmt. Aber was soll ich tun, wenn du so süß und lieb bist und ich dir nichts abschlagen kann? Sag, wann wir uns sehen können, mein Herz! Wie Bruder und Schwester, wenn du das lieber willst. Sag es deiner Schwester, mein Süßer!»

Sie hob den Kopf von seinem Schoß und merkte an seinem ironischen, satten männlichen Lächeln, daß er ihr nicht glaubte, doch sein knabenhaftes Gesicht war von einem sanften, unschuldigen Glanz erhellt. Und ihre Augen wurden tatsächlich feucht vor Ergriffenheit, als er sie küßte und ihr fest und zärtlich versprach, er werde sich schon morgen, wenn er von der Schule heimkehre, im Weidengesträuch unterhalb ihres Hauses mit ihr treffen.

Von da an wuchs und entfaltete sich ihre Liebe. Sie verabredeten Zeichen für ihre Zusammenkünfte und ersannen Liebesspiele, die dazu führten, daß er immer schamloser und sie vorgeblich immer verschämter wurde.

Denn das war auch für sie etwas Neues: Durch ihn schien sie ihre Jugend wiederzugewinnen – eine nicht gekannte, reife und ausschweifende Jugend. Sie mied spontan und vorsätzlich Begegnungen mit ihren einstigen Liebhabern, da sie fürchtete, die wollüstige Reinheit ihrer Beziehung zu ihm könne getrübt werden, der goldene Glanz seiner braunen Locken in ihr verblassen, die Glut seiner immer wilderen Liebkosungen in ihr erlöschen. Sie schwor ihm, obgleich er sie nicht danach fragte, sie sei rein, seitdem sie ihm begegnet sei, und sie werde es bleiben, solange er sie haben wolle. Das schmeichelte ihm, wie sie merkte, und sie freute sich über alles, was ihm angenehm war.

Anfangs trafen sie sich jeden zweiten oder dritten Tag. Mit Anbruch des Sommers aber wurden ihre Begegnungen häufiger, und seit seine Ferien begonnen hatten, verging selten ein Tag, an dem sie nicht zusammenkamen. Ihre ungetrübte und immer reicher werdende Liebe hätte sicher den ganzen Sommer angehalten, hätte Joka nicht gemerkt, daß sich zwischen ihrer Tochter Jela und dem Lehrer Boško etwas abspielte, was sie unfehlbar und ohne Befremden als Liebesleidenschaft und Annäherung zwischen zwei Liebenden definiert hätte, wenn es sich nicht um ihre Tochter gehandelt hätte.

Begonnen hatte es im Hochsommer, als ihre und Mladens Liebe den Höhepunkt erreicht hatte, bald nachdem Boško auf Urlaub hierhergekommen und Jela fünf, sechs Tage später ihrer Stiefmutter durchgebrannt und hier eingetroffen war.

Joka begann unwillkürlich ihre Tochter, deren Kommen und Gehen, die Veränderungen an ihr, ihre Absichten, aber auch Boškos häufiges Verlassen seines Hauses zu beobachten. Sie vernachlässigte die sommerlichen Freuden ihres eigenen Körpers. Zweimal versäumte sie sogar, sich aus ihren wollüstigen Träumereien zu reißen und an das Bachufer in Mladens nun schon reife Umarmungen zu eilen. Sie waren es schon gewohnt, daß der Bach neben ihnen murmelte, als spiele er mit einem silbernen Kettchen, daß er sie aus dem betörenden Spiel der verschlungenen Körper, der sanften, müden Küsse weckte oder sie zu noch leidenschaftlicheren, innigeren und heißeren Vereinigungen hinriß.

In den schlaflosen Nächten, die nun folgten, ertappte sie sich dabei, daß sie auf die Tochter eifersüchtig war. Das bestürzte sie und bewies ihr unwiderlegbar, daß sie alles leichter ertragen würde, wenn es sich um einen andern Mann und nicht um Boško handeln würde.

Denn Joka kannte Boško und gedachte seiner mit der tiefverwurzelten Erinnerung und Erfahrung der Geliebten, die sich ihm lange Zeit nicht nur willig hingegeben, sondern mit ihm auch alle Tollheiten der Liebe durchgekostet und die Leidenschaft oftmals so lange gesteigert hatte, bis sie beide völlig ausgelaugt und abgestumpft vom Genuß waren. Wenn ihre Leidenschaft und Begierde überhaupt Grenzen kannte, wußte Boško bis zu ihnen vorzudringen. Er versetzte Joka nahezu in eine Art Geschlechtslosigkeit, in eine selige Gleichgültigkeit, in der nur eines hell und klar blieb, nämlich die Erkenntnis, daß dieser Zustand vorübergehend war und sie aus ihm sehnsüchtiger, unersättlicher erwachen werde. Sie erlebte in der Erinnerung von neuem die bewußt groben und schamlos raffinierten Einzelheiten ihrer Liebesspiele und Ekstasen. Dieser Sommer der Liebe mit Boško, dieses grüne, heiße und kalte Tal, auch die Erinnerung an ihre eigenen Reaktionen lebten noch jetzt in ihr als eine einzige glühende und wilde Vereinigung, von der sich nur die tollsten und süßesten Episoden abhoben mit ihrem Rahmen von Obstgärten, Feldern und Hainen, in denen sie beide sich immer wieder nahmen. Dies alles wirkte um so zügelloser und leidenschaftlicher, als es sich sozusagen vor den Augen des gesamten Dorfes und vor Jokas Mutter abspielte, die ihnen eines Abends, als sie vor dem Regen in der Hütte Schutz suchten, selbst das Lager bereitete, ihnen zu essen brachte und sie bald darauf sich in das gefederte Bett im einzigen Zimmer des Hauses legen hieß. Das alles war vor noch nicht langer Zeit geschehen, im vorvorigen Sommer, und es war ihr unfaßbar, daß Boško nun mit seinem breiten und harten Mund, seiner gespaltenen Oberlippe und seiner vorstehenden Unterlippe Jelas feingezeichneten, unberührten, rosigen Mund küßte, ihre schmale, geschmeidige Taille umfaßte, die Träger des Unterkleides von ihren Schultern streifte, ihre scheuen, eben erst erblühten Brüste preßte, hemmungslos ihre schmächtigen Schenkel entblößte und sie mit dem knochigen Gewicht seines Leibes spreizte.

Unfaßbar, und doch unabwendbar! Denn Boško war der einzige Liebhaber gewesen, der ihr nicht nur ein Verhältnis vor aller Augen aufgezwungen hatte, sondern auch die Art bestimmmte, wie sich ihre Liebesleidenschaft erfüllen sollte.

Seit ihrer Scheidung waren damals zwei Jahre vergangen. Joka hatte sich eben erst von dem langwierigen und schmachvollen Scheidungsprozeß erholt, für welchen ihr Mann falsche Zeugen erkauft hatte, um ihre tatsächliche Untreue zu beweisen. Während dieser zwei Jahre hatte sie verstört in zufälligen Liebesverhältnissen von kurzer Dauer Trost gesucht. Diese hinterließen jedoch Überdruß und Leere. Sie mußte auch deshalb auf guten Lebenswandel bedacht sein, weil sie in Trauer um ihren Vater war, der in dem Jahr nach ihrer Scheidung gestorben war. Sie kam nur schwer mit dem Haus und Gut zurecht, von dessen Einkünften sie ohne allzu große Plage leben konnte, das ihr aber tägliche Obsorge abverlangte.

Dennoch bedeutete es einen Niedergang in ihrem Leben. Ihr Mann hatte sich in dem Marktflecken, der auf den Trümmern zerfallener Staaten und dank dem Schacher mit Waren, Geld und Menschen zur Blüte gelangt war, rasch vom bäuerlichen Kriegsspekulanten zum wohlhabenden Kaufmann emporgearbeitet. Dadurch war sie, die Ackerbäuerin und Schafhirtin, zur Hausfrau avanciert, die sich nur dem Haushalt und dem Ehemann zu widmen brauchte. Es war ein angenehmes Leben, das sieben, acht Jahre währte.

Und obgleich die Bäuerin in ihr niemals ganz erloschen war, wie auch ihre Kleidung noch den einen oder anderen Zierrat der Volkstracht aufwies, begann sie sich nun in diesem behaglichen Leben einer Städterin mehr Freiheiten zu nehmen und den vielbeschäftigten Ehemann zu betrügen. Sie war ihm schon vorher nicht ganz treu gewesen. Drei-, viermal jährlich fuhr er nach Sarajewo, um Waren einzukaufen, das Geschäft weitete sich aus, der Reichtum nahm zu, und sie merkte, wie aus ihm ein Emporkömmling wurde, der auf seinem Weg nach oben rücksichtslos und in seiner Gier nach Macht und Reichtum unersättlich war. Obgleich sie sich mit dieser Lebensweise abgefunden hatte, wurde sie selbst gewahr, daß ihr Platz immer weniger neben dem Mann war, der sich mit den Ellbogen unter die Reichen und Mächtigen drängte.

Sie stürzte sich immer bedenkenloser in die Untreue, ihr Mann nützte den Klatsch aus, um von ihren Verfehlungen viel Aufhebens zu machen und die Scheidung durchzusetzen. Die Tochter wurde ihm zugesprochen, Joka kehrte zu ihrem Vater und in das bäuerliche Leben zurück, frei, doch hilflos und kompromittiert, nicht imstande und nicht willens, wieder eine Bäuerin zu werden, sich in schwerer, ihr jetzt fast tierisch erscheinender Arbeit und in wahllosen, primitiven Liebschaften mit Bauern aufzureiben.

Und just als sie sich nach zwei Jahren in diesem Leben zurechtzufinden begann, tauchte Boško auf. Sie kannten sich oberflächlich von früher her, aus ihrer Mädchenzeit. Doch jetzt war er ein erwachsener Mann, der nach Beendigung des Studiums und Leistung des Militärdienstes auf seine Anstellung wartete. Er war acht Jahre jünger, doch erfahrener und draufgängerischer als sie.

Schon am ersten Abend, als sie ihm auf dem Heimweg aus der Stadt begegnete, begleitete er sie über die Wiese bis zur Quelle unter dem Kirschbaum beim Haus, hielt sie durch sein Geplauder dort zurück, und sobald es dunkel war, begann er sie heftig und selbstsicher zu küssen, so daß sie, selbst wenn sie es gewollt hätte, ihm keinen Widerstand entgegensetzen konnte. So nahm er sie damals auf dem niedergetretenen Rasen an der Quelle, bevor sie sich klarwerden konnte, ob sie sich wehren oder leidenschaftlich auf ihn eingehen sollte. Der Tau fiel, ihre Augen spiegelten die Sterne, sein heißer Atem streifte ihren Hals.

Doch schon am nächsten Abend im Wald, unter dem Birnbaum, auf der Matte, die sie mitgebracht hatte, harmonierte und wetteiferte sie mit ihm in Liebesraserei und Findigkeit. Boško war ihr erster wirklich gewiegter Liebhaber. Scham vor ihr kannte er nicht. Niemals gebrauchte er vulgäre Worte, doch er hieß sie, sich vor ihm zu entkleiden, betrachtete sie gelassen und bedächtig. Auch sie schämte sich nicht vor ihm, sie war immer bereit, sich ihm darzubringen, sich nackt und begehrlich an ihn zu schmiegen.

Es war eine Liebe ohne Scham und ohne Niedrigkeit, eine Vereinigung, von der er und sie nur dies eine erwarteten und forderten. Liebevolle Zärtlichkeit gab es nicht zwischen ihnen, doch parallel mit der Leidenschaft und unabhängig von ihr entwickelte sich gegenseitige Aufmerksamkeit, sogar Achtung. Sie blieben auch als Liebesleute alte Bekannte und gute Nachbarn. Sie war zufrieden, sie strahlte, erwärmt von einer Glut, die sie bisher nur geahnt hatte. Denn was konnte sie als geschiedene, ältere, ungebildete Frau verlangen? Es schmeichelte ihr und war für sie eine Auszeichnung, deren sie sich würdig fühlte. In der Leidenschaft, im Liebesakt gab sie ebensoviel, wie sie nahm, sie war durchaus ebenbürtig.

Doch der Zwiespalt, die Unvereinbarkeit seiner Rolle als Liebhaber und jener als Nachbar, das Trennende zwischen dem Gebildeten einerseits und der Bäuerin andererseits, dem jungen Mann und der Geschiedenen blieben bestehen.

Etwas davon war in der Haltung ihrer Mutter Boško gegenüber spürbar. Sie bereitete ihnen das Lager und brachte ihnen zu essen, doch nichts in ihrem Benehmen deutete darauf hin, daß er der Geliebte ihrer Tochter war. Sie empfing und verabschiedete ihn gleichmütig und wie selbstverständlich als Nachbarn und Mann, der seiner Familie und seines Ansehens wegen Anspruch auf Bewirtung und freundliche Aufnahme hatte. Auch mit Joka sprach sie niemals über dieses Verhältnis. Worte gegen etwas Unabwendbares waren zwecklos, sie konnten nur an die Schmach gemahnen, konnten den natürlichen Lauf der Dinge und die Beziehungen zwischen ihnen dreien stören. Wenn sie das Lager bereitet hatte, trat sie still und ernst ein und sagte lächelnd – einzig in diesem bewußt freundlichen, ihr kantiges Gesicht erhellenden Lächeln äußerte sich ihre unergründliche Anteilnahme –, ohne sie oder ihn anzusehen: «Jetzt könnt ihr zu Bett gehen.» Am Morgen brachte sie ihnen erst dann das Frühstück, wenn sie ihre lauten, unbekümmerten Stimmen hörte. Sie lächelte dabei noch heiterer und weicher: «Habt ihr gut geschlafen?» Sie gewöhnten sich rasch an sie und wandten sich an sie, wenn sie etwas brauchten, doch stets so, daß sie ihr nicht vor Augen führten, was sich zwischen ihnen beiden abspielte und was sie verband.

So störte nichts das Verhältnis zwischen ihr und Boško, und es blieb ihr in dieser Form in Erinnerung, obgleich sich Boško, als er im nächsten Sommer wiederkam, durch das Strandbad und die Stadtmädchen von ihr ablenken ließ. Da sie von ihm nichts anderes erwartete als wilden Sinnestaumel, fand sie sich damit ab, daß er sie verlassen hatte. Der mit ihm in nackter, ungetrübter und unwiederbringlicher Leidenschaft verlebte Sommer wäre ihr so, wie er gewesen war, im Gedächtnis geblieben, hätte sich nicht diesen Sommer zwischen Jela und Boško eine Beziehung angebahnt, über deren Tragweite und Inhalt sich Joka nicht im klaren war, und sie wagte auch nicht, sich diese einzugestehen.

Denn obgleich sie relativ leicht die Kränkung überwand, daß die eigene Tochter ihr den Geliebten nahm, wollte es ihr nicht in den Kopf, daß Jela, ihr Nesthäkchen, die gleichen Genüsse und Sinnesfreuden erlebte, mit denen nur sie und Boško einander so reich beschenken konnten. Sie wäre nicht so bekümmert und erbittert gewesen, hätte sie nicht gewußt, nicht noch immer daran denken müssen, wie Boško küßte, umarmte und liebte, hätte ihr Körper nicht auch jetzt, sobald sie sich Jela mit Boško vorstellte, gebebt in der Erinnerung an die Plätze, die Stunden und die Formen der mit ihm erlebten Genüsse, hätten nicht noch nachträglich seine Küsse ihr die Sinne geraubt, seine Bisse ihre Brüste und Schultern verletzt. Die Beziehung zwischen Jela und Boško ließ ihre eigenen mit ihm genossenen Sinnesfreuden quälend vor ihr erstehen. In ihrer Erinnerung zeichneten sich die Bilder schärfer und sogar leidenschaftlicher ab, als sie in Wirklichkeit gewesen waren, bewogen sie, wie von Sinnen ihre Tochter, deren Lippen, Hals und Brüste zu betrachten, um etwaige Spuren von Boškos Lippen und Zähnen zu entdecken. Das störte auch ihr sie verjüngendes Liebesverhältnis mit Mladen, trieb sie, ihn zu Methoden zu verleiten, die sie mit Boško erdacht und erlebt hatte.

Es war, als gäbe es nichts mehr – auch nicht ihre geheimsten Wünsche –, was nicht von dem dunklen wilden Strom der Leidenschaft zwischen Boško und Jela erfaßt wäre.

Doch bald – drei, vier Tage nach dem Erwachen ihres Argwohns gegen Jela und Boško – erkannte sie, daß diesen Vorstellungen, dieser Sehnsucht nach Boško Eifersucht zugrunde lag. Als sie sich darüber im klaren war, hoffte sie, die Dinge nun leichter und ruhiger hinnehmen zu können. Und anfänglich konnte sie das auch.

Die Beruhigung hielt ein, zwei Tage an, dann kam es schlimmer als zuvor. Die Vorstellungen verblaßten, statt ihrer erwachte in ihr ein wilder, finsterer, besessener Widerstand gegen Boškos und Jelas Verhältnis. Er war nicht zu erklären, seine Ursachen und Wirkungen waren nicht abzusehen, er wuchs und erstarkte, unabwendbar, furchtbar, äußerte sich in Schlaflosigkeit, zermürbendem Grübeln, schmerzlichem und unentrinnbarem Sichverlieren in Erinnerungen an die Kindheit und Mädchenzeit, in der leeren Hoffnung, diese Zeiten könnten wiederkehren und von neuem erlebt werden. So verzehrte sie sich zwischen Vergangenheit und Hoffnung. Mal redete sie sich ein, daß zwischen Jela und Boško nichts Schreckliches und Unfaßbares vorging, dann wieder resignierte sie niedergeschlagen vor der Unabänderlichkeit der Tatsachen.

Mit einemmal zog sich für sie das Warten auf die Tochter qualvoll und aufreibend lange hin, wenn diese ausgegangen war oder spät nach Hause kam, und ebenso zermürbend war es für sie, nach Mladen und einem Zeichen von ihm auszuschauen. Ziellos suchte sie Betäubung in den Stelldicheins mit ihm oder in häuslicher Arbeit.

Und obgleich sie sich – wenn auch voll inneren Zweifels – einredete, ihre Eifersucht und diese Krise hätten nichts zu bedeuten, nahm diese Selbsttäuschung ein jähes Ende. Der unmittelbare Anlaß hierzu waren Mladen und das Verhältnis mit ihm, wie durch sie auch alles andere ins rechte Licht gerückt wurde.

Wie jedes Jahr, wurde auch diesmal am St.-Peters-Tag an der Mineralwasserquelle auf den Wiesen nahe der Stadt ein Fest veranstaltet. Joka hatte mit Mladen verabredet, daß er am frühen Nachmittag von der Festwiese aufbrechen und sich im Wald beim Birnbaum mit ihr treffen werde. Deshalb, noch mehr aber, um ihre Eifersucht auf die Tochter zu überwinden, erlaubte sie Jela, zusammen mit ihrer Altersgenossin Milena – Boškos Schwester – zur Quelle zu gehen.

Etwa um vier Uhr nachmittags erschien Mladen schweißgebadet unter dem Birnbaum. Durstig trank er sogleich Wasser aus dem Krug und nahm dann Platz auf der weißen Matte neben der barfüßigen, mit unbedecktem Kopf und halb entkleidet wartenden Joka. Nur der dichte Schatten des Birnbaumes bot Schutz vor der brütenden Hitze. Joka liebte den Schweiß und die Hitze des Jungen. Sie beugte sich mit dem ganzen Körper über ihn, wischte ihm mit ihrem schwarzen Tuch die Stirn, knöpfte sein graues Hemd bis zum Gürtel auf, begann seine Brust zu küssen, seinen Bauch und seine Lenden zu streicheln.

Mit halbgeschlossenen Augen und ausgestreckten Gliedern überließ sich der Junge mit wohligem Genuß ihren frischen Küssen, dem festen und beharrlichen Streicheln ihrer Hand. Doch sie kannte ihn besser. Das Zucken seiner Lenden, den feuchten, fast verschlafenen Glanz seiner Augen, das Zittern seiner sich zusammenpressenden dunkelroten Lippen deutete sie als bewußte Zurückhaltung, als Speichern des Begehrens. Und um das Anschwellen und Reifen dieses Begehrens nicht zu behindern, unterließ sie jede Aufdringlichkeit, enthielt sich leidenschaftlichen Anschmiegens und plump herausfordernder Berührungen. Ihre kurzen, dünnen Zöpfe – ihr Haar war schütter, weich und von hellem, kastanienbraunem Glanz – hingen auf seine Brust herab, ihre Lippen und ihr Geflüster belebten sein Gesicht, seine Lippen, Augen und Ohren. «Mein Kleiner, mein Lieber! Bist müde, kannst es kaum erwarten, dich ausstrecken zu dürfen. Ruh aus, lieg still, mein Herz!»

Doch Mladen erriet – sie wußte es –, daß sie auf diese Art seine Glut entfachen, seine Leidenschaft schüren, ihn zur Vereinigung mit ihrem Körper reizen wollte. Durch diese vorgeblich mütterlich-schwesterliche Zärtlichkeit feuerte sie sich selbst an. Die Sinnesfreuden mit Mladen waren ihr eben deshalb unersetzlich, weil sie ihnen den Anstrich des Mitleids und Trostes für den lieben, unbeholfenen, einsamen Jungen gab. Und je länger ihr Verhältnis währte, desto mehr verlieh sie ihrer Lust diese mütterlich-schwesterliche Note, denn dadurch wurde der Junge unternehmungslustiger und erfinderischer.

Auch jetzt, als ihr voller und fester Leib mit seinen weichen Rundungen ihn umfing und er dicht über sich ihre verschleierten, starr auf ihn gerichteten Augen und ihre runden, sich verlangend öffnenden, bebend suchenden Lippen sah, wurde er plötzlich munter, drückte sie mit dem rechten Arm an sich, saugte sich an ihren Lippen fest und drückte sie sacht nieder.

Im Nu verwandelte er sich in einen kräftigen, festgebauten, ungeduldigen Mann und sie sich in eine schmachtende, fügsame Frau. Die Erde unter ihr und die Büsche um sie her hatten sich verflüchtigt. Wie durch einen sinnbetörenden Nebel, wie in einer lieben, fernen Erinnerung nahm sie wahr, daß über seinem Kopf, den sie mit ihrer rechten Hand stützte, ein undurchdringliches Dach aus schimmerndem grünem Laub schaukelte. «Mein süßer Mann!» flüsterte sie, drückte ihn noch fester an sich und schloß die Augen.

Dann war er wieder müde, doch es war eine süße Mattigkeit, die sich mit Hilfe ihrer bedeutsamen, jetzt weiblichen Liebkosungen in noch heißere, hemmungslosere Leidenschaft verwandeln konnte. Immer noch begehrlich küßte sie ihn mit weichen, feuchten Küssen um die Ohren herum und strich über seine schweißbedeckten, mageren, schon muskulösen Schenkel, doch streichelte sie ihn jetzt nicht wie einen Jungen, dessen sehnsüchtige Trauer gelindert werden soll, sondern wie einen Geliebten, der abermals entfacht werden soll.

Doch sie wußte, daß diese sanften, scheinbar nur gefühlsbedingten Liebkosungen nicht genügten. Wenn seine Leidenschaft von neuem erwachen sollte, mußte er in die Wirklichkeit zurückkehren, in die Welt, in welcher sie beide sich zwar als Liebende kannten, jedoch nicht verpflichtet waren, dies abermals zu sein. Denn offenbar mußte er Abstand gewinnen von dem eben durchlebten Liebesakt und vor allem von ihrem erneuten Verlangen, das sie nicht verschleiern konnte. Erst dann würde er sich wieder von der Leidenschaft fortreißen lassen. Sie half ihm, wie immer und in allem, aus melancholischen Träumereien zur Wirklichkeit zu erwachen, doch nicht zu dieser, in der jede Bewegung ihres Körpers, jedes Zucken ihrer Lippen, jedes Aufleuchten ihrer Augen die Unersättlichkeit ihrer Wünsche verriet, sondern zu jener andern, in der sie nichts als Bekannte und Freunde zu sein schienen.

Das begehrliche, doch zartfühlende Kosen mußte durch ein vernünftiges, beinahe kaltes Gespräch, gleichgültig worüber, ergänzt werden. Deshalb begann sie sich mit ihm zu unterhalten, ihn zu fragen, wie es auf dem Fest gewesen sei, ihn zu necken, daß er sich dort die Mädchen angesehen und sie, die gealterte, einfältige und häßliche Frau, vergessen habe.

Mladen hatte sich schon früher nur obenhin gegen ihre Neckereien verteidigt, doch hatte sie das nicht verletzt – wenn nicht in einem Jahr, dann in zweien würde er sie verlassen, und auch jetzt sei er gewiß in eine Schulkameradin oder in ein Stadtmädchen verliebt. Jetzt aber war er verschlossen und ungewöhnlich schweigsam, als sei auf dem Fest etwas vorgefallen, was er ihr verheimlichen wollte oder was zuzugeben ihm peinlich war. Neugierig, noch mehr aber beunruhigt bei dem Gedanken, Jela könnte etwas zugestoßen sein, drang sie in ihn.

«Das ist es ja», platzte er schließlich heraus, «Jela! Sie ist mit Boško in den Wald gegangen, angeblich zur oberen Quelle. Als wir hinkamen, waren sie aber nicht dort! Der Skandal ist in aller Munde.»

«Wieso Skandal?» fragte Joka scheinbar erstaunt und hielt mit den Liebkosungen inne. «Auch andere Mädchen gehen mit Burschen – in den Wald oder sonstwohin.» Mladen sagte nichts darauf, und beherzter fuhr sie fort: «Und ihr denkt gleich an das Schlimmste!»

«Aber das ist nicht dasselbe», sagte Mladen ein wenig verärgert.

«Wieso nicht dasselbe? Warum nicht? Was redest du da! Sie ist schon lange kein Kind mehr. Gewiß, sie ist jung, aber sie ist gut entwickelt. Viele Mädchen heiraten in ihrem Alter. Vielleicht hat der junge Mann ihr gefallen und sie ihm», sprudelte sie hervor, immer weniger überzeugt.

Mladen, mit einer unausgesprochenen Erkenntnis beschäftigt, unterbrach sie nicht. Doch als sie, durch sein Schweigen bestärkt und durch die eigene Gesprächigkeit beruhigt, ausrief: «Und du solltest dich schämen, so von ihr zu denken!», leugnete er nicht, sondern fiel ihr ins Wort: «Aber alle, sogar diejenigen, die dich nicht kennen, wissen, daß du seine Geliebte warst. Sie munkeln sogar, du habest Jela mit ihm verkuppelt! Aller Augen waren auf sie gerichtet, und alle haben über sie getuschelt.»

Joka hatte geahnt, daß Mladen um ihr Verhältnis mit Boško wußte, obgleich sie beide nie darüber gesprochen hatten. Doch die nicht ausgesprochene Wahrheit war nicht verletzend für sie gewesen. Voll Kummer hatte sie schon bisher gespürt, daß etwas Häßliches an der Liebe zwischen ihrer Tochter und ihrem früheren Geliebten war. Doch erst jetzt hatte ihr Mladen fast greifbar die vollendete Tatsache dieses Verhältnisses und ihre eigene undurchsichtige, vielleicht schmutzige Rolle darin vor Augen geführt. Sie begriff, wie grauenhaft, wie verwerflich den Leuten dies alles erscheinen mußte, welche Wirrnis, welches Dunkel zwischen ihr und ihrer Tochter herrschte. Niedergeschmettert erkannte sie klarer als bisher die Unmöglichkeit einer Ehe zwischen Jela und Boško, selbst wenn er dazu geneigt wäre. Aus Unrat entsteht Unrat! Und was wird morgen sein, wenn jemand Jela gegenüber andeutet – falls dies nicht schon geschehen ist –, ihre Mutter Joka sei Boškos Geliebte gewesen? Ihre Lippen wurden starr, das Wort erstarb ihr auf der Zunge, ihre Hände ruhten vergessen irgendwo auf dem Körper des Jünglings, der ihnen fremd geworden war.

Und Mladen sagte, als ergründe er einen Gedanken, der bisher im Unterbewußtsein geschlummert hatte, jedoch naheliegend war: «Man braucht sich schließlich nicht über ihn zu wundern. Sie ist – weißt du, gewissermaßen ist sie wie du, nur viel jünger und schöner.»

Er verstummte unter ihrem bestürzten Blick, vielleicht entsetzt über die eigene jähe Erkenntnis. Die eisige Kälte seiner Augen, die herbe, Betroffenheit verratende Härte seiner Lippen weckten in ihr den Gedanken, sogar die felsenfeste Überzeugung, daß auch er, wenn er es nicht schon früher getan hatte, so doch in diesem Augenblick Jelas taufrische, blühende Schönheit begehrte, die er schon kannte, die er in Jelas Mutter, in ihr, Joka, schon genossen hatte.

Doch er faßte sich rasch. Auf den linken Ellbogen gestützt, begann er ihr mit behutsamer Zärtlichkeit das zerzauste Haar aus der niedrigen, glatten, schweißglänzenden Stirn und aus dem dunklen, drallen Gesicht zu streichen, sie mit Worten und Küssen aufzuheitern und abzulenken: «Nimm es nicht so schwer! Das ist nun einmal so. Ich mag dich gerne, mehr denn je. Ich wollte dir nichts erzählen, aber du wolltest ja unbedingt alles wissen! Komm, lächle wieder! Willst du deinen Jungen nicht umarmen, nicht nett zu ihm sein?»

Solche Zärtlichkeiten hatte er ihr noch nie gesagt, und noch nie war er beim Kosen so temperamentvoll gewesen. Aber nicht genug damit, daß sie seine Leidenschaftlichkeit kaum wahrnahm, sie mußte auch mit Schaudern daran denken, daß diese nicht nur ihr galt, sondern unbewußt und auf rätselhafte Weise auch Jela. Entsetzt wies sie diesen Gedanken von sich. Jetzt wußte sie nur noch, daß sie Mladens Liebkosungen erwidern und sich ihm hingeben mußte. Das ihr bisher nur halb bewußt gewesene Fordern ihres zwar aufgewühlten, doch noch nicht befriedigten Körpers hatte plötzlich nichts mehr gemein mit Sehnsucht nach Liebe, mit dem zärtlichen Wunsch, zu lieben und geliebt zu werden.

Ihrer Erbitterung lag etwas Tieferes zugrunde als Eifersucht auf Jela, Verlangen nach Boško und Trauer um ihn. Auch ihr Liebesleben mit Mladen war mitbetroffen, und das gerade in den Augenblicken selbstvergessener Hingabe.

Sie begann sich vorzuwerfen, alles zu leicht genommen, sich in falschen Vorstellungen gewiegt zu haben. Und alles hatte von Anfang an darauf hingedeutet, daß sich zwischen Jela und Boško eine Liebschaft anbahnte. Jetzt, während sie versuchte, die Bewegungen ihrer Lippen, Hände, Hüften jenen Mladens anzupassen, entsann sie sich der Einzelheiten und erkannte, daß Boškos Schwester Milena im Grunde die Vermittlerin gewesen war, wenn sie sich auch der wahren Absichten Boškos und der Art seiner Beziehungen zu Jela nicht ganz bewußt war. Ein bisher ungekannter Zorn auf Boško überkam sie. Verdorben, rücksichtslos war er, dieser feine Herr, und dann diese flachbusige, bleichsüchtige, schweigsame, offenkundig leidenschaftslose Schwester, die Jela zu sich einlud, mit ihr in die Stadt ging und sie bis in die Dunkelheit bei sich behielt.

«Ich muß Jela entgegengehen, ich darf sie nie mehr allein ausgehen lassen», entschied sie, während sie Mladen umarmte und ihm ihren Schoß öffnete. Doch er, betört von der Leidenschaft, von den feuchten, warmen, rätselhaften Tiefen ihres Körpers, schien sie nicht zu hören.

Zum erstenmal, seitdem sie sich mit ihm zusammengetan hatte, war es nicht jene unwiederbringliche, flammende Leidenschaft und konnte es nicht sein. Angst und Sorge um Jela oder um das eigene Schicksal erfüllten sie, und sobald Mladen sie aus den Armen ließ, erhob sie sich, ordnete ihr Haar und band das Kopftuch fest.

«Wohin? Du willst doch nicht schon fortgehen, jetzt, da es für uns am schönsten ist?» protestierte er, ohne sich vom Kissen zu erheben.

«Ich muß!» erklärte sie entschlossen und sachlich. Ärgerlich über die eigene Kälte, küßte sie ihn auf den Hals und fügte hinzu: «Sei nicht böse, mein Liebling!»

Fast mit Gewalt zog sie ihn von der Matte weg, schüttelte diese aus und redete ihm zu: «Schau, die Sonne geht hinter den Hügeln unter! Bald kommt die Nacht! Ich muß sie finden, bevor es dunkel ist. Und ich muß mich auch noch zurechtmachen. Ich wäre schon früher gegangen, aber ich konnte deinetwegen nicht. Wie hätte ich dich unbefriedigt zurücklassen können, mein Liebes?»

Mladen, sein Haar kämmend, grollte weiter: «Wo soll ich jetzt hingehen? Was soll ich anfangen bis zur Dunkelheit? Wozu bin ich überhaupt hergekommen?»

«Mein Guter, wir haben doch unsere Freude aneinander gehabt», fuhr sie in jenem schmeichelnden und sachlichen Ton fort, während sie die Matte faltete, «gewiß, nicht so lange, wie wir gekonnt und gewollt hätten, aber doch! Versteh mich recht – ich bin Mutter, ich habe nur sie. Sie ist unerfahren, naiv, ein Kindskopf! Und du, du bist so lieb! Ein andermal, wann immer du magst, gehöre ich dir, solange du willst und kannst. Was weiß sie vom Leben, von den Männern? Sie wird sich ihr Leben verpfuschen, wenn ich ihr nicht zu Hilfe komme. Wir beide werden uns schon noch schadlos halten, wenn du so entflammt bist, junger Mann!»

Obgleich beschwichtigt, schien er ihr nicht zu lauschen. Er stützte sich mit der rechten Hand gegen den Baumstamm und blickte über das vergoldete, von grauen Bergen umrahmte Tal. Sie schmiegte sich an ihn, küßte ihn mit kurzen trockenen Küssen auf die Lippen und strich über seine gekämmten Haarlocken. «Ach, es tut mir so leid!» klagte sie. «Ich kann nie genug von dir bekommen! Erst jetzt war es mir richtig süß mit dir.» Und entschlossen, streng fügte sie hinzu: «Aber ich muß, ich muß, ich muß zu Jela!»

Mladen nahm die Hand vom Baumstamm und seufzte. «Jetzt muß ich fast bis zur Stadt zurücklaufen, damit die Leute aus dem Dorf nicht sehen, woher ich komme.» Und gleichsam nach kurzer Überlegung fügte er hinzu: «Aber ich glaube, es wird alles nichts nützen. Sie ist in ihn vernarrt. Auch über Boško braucht man sich nicht zu wundern: Sie ist wunderschön, ganz Lebendigkeit und Leichtigkeit, dabei reif wie du. Auf dem Fest war keine so wie sie. Vielleicht war die eine oder andere schöner, aber keine so jung, so reif und so verführerisch.»

«Quäl mich nicht auch noch du, mein Liebster», wies Joka ihn bedrückt und mit gespieltem Humor zurecht, während sie die Matte und das Kissen auf die rechte Schulter hob. Es wäre freilich natürlicher gewesen, wenn der junge Mladen sich in Jela verliebt hätte, doch Joka sagte im Fortgehen streng zu ihm: «Du könntest so etwas nie tun – sie ist meine Tochter!»

«Nein, ich nicht», antwortete der Junge mit Überzeugung, «aber ich habe sie beobachtet, während Boško ihr den Hof machte. Es ist etwas Wildes, Ungebärdiges in ihr, und doch diese deine – wie soll ich es ausdrücken? –, deine gutmütige Nachgiebigkeit und milde Kraft. Der Blick ihrer blauen Augen trifft einen wie Messers Schneide, mit ihren vollen Lippen scheint sie aus den Grübchen zu lächeln. Sie berührt die Erde kaum, ihre Brüste sind fest wie Äpfel und drohen wie Hörner!»

Jela hatte die scharfen Züge des Vaters und die Weichheit der Mutter geerbt, sie war eine harmonische Mischung aus beiden. Joka war sich stets dessen bewußt gewesen, daß ihre Tochter schön war, doch erst jetzt erkannte sie, daß diese Schönheit ihr nicht nur unbegreiflich war, sondern auch eine unüberbrückbare Kluft zwischen Jela und ihr bildete. In dieser Schönheit fühlte Joka sich wiedererstanden, doch gleichzeitig erstarb sie darin.

Um von der Stadt zu den Mineralwasserquellen zu gelangen, brauchte man eine gute Stunde, doch Joka traf ihre Tochter und Boško auf halbem Wege in der Dämmerung, die nach trockenem Laub roch und von bläulichen Schatten belebt war, inmitten einer ausgelassenen Schar.

Joka wurde verlegen, als sie sich den Leuten gegenübersah, die unbekümmert und halbbetrunken über den Weg torkelten, und begann sich zu rechtfertigen: sie sei in der Stadt gewesen und ihnen nun entgegengegangen. Boško war nicht betrunken, er trank selten und wenig, dennoch begann er sie vor allen Anwesenden zu hänseln: sie sei wohl von Angst um ihre Tochter gepackt worden. Leise und spöttisch stieß er zwischen den Kiefern hervor, doch so, daß Jela und Milena ihn hören konnten: «Aber deine Sorge kommt zu spät, und du hast dich ja selbst mit irgendeinem vergnügt.»

Obgleich er nicht egoistisch war, wurde er bissig, sobald ihm jemand etwas vorenthalten wollte, und genoß seine eigenen Bosheiten: So hatte er es nie ertragen können, wenn sie sich ihm aus irgendeinem Grunde verweigerte. Doch der Verspottete brauchte sich ihm gegenüber nur ein wenig zartfühlend zu zeigen, schon hörte er auf zu sticheln, war besänftigt, vergaß den Ärger und die Mißstimmigkeiten. Er ließ sich leicht von Leidenschaften hinreißen, und wenn er sie abreagiert hatte, überkam ihn bittere Reue.

Doch selbst wenn Joka geneigt gewesen wäre, durch Scherze oder Bitten seinen Zorn zu besänftigen, konnte sie dies nicht vor Jela tun. Aufgebracht fauchte sie: «In was für eine Gesellschaft bist du da geraten – kein Wunder, daß ich besorgt bin!», damit ergriff sie die verblüffte Tochter am Arm und zog sie mit sich fort.

Boško blieb stehen, als wolle er etwas sagen, doch dann biß er nur wütend die Zähne zusammen, schüttelte den Kopf und ging weiter, wobei er sich betonter als sonst in den breiten Schultern wiegte und unruhig seine dünnen weißen Finger spielen ließ. Milena stand noch immer still, als müsse sie einen Entschluß fassen, doch als Joka mit böser Miene an ihr vorüberging, lief sie ihrem Bruder nach. Jela sah die Mutter nicht an, sondern stieß erbittert und grimmig hervor, während sie sich losriß: «Als ob ich ein Stück Vieh wäre! Wenn ich ohne dich aufwachsen konnte, kann ich auch selbst auf mich achtgeben!»

Joka wollte sie zurechtweisen: Schweig still, du unverschämtes Ding, spricht man so mit seiner Mutter? Doch sie dachte daran, daß ihre Tochter nicht nur wußte, weshalb der Vater die Scheidung beantragt und erreicht hatte, sondern vielleicht auch gehört hatte, daß Boško der Geliebte ihrer Mutter gewesen war. Da sie sich auch in anderer Beziehung vor ihrer Tochter schuldig fühlte, beherrschte sie sich und murmelte nur: «Wir sprechen uns später, wenn wir allein sind.»

Nahezu eine halbe Stunde lang wanderten sie in gespanntem Schweigen in Richtung des zunehmenden Mondes, der über dem Tal stand, jede mit ihren Sorgen und Widersprüchen beschäftigt, während von den grünen Hügeln eine frische Brise herüberwehte.

Doch hinter der Biegung, dort, wo der Pfad zu Boškos Haus abbog, wartete dieser auf sie, um ihr seinen Zorn ins Gesicht zu schleudern: «Du kommst zu spät, Joka! Und du hast vergessen, wie du selbst mit sechzehn Jahren warst!»

«Zu spät gekommen oder vergessen, sie wird nicht meinen Weg gehen», gab Joka zurück, ohne anzuhalten.

Boško schlenderte pfeifend den Pfad entlang und demonstrierte damit bewußt seine Zufriedenheit mit sich selbst, Joka überquerte die Wiese zusammen mit Jela und eilte zu der kleinen, von Erlen verdeckten Brücke.

Nicht zulassen, daß Jela ihren Weg ging – was sie soeben im Zorn gesagt hatte, erschien ihr nun als der ausschlaggebende, der wichtigste Grund ihrer Opposition gegen Boškos und Jelas Liebe. Und obgleich sie wahrscheinlich, wie Boškos Auftrumpfen andeutete, allen Ernstes zu spät gekommen war und sich zwischen Boško und Jela bereits das abgespielt hatte, was ihrer Tochter unwiderruflich den Weg ihrer Mutter wies, erhielten diese Worte, einmal ausgesprochen, eine besondere, ihr erst jetzt klargewordene Bedeutung. Ihr Entschluß war gefaßt, obgleich sie bisher kaum über ihr Leben nachgedacht hatte. Wenn Schwierigkeiten, wie jene anläßlich der Scheidung, sie dennoch hierzu zwangen, erschien es ihr erträglich, ja sogar vergnüglich.

Auch als sie im Dorf noch Mangel litten, hatte sie es verstanden, behaglich zu leben, wie sie auch, wenngleich sie keine Dirne war, immer einen Weg fand, ihr Verlangen zu stillen. Dabei war ihr auch zugute gekommen, daß sie von Natur aus duldsam, fast sanft war und daß sie, ohne eine Lügnerin zu sein, die Wahrheitsliebe nicht übertrieb, denn das Beharren auf der Wahrheit vergiftet die Beziehungen und vergällt das Leben nicht weniger als die Flucht in die Lüge. Sie ging jedem offenen Zusammenstoß aus dem Wege, außer wenn er sich um keinen Preis vermeiden ließ, sie betrog in der Liebe, doch in Grenzen, den Umständen angemessen. Häufiger betrogen und verließen ihre Liebhaber sie. Liebesworte sind nun einmal unverbindlich, Leidenschaften äußern sich in hochtönenden, irrealen Bekenntnissen, um schöner und leidenschaftlicher zu sein. Hin und wieder hatte sie beim Ehebruch das Gefühl, eine Sünde zu begehen. Doch dieses Gefühl war nicht tief und beständig, und sie fand rasch ein Mittel dagegen: Sie beichtete. Denn es war seltsam, doch unleugbar: Nach dem Gebet und der Beichte war die Sünde süßer, obgleich oder gerade weil sie offenkundiger und eindeutiger wurde. Und immer, wenn sie jedes Maß zu verlieren begann, wenn ihre Leidenschaften von Ekstase und Genuß in krampfhafte, stumpfe Ausschweifung umschlugen und ihre Sündenlast ihr zu schwer wurde, bat sie Gott in der altertümlichen Kirche am Stadtrand von ganzem Herzen um Verzeihung, gab eine bescheidene Spende und begab sich zur Beichte, zu dem alten Pfarrer, der sie gewohnheitsmäßig und fast scherzend fragte: «Na, Schwester, schon wieder fleischliche Sünde?» Und sie antwortete zerknirscht und aufrichtig: «Schon wieder, Vater! Was soll ich Arme tun, wenn des Allmächtigen Gnade mich so geschaffen hat?»

So meisterte sie die Schwierigkeiten, und das Leben ging weiter. Freude und Leid verflochten sich, lösten einander ab, fluteten heran und hinweg wie Wellen. Und das Schönste im Leben war, daß man Unheil und Mißgeschick schnell vergessen konnte, daß sie – gerade weil sie vom Leben nicht mehr verlangte, als es ihr bot – immer neue, tiefere und bleibendere Genüsse und Freuden entdeckte.

Auch jetzt, da sie voll Härte und Überzeugung sagte, Jela dürfe nicht ihren Weg gehen, empfand Joka, wenn sie auf ihr Leben zurückblickte, kein Bedauern darüber, daß es nicht besser gewesen war, noch wünschte sie, es möge anders gewesen sein.

Sich mit ihrer Tochter vergleichend, mußte sie sich eingestehen, daß sie ihre Unschuld bewußt, lechzend und freudig mit sechzehn Jahren an den bärtigen, hochgewachsenen Hauptmann verloren hatte, der, Witwer und dreimal so alt wie sie, auf Urlaub in die Gegend gekommen war. Auf der Jagd streifte er um die Weideplätze und erblickte sie, das Hirtenmädchen, das ungeduldig darauf brannte, verführt zu werden. Ihre Mutter schöpfte Verdacht, sie zürnte und war erbittert, vielleicht mehr als heute Joka Jela gegenüber, sie verbot Joka, zu den Viehweiden zu gehen. Das Mißtrauen der Eltern und der Klatsch im Dorf waren wohl der Grund dafür, daß ihre Eltern es so eilig hatten, sie nach auswärts zu verheiraten. Jetzt erinnerte sie sich: Insgeheim war sie böse auf die Eltern, weil diese ihrer Verbindung mit dem Hauptmann ein Ende setzten, um so mehr, als sie argwöhnte, daß es zwischen ihrer Mutter und dem Hauptmann ein Liebesverhältnis gegeben hatte. Ihre Mutter Doca hatte, als Joka noch ein Kind war, zärtlich den Staub von dem grauen Offiziersmantel des Hauptmannes gewischt.

Trotz dieser Ähnlichkeit zwischen ihrem und Jelas Schicksal, trotz der Schönheit und des Wertes ihres eigenen Lebens, deren sich Joka bewußt wurde, während sie und ihre Tochter sich von Boško trennten und den etwa hundert Meter langen Acker überquerten, hätte sie, als sie die Brücke betrat, beinahe nochmals aufgeschrien: «Ich kann, ich darf meiner Tochter nicht erlauben, meinen Weg zu gehen!»

Auch als sie die Brücke verlassen hatte und mit Jela über die gemähte Wiese schritt, schienen sie die offenkundige eigene Inkonsequenz und die Ähnlichkeit ihrer Schicksale zu veranlassen, innerlich zu wiederholen: nicht meinen Weg, nur das nicht!

Jela folgte ihr mit gesenktem Kopf, doch augenscheinlich weder beschämt noch bereit, sich zu fügen. Sie sah die Mutter nicht an, wenn diese sich umwandte, doch auch nicht gerade vor sich hin, sondern einmal dahin, einmal dorthin, sie schritt mit betonter Leichtigkeit aus und klapperte laut mit den Absätzen. In dem grünlichen Farbenspiel von Dämmerung und Mondlicht erkannte Joka plötzlich, wie unfaßbar, wie erschreckend schön ihre Tochter war. Sie glich dennoch mehr dem Vater, wie er als junger Mann gewesen war. Mit ihren klaren, feingezeichneten Zügen schien sie in fernen Höhen zu schweben, während Joka in ihrer Gedrungenheit und Schwerfälligkeit der Erde verhaftet war. Doch Jela hatte nichts Spitzes, Knochiges oder Abweisendes – die Züge des Vaters wirkten durch die von der Mutter ererbten weiblichen Rundungen sanfter und weicher. Sie war geschmeidig, doch nicht allzu groß, ihre festen, für ihr Alter vollen Brüste strafften sich herausfordernd unter der weißen Seidenbluse. Ihre Lippen waren dunkelrot. Fein geschnitten und voll zeichneten sie sich in dem länglichen, teils weißen, teils rosigen Gesicht ab. Die blauen Augen waren von der Nacht, vielleicht auch vom Zorn dunkel geworden. Sie hatte ein jähes, störrisches Gemüt, anders als ihre sanfte, friedfertige Mutter, und ihr schlauer, zielstrebiger Vater.

Von der Brücke bis zum Haus waren es keine zehn Minuten, zuerst ging es über die ebene, von einem Graben durchzogene Wiese, dann den gemähten Hang hinauf, vorbei an der Quelle unter dem Kirschbaum. Von ihrem inneren Zwiespalt verwirrt, über die Schönheit der Tochter betroffen und wegen des Konfliktes mit ihr verstört, schwieg Joka und zwang sich, weiter ihren Erinnerungen und Gedanken nachzuhängen, während sie vor der Tochter herging.

Ihre Betrachtungen über das Leben flossen auch weiter glatt und eben dahin, verdichteten sich zu Erinnerungen an die Jugend, an den großen, düsteren, ein wenig unbeholfenen Hauptmann, den Augenblick, als sie sich ihm in dem Gehölz oberhalb des Dorfes hingab. Der Tau glitzerte noch, der schwarze Schnurrbart des Hauptmannes roch nach Tabak, und dieser Geruch mengte sich mit jenem der Erdbeeren und der feuchten Erde. Der Himmel, die an langen Stielen zitternden Blätter, die großen Halme neben ihren Wangen schwanden und kehrten wieder, sie verschmolzen ebenso wie die Gerüche mit ihr, mit ihrem von Schmerz und Neugier erfüllten, süßen Sinnestaumel. Auch jetzt erschauerte sie innerlich vor der nächtlichen Feuchtigkeit und vor dieser Erinnerung, dabei schämte sie sich vor ihrer so niederschmetternd schönen, unverwüstlich jungen Tochter, der sie nun verwehrte, den gleichen Weg zu gehen wie sie selbst.

Die Erinnerungen kamen von selbst, das Nachdenken bereitete keine Mühe. Doch es war schwer, Worte zu finden, die sie ihrer offenkundig erbosten und widerspenstigen Tochter näherbringen konnten.

So erreichten sie wortlos den Kirschbaum und die Quelle. Von hier war es nur einen Steinwurf bis zum Haus. Wie vor Müdigkeit nach Luft ringend, unangenehm berührt von der Erinnerung, daß sie sich hier auf dieser Wiese unverhofft und eher neugierig als erregt zum erstenmal Boško hingegeben hatte, setzte sie sich neben die Quelle, um ungestört mit der Tochter zu sprechen.

Jela stand rechts von ihr und sah in die Richtung, aus welcher sie gekommen waren – vielleicht hinüber zu Boškos Haus, dessen einziges erhelltes Fenster durch den dunklen Garten leuchtete.

«Gib mir Wasser», gebot Joka der Tochter, obgleich sie selbst es näher hatte zur Quelle. Jela ging schweigend vorne herum zur Quelle, schöpfte Wasser und reichte ihr den Zinnbecher. Das kalte Wasser reizte Jokas Durst, sie trank den Becher leer. Jela begann währenddessen, sich zu waschen.

Von oben, von Jokas Haus, bellte der alte Hund ein-, zweimal herüber. Jela richtete sich auf und schwenkte die nassen Hände. Von ihrem Gesicht und ihren Händen rannen silberne Tropfen. Obgleich Joka jene erste Vereinigung mit Boško noch immer bildhaft gegenwärtig war, kamen ihr spontan – so schien es ihr jedenfalls – die so ersehnten und gesuchten Worte: «Ich habe niemand auf der Welt als dich! Und auch du hast jetzt niemand als mich! Ich allein bin auf dein Glück bedacht.»

Auch sie war, wie sie sich entsann, das einzige Kind ihrer Eltern gewesen. Eigentlich war sie dies erst, nachdem die beiden jüngeren Brüder an der spanischen Grippe gestorben waren. Doch nicht der Tod ihrer Brüder war es, der ihre Mutter Doca bewog, den Verfehlungen der Tochter gegenüber nachsichtiger zu werden. Nein, sie wurde dies erst später, etwa zu der Zeit, als es in Jokas Ehe zu kriseln begann und es sich nur noch schwer verheimlichen ließ, daß sie ihren Mann betrog, Mutter Doca aber zu altern begann. Mit Jela stand die Sache ganz anders: Jela war noch ein Mädchen, jung und unschuldig, und es war zu zeitig für sie, den Weg ihrer Mutter zu gehen. Zudem hatte Joka als Mädchen ihren Eltern, besonders ihrer Mutter, nach außenhin gehorcht und sie auf immer schlauere Weise getäuscht, während Jela sich offen und starrsinnig auflehnte. Sie konnte – das war das schlimmste – jederzeit zu ihrem Vater zurückkehren oder weglaufen und dabei Schimpf und Schande zurücklassen. Auch jetzt schwieg sie, ihr Gesicht glänzte vor Nässe, doch es blieb unbewegt, kein Lächeln stand darin, sondern ein harter, gereizter Ausdruck, als habe ihre Mutter überhaupt nicht versucht, im guten mit ihr zu reden.

Joka fuhr fort: «Du solltest es mir wie einer Schwester sagen, wenn dich etwas bedrückt, damit ich dir helfen kann. Wer könnte dich mehr lieben, es besser mit dir meinen als deine Mutter? Ich weiß nicht, wie es mit dir und Boško steht, ich sehe nur, daß etwas vorgeht zwischen euch, und über dich wird schon geklatscht. Du setzt deinen Ruf aufs Spiel! Ich glaube nicht, daß er es ernst meint mit dir, er hat studiert, sein Vater ist Gutsbesitzer, er wird sich nach einer besseren Partie umsehen. Vielleicht habe ich Fehler begangen, gewiß habe ich das, aber du mußt auf dich achten, dich vorsehen, der gute Ruf ist im Nu dahin. Wer wird dich heiraten, wenn er erfährt, daß du dich mit anderen abgegeben hast? Erzähl mir, was er will, was er zu dir sagt! Was ist zwischen euch?»

Das Mädchen sah zu Boden und antwortete widerwillig: «Was soll er mir denn versprechen? Ich bin kein Kind.»

Joka hätte sich als Mädchen nicht einmal vorstellen können, daß sie so zu ihrer Mutter sprechen würde, sie hatte ihre Gedanken und Worte im Zaum halten müssen. Noch jetzt war etwas von dieser Fügsamkeit in ihrer Beziehung zu Mutter Doca. Aus Jela hingegen sprachen die neue Zeit, das ohne mütterliche Aufsicht herangewachsene Mädchen, doch auch ihr wilder, eigenwilliger Charakter. Dennoch wollte Joka nicht zu scharf werden, die feinen Fäden nicht zerreißen, die sie mit

Mühe zwischen sich und der Tochter gesponnen hatte.

«Du bist kein Kind, und doch bist du eines. Was weißt du von der Liebe, vom Leben?»

«Was gibt es denn dabei zu lernen? Boško gefällt mir.»

«Er gefällt dir! Und gefällst du ihm?»

«Auch ich ihm – er sagt es jedenfalls.»

«Sagt es jedenfalls! Gefällst du ihm, ja oder nein?»

«Ich denke, ich gefalle ihm.»

«Und was weiter? Was war zwischen euch? Was ist heute geschehen?»

Doch Jela antwortete nicht mehr, ihr Blick schweifte wieder umher, ihr Gesicht trug wieder den Panzer.

«Hat er dir etwas versprochen? Wie hat er dir gesagt, daß du ihm gefällst? Worauf wollte er hinaus?»

Jela wich zurück und starrte die Mutter an. «Und warum fragst du mich das alles?»

«Was heißt warum? Ich bin doch deine Mutter! Ich möchte dir helfen.»

«Nun also: Er hat – er hat gesagt, daß ich ihm gefalle.»

«Hat er dich angerührt? Hat er versucht, dich zu küssen?»

Jelas Gesicht wurde verschlossener, der Panzer darauf härter und dunkler. Joka fuhr eindringlich fort: «Du mußt mir alles sagen. Ich kann dir nicht erlauben, herumzulaufen und dich mit jedem Beliebigen zu treffen.» Sie stand auf, von ihren eigenen Worten bewegt: «Was wird dein Vater sagen, wenn er davon hört? Denn du bedeutest mir alles – Leben und Glück. Du wirst nicht mehr mit Boško zusammenkommen. Wenn er etwas will, soll er sich an mich wenden – ich bin deine Mutter.»

«Aber ich werde mich mit Milena treffen», hielt ihr Jela entgegen.

«Nein, auch mit ihr nicht!»

«Mit wem soll ich denn dann Umgang pflegen?»

«Mit niemandem. Mit mir. Milena ist eine Kupplerin.»

Wie rasend, als habe sie auf ein Wort der Herausforderung nur gewartet, kehrte sich Jela vollends der Mutter zu und stieß schneidend hervor: «Vielleicht sagst du das alles, weil du auf mich eifersüchtig bist.»

In Joka drehte sich alles. Auch ihre Tochter hatte also von ihrer Liebschaft mit Boško gehört. Die Wiese da vor ihr, rechts von der Quelle – ihre erste Vereinigung mit Boško lastete düster, unüberwindlich und hoffnungslos auf ihr. Das war nicht mehr Sünde, die sich durch Beichte sühnen ließ. Dies hier hatte begonnen, außerhalb von Jokas Ich im Raum und in den Dingen zu leben, sie zu geißeln und mit den Ahnungen und Vorwürfen ihrer Tochter zu verfolgen. Ein nie gekannter, so finsterer und hemmungsloser Zorn befiel sie, daß sie versucht war, sich die Kleider zusammen mit Fetzen ihres eigenen Fleisches vom Leib zu reißen. Sie packte die Tochter an den Schultern, rüttelte sie und schrie: «Verworfene! Schamlose! Eben deshalb darfst du dich nicht mit ihm einlassen! Versinkst du denn nicht in die Erde vor dieser Schande!»

Jela aber schwieg undurchdringlich und entwand sich sacht den Händen der Mutter. Der Zorn in Joka begann nachzulassen. Doch als bedaure sie dies und fürchte, Jela könne ihr entkommen, packte sie sie am Unterarm und zog sie in die Richtung des Hauses: «Von heute ab verläßt du das Haus nicht! Hast du gehört? Ich habe es im guten versucht, war nachgiebig und freundlich, und du beschimpfst mich! Wie ich auch sein mag, ich bin deine Mutter und muß auf dich und deinen Ruf achten. Schämen solltest du dich!»

Als sie beim Haus angelangt waren, begrüßte der Hund sie von der Hütte her mit Gebell. Er liebte in erster Linie Joka, doch sie hatte keine Liebkosungen für ihn. Sie wurde sich dieses Versäumnisses erst bewußt, als sie an der Hundehütte schon vorbei war und vor dem Haus stand. Ärgerlich über sich selbst, nahm sie sich vor, Mutter Doca nichts zu sagen und vor ihr den Streit nicht fortzusetzen.

Doch als sie das Vorzimmer betraten, sah Mutter Doca sie mit ihren kleinen grünen Augen unter den breiten schwarzen Brauen fragend an – vielleicht hatte sie die Auseinandersetzung an der Quelle gehört oder aus ihren schmollenden Gesichtern alles herausgelesen –, senkte ihr breites, knochiges Gesicht und sagte mit eisiger Strenge, wie dies sicherlich auch ihre Mutter oder deren Mutter getan hätte: «Es gibt immer und überall böse Menschen! Ich war besorgt, ich habe nicht gewußt, daß ihr beisammen seid.» Doch ihre Tochter und ihre Enkelin antworteten ihr nicht, sondern betraten das Zimmer.

Während Mutter Doca sich im Vorzimmer mit dem Abendessen zu schaffen machte, kam Joka der Gedanke, ihrer Tochter die Bluse herunterzuziehen und ihre Brüste und Schultern auf Spuren von Boškos Zähnen und Lippen zu untersuchen. Doch sie unterließ es um Mutter Docas Seelenruhe willen, weil ihre Tochter Widerstand leisten würde und zudem um ihrer selbst willen. Dazu hatte auch sie, die Mutter, kein Recht, auch sie war von ihrer Mutter nie so behandelt worden. Durch diese Überlegung von neuem zur Raserei getrieben, ballte sie die Fäuste, legte sie aufeinander und schüttelte sie über dem Kopf ihrer Tochter, wobei sie deren schwarzes, dichtes Haar, das in Locken über die glatten, runden, zarten Schultern fiel, kaum streifte: «Weh mir Armer! Mir und dir werde ich ein Leid antun!»

Doch sie sprach diese unheilvollen, drohenden Worte nur, wie sie in Augenblicken des Liebesrausches feurige und liebevolle Worte sprach. Sie wußte selbst, daß sie nicht imstande war, ihrer Tochter Böses anzutun, sie konnte ihr nur verbieten, das Haus zu verlassen.

Zwei Tage danach schlug sie sogar Milenas an Jela gerichtete Einladung zu einem nachmittägigen Plauderstündchen im Garten aus. An diesem Tage ging sie zum erstenmal nicht zum Stelldichein mit Mladen; aus Angst, ihre Tochter könnte dieses Verhältnis entdecken, ließ sie ihn im Weidendickicht vergeblich auf sie warten. Sie bemühte sich, Jela gegenüber möglichst aufmerksam zu sein, sie mit gutem Essen und freundlichen Worten zu verwöhnen, um den Streit vergessen zu machen.

Doch nichts konnte die zerrissenen Fäden wieder knüpfen, die schon vorher von seiten der Tochter allzu schwach und unbestimmt gewesen waren. Jela schwieg und grollte weiterhin, die düstere Stimmung übertrug sich auch auf Mutter Doca, die immer häufiger und immer unverhohlener seufzte, Unheil prophezeite und ihre Tochter drängte, sich ihr anzuvertrauen.

So verging eine Woche, und eine zweite brach an.

Am Samstag, am Markttag, mußte Joka zur Stadt, und bevor sie aufbrach, überlegte sie, was sie mit ihrer Tochter anfangen solle: sie mitnehmen oder zu Hause lassen. Sie entschied sich, Jela mitzunehmen und ständig im Auge zu behalten, denn Mutter Doca wußte noch nichts Genaues und war auch der Enkelin gegenüber zu weichherzig, um ihr etwas abzuschlagen. Sie wies also Jela an, sich zum Ausgehen anzukleiden.

Während Jela sich zurechtmachte, stand Joka vor dem Haus und spähte zum Dorf und zur Straße hinüber, auf welcher Gruppen von Menschen dahinzogen und Vieh vor sich hertrieben. Von Mladens Haus winkte kein Zeichen, nichts lud zu einem Treffen ein, und unten, an der Einfriedung von Boškos Garten, saß jemand im Schatten und las Zeitung. Sicherlich Boško, denn wer sonst konnte lesen? Und sicher versuchte er über die Zeitung hinweg festzustellen, wann sie, Joka, zur Stadt aufbrechen und ob sie ihre Tochter mitnehmen würde. Schon dies ärgerte Joka, und als Jela fertig war, schlug sie hastig mit ihr zusammen den Waldweg ein, um zu verhindern, daß sie Boško oder Milena begegneten und diese Jela ein Zeichen gaben.

Jede Mutter hat, wenn sie Bekannten oder Freunden begegnet, mit ihnen etwas zu besprechen, was die Tochter nicht hören soll. Das war auch bei Joka der Fall. Außerdem mußte sie um die zu verkaufende Wiese feilschen. Im Gedränge konnten Milena oder jemand anders Jela etwas zuraunen, deshalb hielt Joka es für das beste, ihr Tochter bei Verwandten zu lassen, deren Haus inmitten eines Gartens am Stadtrand stand.

Doch als sie spätnachmittags zu den Verwandten kam, traf sie Jela nicht an. Man sagte ihr, Jela habe nicht länger warten wollen, sie sei vor ein, zwei Stunden mit einer Freundin nach Hause gegangen. So hatte sich ihre Tochter jeder Aufsicht entzogen.

Müde und schweißgebadet hastete Joka ins Dorf. Als sie zur Abzweigung an der Brücke kam, ging ihr durch den Kopf, Jela könne im Garten bei Milena sein, deshalb schlug sie die Straße und nicht den Waldweg ein.

Die staubige, holprige Straße nahm kein Ende, und Joka gelangte zu keinem Ergebnis, was sie mit der ungehorsamen Tochter tun solle. Ihr weiblicher und mütterlicher Instinkt sagte ihr untrüglich, daß Jela ein Stelldichein mit Boško hatte und sich ihm in diesem Augenblick hingab, während sie auf der sich endlos dehnenden Straße dahineilte und die Spitzen ihrer plötzlich schweren und schmerzenden Schuhe gegen die Steine schlugen. Sie versuchte sich selbst zu überzeugen: Vielleicht ist es gar nicht so, vielleicht hat ihr wirklich nur das Warten zu lange gedauert, und sie ist aus Trotz gegen ihre Mutter mit Milena heimgegangen, schließlich ist sie ihre Freundin, sie wollte mit ihr zusammen sein, zehn Tage lang habe ich sie wie im Gefängnis gehalten.

Obgleich nichts in ihrem Leben so schön gewesen war, wie sie es sich erhofft hatte, war auch das Unglück stets erträglicher ausgefallen, als sie befürchtet hatte.

Und wieder kamen ihr Liebeserlebnisse in den Sinn, doch nicht ihre eigenen, sondern jene Jelas mit Boško: ohne Sehnen, ohne Zärtlichkeit, auf nackte, rohe Paarung beschränkt. Irgendwo im Unterbewußtsein schämte sie sich, so von ihrer Tochter zu denken und sie so zu sehen. Und da es jetzt nicht ihre eigenen Erlebnisse mit Boško waren, wurde er für sie, wenn auch noch immer ferne, nebelhafte, unauslöschliche Erinnerungen an ihn in ihrem Körper lebten, zu einem fremden Mann, den sie kaum kannte und der sich lüstern und hemmungslos an die unerfahrene, unberührte Schönheit ihrer Tochter heranmachte.

Der gelbliche Staub, den die Herden der vom Markt wieder heimgetriebenen Lämmer in der drückenden Hitze des Tales aufgescharrt hatten, benahm ihr den Atem und blendete sie. Sie sehnte die Tageszeit herbei, zu welcher die Mittagshitze abendlicher Frische weicht, die Stunde, da der Verstand noch von Begierden eingelullt wird und der abgespannte Körper auflebt. Das Blut hämmerte in ihren Schläfen, ihre Glieder wurden schwer in der Hitze, doch sie wußte, daß dies nicht auf Verlangen und Leidenschaft, sondern auf Hitze und Ärger zurückzuführen war.

Als sie zu der Stelle gelangt war, von welcher der Pfad an dem versiegten Bach entlang zu Boškos Haus führte, stellte sich Joka auf einen Erdhügel und rief nach Milena. Doch niemand antwortete, vielleicht, weil ihre plötzlich dumpfe, rauhe Stimme nicht zu erkennen war. Sie rief wieder, lauter, diesmal mit ihrer gewohnten Stimme. Milena trat in einem weißen Kleid vor das Haus, blickte zu Joka hinüber und blieb stehen, als überlege sie.

«Hast du nach mir gerufen?» fragte sie schließlich.

«Ja. Ist Jela bei dir?»

Nach einer Pause antwortete das Mädchen: «Nein. Sie ist auch nicht hier gewesen.»

Joka stand noch immer auf dem Erdhügel und wußte nicht, was sie nun tun solle. Es dünkte sie jetzt nicht nur widersinnig, sondern auch einfältig, daß sie zuvor gedacht hatte, Jela könne bei Milena sein und nicht bei einem Stelldichein mit Boško. Doch da das Mädchen weiter vor dem Haus stand, als wolle sie ihr noch etwas sagen, fragte Joka: «Seid ihr gemeinsam aus der Stadt zurückgekommen?»

Das Mädchen schwieg wieder, länger als zuvor. «Ja», erwiderte sie dann, «aber sie ist nicht bei uns gewesen. Willst du nicht hereinkommen?»

Joka gab keine Antwort, beinahe wäre sie in ihrer Nervosität die Böschung hinabgekollert. Sie lief über die ausgedörrte Wiese. Doch auf der Brücke mußte sie den Schritt verhalten, und als habe sie eine Spur gewittert, war sie sicher, daß Jela und Boško irgendwo in der Nähe waren. Sie blieb auf der gemähten Wiese stehen, auf der das Gras bereits nachwuchs, und rief fast unbewußt so laut und schrill nach der Tochter, daß sie ihre Stimme abermals nicht erkannte.

Sie horchte, suchte mit den Augen die Gegend ab, die gelben und bläulich schimmernden Äcker, die grünen Hügel, die weißen Häuser und die sich schon violett färbenden Gärten. Doch niemand antwortete, nichts regte sich. Sie rief noch einmal aus voller Kehle mit ihrer gewohnten Stimme.

Mutter Doca trat vor das Haus. Doch auch sie blieb stumm, fragte die Tochter nicht, weshalb sie nach ihrer Tochter rufe. Dadurch, daß sie sich zeigte, gab sie Joka dennoch zu verstehen, daß Jela nicht zu Hause war, und ihr Schweigen deutete Joka, ebenfalls still zu sein.

Joka brach jäh ab, nur ein Schrei entrang sich ihrer trockenen Kehle. Sie erkannte plötzlich: Es war nicht ratsam zu rufen, es würde Skandal geben. Nicht einmal ihre eigene Mutter antwortete. Die Alte mußte erraten, vielleicht auch beobachtet haben, wohin ihre Enkelin sich gewandt hatte, und schwieg nun wie das Grab. Schwarz wie ein unheilverkündender Vogel hob sie sich von der weißen Hauswand ab.

Doch Joka mußte etwas unternehmen, und als sie ermattet, hilflos umherspähte, gewahrte sie plötzlich den Birnbaum mit seiner knorrigen dunklen Rinde inmitten des sanft gewellten grünen Strauchwerks, denselben, unter welchem sie Boško geliebt und Mladen verführt hatte. Unter diesem Birnbaum war vor kurzem auch ihr Unmut gegen Boškos und Jelas Verhältnis zutage gekommen, damals, als sie Mladen unzufrieden und unbefriedigt zurückließ und der Tochter entgegeneilte.

Liebende – das wußte sie aus ihrer eigenen langen und reichen Erfahrung – können zu jeder Zeit und an unglaublich ungeeigneten Plätzen Zärtlichkeiten austauschen und sich einander hingeben. Andererseits versteht es niemand so wie sie, heimliche und geschützte Winkel zu finden. Und nirgends auf den mit Gestrüpp bewachsenen Hängen gab es einen günstigeren Platz für ein Schäferstündchen am hellichten Tag als unter dem Birnbaum. Man konnte unentdeckt hingelangen, entweder von der Stadt aus auf dem Waldpfad oder zwischen den die Wiese säumenden Erlen hindurch bis zu den Sträuchern an dem Hang in etwa hundert Meter Entfernung von der Brücke, welche Joka kurz zuvor passiert hatte. Auch Joka und Boško hatten diesen Zugang bevorzugt. Vom Dorf aus konnte man sehen, wie sie zuerst auf dem Weg und dann über das Feld der vom Erlenholz verdeckten Brücke zustrebten, doch sobald sie die Wiese betreten hatten, konnte nur noch Mutter Doca sehen, wie sie am Bach entlanggingen, da nur Jokas Haus auf dieser Seite stand. Die Wiese war bewässert und selbst für nächtliche Zusammenkünfte ungeeignet, mit Ausnahme der Böschung rund um den Kirschbaum, und die beiden begaben sich, wenn sie bei Tag beisammen sein wollten, unter den Birnbaum, bis sie schließlich aufhörten, Mutter Doca ihre Verbindung zu verheimlichen und ihr statt dessen Gelegenheit gaben, es ihnen bequem zu machen, ihnen das Lager zu bereiten. Es gab auch einen Pfad, den nur sie kannten – durch eine Bodensenke, in welcher die Sträucher höher wuchsen und nicht so dicht beisammenstanden, so daß man sich nicht mit den Kleidern an den Dornen verfing oder vom Geäst behindert wurde. Doch dies war ein Umweg. Nahm man direkt Richtung auf den Baum zu, betrug die Entfernung keine dreihundert Meter, etwas weniger als bis zum Haus. Und während zur Rechten das Haus mit seinem weißen Anstrich freundlich und einladend wirkte, drohte jetzt auf der andern Seite der Birnbaum, bannte Joka mit seinem düsteren herben Grün, seiner breiten Krone und seiner verführerischen Kraft.

Joka rannte wie besessen über die Wiese in Richtung Birnbaum, wobei sie mit dem rechten Schuh in den nassen Graben trat bei dem Versuch, ihn zu überspringen. Augenblicklich umfing sie das Dickicht aus Haselstauden, Buchen- und Eichengehölz, wilden Rosen und Hagedorn. Sie erkannte sofort, daß sie es falsch begonnen hatte, daß sie rascher zum Birnbaum gelangt wäre, wenn sie den Umweg riskiert hätte und über den vertrauten Fußpfad längs der Wiese gegangen wäre. Doch wenn sie jetzt umkehrte, verlor sie kostbare Sekunden, und jede dünkte sie entscheidend und unerträglich, unendlich lang. Sie bahnte sich einen Weg, ohne auf die unzähligen Dornen und Zweige zu achten, in denen sie sich verfing und die sie schmerzhaft stachen und ritzten.

Boško und Jela hatten ohne Zweifel ihr Rufen gehört und konnten auch sehen, daß sie über die Wiese geradewegs auf sie zueilte. Sie gab sich nicht die Mühe, bei ihrem hastigen Lauf das Rascheln von Blättern, das Knacken dürrer Zweige zu vermeiden, sie wollte nur schnellstens zu ihrer Tochter gelangen und verhindern, daß Boško ihr die Unschuld raubte. Jela sollte nicht den Weg gehen, den sie gegangen war, der ihr unausdenkbar und grauenvoll erschien, sobald sie sich vorstellte, auch ihre Tochter könnte ihn gehen. Und seitdem sie sich durch das Dickicht arbeitete, zweifelte sie gar nicht mehr daran, daß Boško und Jela unter dem Birnbaum waren, als hätte sie sie bereits gesehen, als kämpfe, ringe sie bereits, um Jela zu retten.

Schließlich stand sie auf dem Fußpfad, etwa zehn Meter vom Birnbaum entfernt und stürzte dem Baum zu. Doch niemand war dort – das geknickte Gras bot keinen Hinweis. Kein Laut war zu hören, niemand ergriff eilends die Flucht, keine Spuren oder Zeichen waren zu entdekken. Joka kroch über die ausgetretene Stelle und roch an der Erde, ob etwas von Boškos scharfem, bitterem männlichem Geruch zurückgeblieben sei. Anschließend setzte sie sich unter den Baum und lehnte sich an seinen rauhen, dunklen, knorrigen Stamm.

Vom Dorf her waren die üblichen Rufe und Tierlaute zu hören, die Mühle ratterte, die Dämmerung senkte sich und färbte die Berggipfel rot. Müde, enttäuscht, beschämt ging Joka nach kurzer Rast nach Hause.

Sie fand Jela auf der Bank vor dem Haus sitzend, den Kopf in die rechte Hand gestützt, über das dämmerige Tal hinblickend. Mutter Doca molk die Kuh und stieß das Kalb, das zum Euter drängte, zur Seite. Sie sahen Joka nicht oder taten, sich in unergründliches Schweigen hüllend, als sähen sie sie nicht, nur der Hund begrüßte sie freudig.

Bevor sie das Haus betrat, tippte Joka an die Stirn der Tochter, um sie aus ihren Träumereien zu reißen und um festzustellen, ob sie schweißnaß war. Jela blieb reglos sitzen, doch ihre Stirn war feucht und ihr Gesicht erhitzt, wie nach einem längeren Lauf oder nach dem Liebesakt.

«Wie konntest du dich ohne meine Erlaubnis aus der Stadt davonmachen?» stellte Joka sie aufgebracht und atemlos zur Rede.

Das Mädchen schwieg, ihrer Gewohnheit nach mit trotzig gerunzelter Stirn.

«Wer hat dich mitgenommen? Mit wem warst du zusammen?» drang Joka immer heftiger in sie.

«Du weißt es ganz genau», antwortete Jela herausfordernd, erhob sich und ging ins Haus.

Joka blickte nach ihrer Mutter, die aufgestanden war, den Melkeimer in der rechten Hand hielt und mit der Linken ihr Rückgrat stützte, als spüre sie den Wetterumschwung und klage über Schmerzen. Mutter Doca tat, als habe sie nichts gesehen und nichts gehört. Es hatte auch keinen Zweck, sie mit den eigenen Kümmernissen zu behelligen, zumal es sich um Boško handelte, um Boško und Jela, von deren Verhältnis Doca vielleicht nichts wußte. Doch der Tochter mußte sie diesmal den Standpunkt klarmachen – und Joka betrat entschlossen das Haus.

Doch bevor sie die Schwelle überschritten hatte, hörte sie hinter sich schwere Schritte, sie wandte sich um und erblickte Boško, der in weißen Leinenschuhen mit seinem wiegenden Gang, die breiten Schultern schwenkend, hinter der Hütte auftauchte und auf das Haus zukam. Er wünschte Mutter Doca einen guten Abend, stieß einen tiefen Seufzer aus, als sei er müde und gleichzeitig streitlustig, setzte sich auf die Bank und schlug das rechte Bein über das linke. «Mach Licht, Joka», rief er ihr in seiner üblichen gebieterischen Art zu, «ich will mit dir allein sprechen.»

Joka wünschte ihm in diesem Augenblick alles Böse, ihr kam sogar der Gedanke, es sei ihre Pflicht, die Axt hinter der Tür hervorzuholen und ihn damit vom Hof zu jagen. Aber das wäre häßlich gewesen, es hätte eine Blamage gegeben, und sie hätte ihre eigene Handlungsweise nicht begreifen können: Er kam zu ihr ins Haus, und sie ging mit der Axt und mit Schimpfworten auf ihn los. Worin bestand denn schließlich seine Schuld? Heißt es nicht: Solange die Hündin nicht mit dem Schwanz wedelt, laufen ihr die Hunde nicht nach? Die Hauptschuldige war ja doch Jela.

Nachdem sie einen Augenblick lang überlegt hatte, ging Joka, fast beruhigt, gehorsam ins Haus, um die Lampe anzuzünden. An der Zimmerschwelle stieß sie mit ihrer Tochter zusammen und trat überrascht zur Seite. Im Zimmer angelangt, blickte sie dennoch aus dem Dunkel durch das Hoffenster, um zu sehen, wie sich Jela Boško gegenüber verhielt. Sie setzte sich neben ihn auf die Bank, obschon auf dieser nur schwer zwei Leute Platz finden konnten, und er rückte nicht zur Seite, um ihr Platz zu machen. In der Art, wie Jela dasaß, lag etwas sklavisch Demütiges, aber auch Schamloses. Sie trug sich ihm bereits an und schmeichelte ihm, es fehlte nur noch, daß sie sich vor der Mutter und der Großmutter auf seine Knie setzte. Schon das zeigte an, daß sich zwischen den beiden etwas abgespielt hatte, wodurch die trotzige, schroffe Jela ihm hörig und von ihm abhängig geworden war. So sind alle Frauen, wenn sie sich ihrem Auserwählten hingeben, und die heutigen Mädchen sind obendrein frech und skrupellos. Aber daran war nichts mehr zu ändern. Joka hatte plötzlich keine Kraft mehr, obgleich sie sich weiterhin zwang, zornig zu sein – vor Boško und vor Mutter Doca konnte sie die Tochter nicht abkanzeln. Sie wandte sich der Arbeit zu, um derentwillen sie hereingekommen war.

Zuerst konnte sie sich nicht besinnen, wo die Streichhölzer waren, und als sie sie auf dem Regal hinter der Tür fand, merkte sie, daß in der Lampe zuwenig Petroleum war und daß auch das Glas nicht ganz sauber war. Im Sommer verwendeten sie die Petroleumlampe nur, wenn sie zu Abend aßen und zu Bett gingen, deshalb war diese in unordentlichem Zustand.

Die Flasche mit Petroleum stand im Vorzimmer, das auch als Küche diente. Als sie es betrat, sah Joka durch die Tür, wie die beiden auf der Bank flüsterten und lachten, während Mutter Doca die Kuh an den Zaun neben der Hütte band. Noch machtloser gegenüber der Tochter, begab sich Joka wieder ins Zimmer.

Doch kaum hatte sie die Lampe entzündet und mit einer Schraube die Flamme auf die richtige Höhe eingestellt, erschien Boško im Zimmer. Wortlos, genau wie früher, wenn er zu ihr gekommen war, setzte er sich nicht auf die Bank am Fenster, sondern auf das hohe Eisenbett, in das er so tief einsank, daß seine Füße kaum den Boden berührten. Und als sie die Lampe an den Fensterrahmen hängte, fragte er sie, als setze er ein Gespräch fort, in seiner ein wenig spöttischen Art, die sie heraushörte, ohne sich umzuwenden und ohne seine langen, beim Grinsen entblößten Schneidezähne zu sehen: «Sag einmal, warum plagst du deine Tochter? Bist du verrückt geworden? Als ob du nicht wüßtest, was die Jugend will!»

«Aber sie ist unberührt!» Joka wandte sich ihm zu und sah ihn böse an. «Sie ist ein Mädchen. Sie soll sich gut verheiraten. Wirst du sie morgen zur Frau nehmen?»

Boško nahm die schwarzgerahmte Brille ab, rieb seine Augen, wie Kurzsichtige es tun, wenn ihre Augen überanstrengt sind, und noch immer grinsend sagte er: «Ich will noch nicht so bald heiraten! Und was ihre Unberührtheit betrifft: Sie ist so unberührt wie du, die sie geboren hat.»

«Wie – hast du etwa . . .»

«Nein, ich nicht. Sie war kein Mädchen mehr, als sie hierherkam. Aber das spielt in diesem Fall keine Rolle. Nur ist es unsinnig, daß du uns nachspionierst und ihr das Leben schwermachst. Heute zum Beispiel: Wir beide waren im Erlenholz nahe der Wiese, du hast ein Geschrei angestimmt, als stehe das Haus in Flammen, und Jela mußte Hals über Kopf fort, um vor dir zu Hause zu sein. Und das tust ausgerechnet du, obwohl du sehr gut weißt, wie sehr sich die Menschen quälen, wenn sie das nicht haben, sogar die Mönche und Nonnen!»

Joka stellte sich mitten im Zimmer mit schlaffen Armen vor ihn hin. Sie wartete, bis er die Brille aufgesetzt hatte, um ihm dann zu erklären, was sie bedrückte. Als er soweit war und über seine dichten schwarzen Brauen strich, brach sie los: «Aber sie ist meine Tochter! Hast du vergessen, was zwischen uns war und wie gut wir zueinander gepaßt haben? Wie kannst du es jetzt mit ihr tun? Tut es dir nicht leid? Schämst du dich nicht?»

Boško sprang vom Bett und legte ihr energisch, doch freundschaftlich die Hand auf die Schulter. «Du mußt das begreifen! Du mußt! Du wirst es begreifen, ich kenne dich! Mit ihr ist es doch ebenso wie mit dir! Nur irgendwie frischer, unschuldiger – immer überraschend. Vielleicht hat mich gerade ihre Ähnlichkeit mit dir zu ihr getrieben. Zuerst war es nur Spaß, ausgelassene Neugier: Ich begann sie zu necken, zu küssen, und plötzlich habe ich dich in ihr entdeckt, wie ich dich bisher nicht gekannt habe, wie du aber sicher als junges Mädchen warst. Jetzt gibt es kein Zurück! Ich werde vorsichtig sein, damit niemand etwas erfährt. Aber wenn du uns nachspürst wie heute, wird es Skandal geben. Denn sie und ich werden uns auch in Zukunft treffen, und sei es vor aller Augen.»

Sie sah zu ihm auf, betrachtete sein kantiges Kinn, die breiten Nüstern seiner starken, knochigen Nase. Sein Gesicht war von einer unruhigen Blässe. Er kannte keine andere Leidenschaft als die Liebe. Doch wenn es um diese ging – das sagte ihr deutlicher als alles andere sein so vertrautes und dennoch neues Gesicht –, hatte er nicht die Kraft und auch nicht den Wunsch, sich zu beherrschen.

«Und sie?» fragte Joka. «Wie kann sie das tun, wenn sie weiß, was zwischen uns gewesen ist?»

«Auch ich habe gemerkt, daß sie es weiß. Aber wir haben nicht darüber gesprochen. Ich sehe, daß sie das nicht abschreckt. Es scheint sie sogar zu fesseln. Einmal hat sie zu mir gesagt: ‹Ich bin die Tochter meiner Mutter.› Ich weiß nicht, was sie damit sagen wollte, wenn nicht das eine: ‹Was sie gelockt hat, lockt auch mich, ich muß leben wie sie.› Sie ahnt auch, wie es zwischen dir und Mladen steht. Sie sagt: ‹Meine Mutter liebt jetzt junge Männer und ich reifere.›»

Joka schwieg, niedergeschmettert nicht so sehr von der Entdeckung, daß ihre Tochter nicht unberührt war – das erschien ihr jetzt nicht einmal so schlimm, so viele Mädchen heiraten unkeusch, auch sie selbst hatte ja nach ihrer Liebschaft mit dem bärtigen Hauptmann einen Bräutigam gefunden –, als von dem Ausmaß und der Eindeutigkeit der Liebeserfahrungen ihrer Tochter und noch mehr von der unfaßbaren Ähnlichkeit ihrer eigenen Jugend mit jener Jelas. Gewiß, es gab Unterschiede: Der Hauptmann war vielleicht doch nicht der Geliebte ihrer Mutter gewesen, jedenfalls wußte Joka es nicht mit Sicherheit, und sie selbst hatte mehr zu verbergen als Jela. Doch die Entschlossenheit, die Liebe in allen ihren Formen bis ins letzte zu erleben und auszukosten, war bei Jela die gleiche wie bei ihr. Das hatte Boško ihr nicht ausdrücklich gesagt. Doch sie erkannte es an seiner Entschlossenheit, auf Jela nicht zu verzichten. Jela fesselte ihn mit einer Süße und mit Säften, die frischer und betörender waren als ihre, Jokas. Noch deutlicher wurde dies durch Jelas Worte bestätigt, die Boško ihr kurz zuvor ohne Hintergedanken wiederholt hatte: Jetzt, in ihrer ersten Jugend, liebte Jela, die Tochter ihrer Mutter, reifere Männer. Es war, als gedenke Joka erst in diesem Augenblick, angesichts dieser Erkenntnis, wieder ihrer Mädchenzeit, der Stürme ihrer Leidenschaft, ausgelöst von dem Geruch der Heumahd, dem Brüllen der Stiere, dem feuchten Schimmer des Mondes oder auch ohne bestimmten Grund – von unklaren fernen Ahnungen, von der Spannung ihres Körpers, dem Reifen der Brüste, von ihrem sich öffnenden und nach einer geheimnisvollen, allumfassenden Welt, nach einem unbekannten, unergründlichen männlichen Wesen dürstenden Leib. Gewiß erlebte ihre Tochter jetzt das gleiche – wäre ihr nicht Boško begegnet, wäre es eben mit einem andern so gekommen. Und vielleicht war es besser, daß es sich um Boško handelte: Er war diskret und gutmütig, sie brauchte nicht zu befürchten, daß er Jela etwas Schlechtes lehren werde, sie würde mit ihm nur die Lust und die Kunst der Liebe lernen.

«Ich war geistesabwesend», stammelte Joka schließlich, «und was soll ich deiner Ansicht nach tun?»

Boško glättete mit der rechten Hand sein seidiges kastanienbraunes Haar, wie immer, wenn er verlegen war: «Ich kann es dir nicht genau sagen. Du bist klug genug in solchen Dingen. Du sollst uns bloß keine Schwierigkeiten machen.»

Und als sei ihm ein neuer Gedanke gekommen, ging er im Zimmer auf und ab, blieb beim Fenster stehen, sah in das dunkle Tal hinaus und warf hin: «Und warum solltest du uns auch nicht an die Hand gehen?»

«Was fällt dir ein? Soll ich euch das Bett machen – ich, hier, vor meiner Mutter, die das gleiche für uns beide getan hat?»

Boško antwortete nicht, sah weiter ins Dunkel hinaus – augenscheinlich hatte er just an so etwas gedacht. Vor dem Haus herrschte Stille. Joka erblickte durch das offene Hoffenster Jela in ihrer weißen Bluse, reglos, den Blick auf das Tal gerichtet, das Kinn in die Hand gestützt, als harre sie der Entscheidung ihrer Mutter. Aus dem Vorzimmer war das Klappern von Blechtellern und Löffeln zu hören. Mutter Doca deckte den Tisch für das Abendessen.

«Möchtest du zum Abendessen bei uns bleiben?» fragte Joka, um das Schweigen zu brechen.

«Nein, ich möchte nicht. Ich könnte, aber ich möchte nicht», gab er zur Antwort, ohne sie anzusehen.

Sie betrachtete seinen rasierten Hals, das kurzgeschnittene, gelockte Haar. Sie dachte daran, daß sie diesen kräftigen, borstigen Hals unzählige Male umfaßt, Boško daran zu sich gezogen hatte. Jetzt blieb etwas Unvollendetes, Ungesagtes zwischen ihnen. Er wandte sich nicht zum Gehen, obgleich er zögernd abgelehnt hatte, mit ihnen zu Abend zu essen. Sie blickte nochmals auf die vor dem Haus sitzende Tochter, die bekümmert und gewiß auch ärgerlich den Kopf in die Hände stützte. Eindeutig stand sie, Joka, zwischen den beiden. Sie konnte ihnen zwar Schwierigkeiten bereiten, doch ihren Wünschen konnte sie nichts anhaben.

«Ich werde doch lieber nachsehen, was Mutter zum Abendessen bereitet hat – vielleicht ist es etwas, was du gerne magst», sagte sie versöhnlich.

Boško antwortete nicht. Er hatte die Hände auf den Rücken gelegt und flocht die Finger ineinander.

Mutter Doca goß Sahne und saure Milch in eine Schüssel, auf dem Tisch stand ein Teller mit dünnen roten Scheiben geräucherten Schinkens – das eine wie das andere Boškos Leibspeisen. Auch eine Flasche goldgelben Schnapses stand da. Boško war kein Trinker, doch zum Schinken genoß er gerne ein, zwei Gläser. Mutter Doca hatte wortlos und wie selbstverständlich ein Abendbrot gerade nach seinem Geschmack gerichtet.

«Mutter, ich bitte dich!» rief Jela flehend und ärgerlich im Lichtschein der offenen Tür.

Joka trat zögernd über die Schwelle und schloß die Tür hinter sich. Unerwartet umarmte Jela sie mit unbändiger, ja wilder Zärtlichkeit, legte den Kopf auf ihre Schulter und schluchzte: «Mach, was du willst, Mama, ich kann ohne ihn nicht leben, ich kann nicht!»

Joka legte sanft den Arm um ihre Schultern und führte sie zu der Bank vor dem Haus. «Beruhige dich, mein Liebling! Du bist mein Alles, mein Blut, mein Leben, mein ganzes Glück! Deine Mutter wird dir nichts zuleide tun.»

Allmählich gelang es ihr, die Tochter zu beruhigen. Sie zog sie an ihre Brust und küßte ihr Haar. Dann kämmte sie ihr das Haar mit den Fingern, wie einst, als Jela noch klein war, und begann ihr ein scherzhaftes Kinderlied vorzusingen. In die Kindheit zurückversetzt, im Schoß der Mutter geborgen, lachte das Mädchen schließlich auf und trocknete die Tränen.

Durch das Fenster beobachtete Joka Boško, der noch immer in die Nacht hinaussah, und lauschte auf sein nervöses Pfeifen. Sie küßte die Tochter auf die Stirn, stand auf und ging entschlossen ins Haus, als sei ihr etwas Wichtiges und Unaufschiebbares eingefallen.

Im Vorzimmer sagte sie zu Mutter Doca: «Wir werden den beiden das Essen in die Hütte bringen», dann betrat sie das Zimmer und schloß die Tür hinter sich.

Boško wandte sich um und stützte sich mit den Armen auf das Fenstersims. Doch sie sah ihn nicht an, sondern nahm, ihre Hast zügelnd, die Matratze und die Decke, die auf der Kiste lagen, überschritt vorsichtig die Schwelle, um nicht zu stolpern und ging damit zur Hütte.

Sie spürte, daß alle ihr schweigend nachsahen. Doch sie blickte keinen von ihnen an, auch nicht, als sie zum zweitenmal hinüberging, mit Kissen und einem Bettuch beladen. Als sie zum drittenmal hereinkam, sagte sie zu Boško wie zu einem Fremden, während sie ihn ruhig und müde ansah: «Geht, ruht euch aus.»

Er erwiderte ihren Blick nicht, lächelte nur beschämt und begab sich vor das Haus. Sie hörte ein kurzes, erregtes Geflüster zwischen ihm und Jela und gleich darauf die schlurfenden Schritte ihrer Mutter, welche, eine kleine Blechlaterne in der linken Hand, den beiden auf einem Tablett die Speisen und eine Flasche Schnaps nachtrug.

In dem wilden Tanz des Lichts inmitten der Finsternis gingen die drei zur Hütte hinüber. Joka warf sich schluchzend und tränenüberströmt mit dem Gesicht nach unten auf das Bett.

Sie wußte nicht, wieviel Zeit verstrichen war, sie hatte nichts gehört. Der Mutter Hand lag auf ihrem Kopf. Sie stand auf, wischte die Tränen ab und rief aus: «Ich werde alt, Mutter.»

Mutter Doca lächelte traurig und weise: «Das ist das Los der Frau. Geh und iß, ich muß ihnen noch einen Krug Wasser bringen – sie werden durstig sein.»

*Juli / August 1963*
*Gefängnis in Sremska Mitrovica*

# Der alte Mann und das Lied

Für Vuk, den Jüngling aus Rovca, war alles neu, und sein Altersgenosse Šćepan sagte zu ihm: «Jetzt verjüngt sich alles in Montenegro. Die Großmächte haben Mirko – den Vater des Fürsten – verjagt, der junge Fürst hat jetzt alle Macht in Händen und sammelt junge Leute um sich. Montenegro wird nach diesem unglückseligen Krieg rasch wiederaufleben und erstarken. Wir hier im Gebirge sind von den Türken verschont geblieben. Sieh nur, bei den unteren Piperi, dort, näher der Zeta, ist alles niedergebrannt, die Menschen leben in Scheunen und Ställen mit dem Vieh!»

«Ja, ich sehe es», bestätigte Vuk, obgleich er nur Rauchschwaden erkennen konnte, die aus dem Gestein am Rande der gelblichen Wiesen und dunklen Äcker aufstiegen. Eben deshalb, weil er weder Scheunen noch Ställe ausnehmen konnte, war er überzeugt, daß das Gebiet der Piperi, des benachbarten Stammes, mit dem sich die Leute von Rovca seit Menschengedenken um der angrenzenden Gebirgsweiden willen blutig befehdeten und wieder aussöhnten, zum Großteil verwüstet war. Die Einwohner von Rovca hingegen, die in der Schlucht der Mrtvica entlegen und weltabgeschieden lebten, hatten vom Krieg, von den Gefallenen abgesehen, nichts gemerkt.

Noch nie hatte Vuk so weite Flächen bebauten Landes zu seinen Füßen gesehen. An dem goldüberfluteten nebligen Frühherbstnachmittag verloren die graugrünen Klippen und Steinhügel in der Tiefe unter ihnen jede Wildheit und Rauheit, ähnelten Sandburgen, von Kinderhand gebaut. Unübersehbar verschmolz die Ebene mit dem Dunst, der Sonne und dem fernen See zu einem Ganzen in der Unendlichkeit, aus welcher Šćepans Finger bestimmte Einzelheiten hervorhob und nachzeichnete. Wie Wasser flutete sie zwischen den felsigen Gebirgen und benetzte deren Hänge mit dunklem Blau. «Halten die Türken das alles besetzt?» fragte Vuk und ließ den Arm über die Weiten zu ihren Füßen schweifen.

«Wie soll ich es dir erklären – sie halten es besetzt und auch wieder nicht», antwortete Šćepan. «Fest in ihren Händen halten sie nur Spuž und Podgorica. Jene Flecken hinter dem niedrigen Hügel dort, das sind die Häuser und Wälle von Podgorica, und Spuž liegt ganz rechts, bei dem Felsen, der aussieht wie ein Heuschober auf dem Feld, aber von hier ist es nicht zu sehen. Die beiden Orte sind fünf, sechs Wegstunden voneinander entfernt, nur tagsüber ziehen Karawanen mit starkem Geleit hinüber und herüber, und auch das nur selten. Zudem haben sie sich auf jenen beiden Felsgipfeln festgesetzt, auf Trebiješ auf der einen und auf Velje Brdo auf der andern Seite, und von dort bewachen sie den Engpaß längs des Zetaflusses und die Zugänge nach Podgorica. Aber sie führen ein härteres Leben als wir. Sie zittern vor jedem Strauch und wagen sich nicht aus ihren Festungen, außer um Vieh aus den Dörfern zu rauben. Der Krieg hat uns Elend und Schrecken gebracht, ihnen aber noch Schlimmeres. Unser Profos Jose Piletić bringt uns Köpfe aus Spuž, obgleich er schon alt ist, und Herzog Marko Miljanov vom Stamm der Kuči hat die Türken mit solcher Gewalt nach Podgorica gejagt, daß sie einander auf die Köpfe gestiegen sind und sich jetzt einschließen, bevor der erste Stern am Himmel steht. Aber du wirst bei uns übernachten müssen, es ist spät, jemand muß dich an einer geschützten Stelle über die Zeta rudern und dich auf Umwegen nach Zaoarač bringen, damit du nicht an eine türkische Patrouille oder in einen Hinterhalt gerätst. Erst morgen abend kannst du mit einem unserer Männer weiterziehen. Nicht einmal ein Verrückter unternimmt hier etwas auf gut Glück!»

Vuk wußte selbst, daß er irgendwo nächtigen mußte – er hatte nicht damit gerechnet, daß es so schwer war, die Zeta zu überqueren. Er trug einen Brief des Herzogs von Rovca an den Fürsten bei sich und hoffte, man würde ihn in des Fürsten Leibwache aufnehmen. Bisher war er, von Gebirgsbesteigungen abgesehen, nie aus Rovca herausgekommen. Und obgleich ihn alles leicht und möglich dünkte – war er doch jung und stolz auf die Aufgabe, die der Herzog, Herr über die steinerne Abgeschiedenheit und uralte Freiheit von Rovca, ihm anvertraut hatte –, mußte er Šćepans Rat befolgen.

So vertrieben sich die jungen Männer die Zeit bis zum Abendbrot, indem sie vor dem Haus in traulichem Gespräch verweilten, das die türkischen Zwingburgen vergessen ließ, Müdigkeit und Sorge in die dunkle Tiefe der Ebene davontrug.

Später, im Haus, fühlte der Jüngling aus Rovca nicht mehr die neugierige Begeisterung, mit welcher er nachmittags von der Höhe ins Tal geblickt hatte, und er begann sich bei Šćepan nach dem Weg und den hiesigen Verhältnissen zu erkundigen. Denn obgleich man das Haus und den Besitz, die Šćepans Vater Mašan gehörten, als ärmlich betrachten konnte, wirkten sie unglaublich behaglich und reich im Vergleich zu den Schilf- und Steinhütten, in denen die Einwohner von Rovca auf steilen Hängen lebten, häufig mit den Haustieren im selben Raum. Abgesehen von der großen, mit Steinplatten ausgelegten Feuerstelle, neben welcher sie zu Abend aßen, hatte das Haus ein richtiges Zimmer, und es war mit Schindeln gedeckt. Auf rußgeschwärzten Regalen stand kupfernes und irdenes Geschirr – in Rovca aß man nur aus Holzschüsseln –, und an Holzhaken hingen Zwiebelkränze und allerlei Dinge, die Vuk noch nie gesehen hatte. Trauben und Feigen wurden aufgetragen, Früchte, die er nur vom Hörensagen kannte. Die zahlreichen Familienmitglieder, obgleich in groben und geflickten Kleidern, waren sanfter, freundlicher und – das fiel ihm besonders auf – sauberer, als es in Rovca üblich war. Sogar der gebrechliche Greis – gewiß ein alleinstehender Verwandter, der hierhergezogen war, um neben der Feuerstätte in Frieden zu sterben – war sauber und nett. Obschon er beinahe blind und taub war und sich für die Gespräche und Vorgänge ringsum nicht interessierte, begegnete man ihm mit einer Hochachtung, die, wenn auch kalt und anerzogen, in Rovca angesichts der dort herrschenden Schroffheit und Armseligkeit selbst den eigenen Vätern gegenüber selten war. Wie vor den Kopf gestoßen, entsann sich Vuk keines einzigen Vorzugs seines Heimatortes, dessen er sich auch nur vor sich selbst rühmen konnte, keines als des leeren und glanzlosen Heldentums von Rovca. Und nach dem Abendessen begann er, traurig über seine Einsamkeit und die Armut von Rovca, mit dem einzigen zu prahlen, was er aufzuweisen hatte, nämlich damit, daß die Leute von Rovca als einzige niemals den Türken Tribut entrichtet hatten und daß ihr Gebiet eine Zufluchtstätte für Heiducken und Aufrührer des gesamten Landstrichs bis nach Bosnien und Serbien hinüber war.

Die Piperi hörten ihn aufmerksam an, ohne ihm irgend etwas zu verargen, obgleich sie selbst jahrhundertelang unter der Bedrohung durch türkische Kanonen und im Schatten türkischer Burgen und Standarten gelebt hatten. Šćepans Vater Mašan, schwarzhaarig und schnurrbärtig – sein Sohn sah ihm sehr ähnlich –, begann selbst die heldenhafte Rechtschaffenheit der Bewohner von Rovca zu preisen, die durch Entbehrung, Hunger und Isolierung nicht nur nicht erschüttert, sondern durch Entsagungen und Opfer sogar gefestigt worden war. Es war angenehm, derartiges von einem Mann aus einem fremden, sogar rivalisierenden Stamm zu hören, mit dem die Leute von Rovca bis vor kurzem in Fehde gelebt und jetzt noch etliche Rechnungen zu begleichen hatten. Doch dies beschämte Vuk, genau wie ihm die Behaglichkeit und Vornehmheit der Piperi imponierte und er zuvor über die weiten Ebenen zu seinen und Šćepans Füßen gestaunt hatte. Er verstummte, denn er begriff, daß die Piperi den Leuten von Rovca an Heldentum nicht nachstanden, auch wenn sie oftmals Tribut entrichten mußten und es vorgekommen war, daß sie den Bewohnern von Rovca den Weg verlegten, damit diese den Aufständischen von Cetinje und aus ganz Montenegro nicht zu Hilfe kommen könnten.

So verstrich die Zeit, das Abendessen war beendet, und es gab immer weniger, dessen er sich rühmen konnte. Er blickte spähend umher, und plötzlich wurde ihm bewußt, daß er keine Gusle sah; in Rovca gab es kaum ein Haus ohne sie. In der winterlichen Einsamkeit der Hirten, fern von Gott und den Menschen, fanden sich in Rovca seit je geübte Guslespieler. Ihre Kunstfertigkeit erhöhte und vervollkommnete sich dank den Heiducken und Flüchtlingen aus verschiedenen Gegenden, die neue Lieder und Klänge mit sich brachten. Vuk selbst war ein guter und geübter Guslespieler, und als das Abendessen vorbei war, lobte er das Essen und die Gastlichkeit und bemerkte, er sei erstaunt, keine Gusle im Haus zu sehen.

Beinahe hätte er hinzugefügt: «Und es gibt doch kein echt serbisches Haus ohne Gusle!» Doch da er bei seiner Beurteilung der Piperi schon vorsichtig geworden war, sprach er das nicht aus. Mašan aber nahm die Gelegenheit wahr zu erwidern: «Bei uns werden die Gusle und die Sänger immer seltener, obgleich sie sehr begehrt sind. Aber vielleicht kannst du Gusle spielen und singen?»

Weiterhin vorsichtig, doch bestrebt, sich vor den fremden Leuten irgendwie hervorzutun, gestand Vuk: «Ein wenig kann ich es – wie man bei uns in Rovca eben singt.»

«Wahrhaftig, in Rovca singt man seit je schöner als bei uns», meinte Mašan, «eure Mundart ist weicher und für Gesang besser geeignet. Wenn du nicht zu müde bist . . .»

Man brachte ihm eine Gusle, etwa zehn Hausväter aus der Nachbarschaft und ihre Nachkommen, zwei- oder dreimal soviel an der Zahl, sammelten sich um ihn.

Vuk kannte viele schöne Lieder aus alter und neuerer Zeit. Doch er bevorzugte ein wenig bekanntes Lied über Vuk Lopušina, das in Rovca oder dessen Umgebung entstanden und zurechtgefeilt worden war. Gerade dieses Lied wollte er singen, um die Piperi zu beeindrucken. Er war überzeugt, in seiner Lebendigkeit würde es ihnen gefallen, wie es auch ihm gefiel, wann immer er es hörte, und ihn mitriß, wann immer er es sang. Doch während er die Gusle stimmte und sich auf ihren Klang einstellte, fiel ihm ein, daß in diesem Lied Paun Šušović, der Stammesälteste der Piperi, nicht im besten Licht geschildert wurde. Gewiß, es war nur ein Lied, darin wird nun einmal so manches hinzugedichtet, damit es interessanter wird, und es handelte von längst vergangenen Tagen. Dennoch konnte es die gastfreundlichen Wirte und ihre Nachbarn verletzen, um so mehr, als sie gewiß genau wie die Leute von Rovca auf eine häßliche Behauptung in einem Lied empfindlicher reagierten als auf jede andere Beleidigung im Leben. Es kam ihm in den Sinn, er könne das Lob seiner Gastgeber erwidern und ihnen zeigen, daß auch die Leute von Rovca nicht egoistisch und nachtragend seien, indem er das Lied von ihrem Stammeshelden Savić Spasojev vortrug.

Er stimmte das Lied an, erfüllt von dem Wunsch, einen guten Eindruck zu machen und ihnen für die ihm erwiesene, nie zuvor erlebte Aufmerksamkeit zu danken. Sie lauschten ihm mit fast frommer Andacht, dabei sahen sie einander vielsagend an und lächelten unbestimmt. Vuk empfand dies als Anerkennung sowohl seiner gesanglichen Fähigkeiten als auch seiner Weitherzigkeit bei der Auswahl des Liedes. Nur der alte Mann neben dem Herd spendete ihm nicht jene Aufmerksamkeit und jenes Lächeln. Er schürte das Feuer, an dem er seine dünnen, fast durchsichtigen Hände wärmte, wandte sich von Zeit zu Zeit nach dem Sänger um, als klinge in seinen nahezu tauben Ohren und in seinem abgestumpften Geist eine herrliche, ferne und vergessene Vergangenheit auf, deren Klang zu lauschen sich dennoch lohne.

Das Lied schilderte, wie in einer längst vergangenen Zeit des Grauens und Entsetzens, als die Türken gemächlich an der Zeta und der Morača entlangschlenderten, Steuern und Zehenten einhoben und junge Frauen und Mädchen überfielen, der Held Savić Spasojev sich gegen sie und einen Großteil seiner Sippe erhob, im Namen der Gerechtigkeit und der Ehre, des Glaubens und des serbischen Volkes Vergeltung zu üben und die Türken zu vernichten begann. Um den einsamen und verfolgten Helden, der auf Haus und Besitz, auf die Ehe und auf jede Annehmlichkeit und Freude des Lebens verzichtete, sammelte sich nach und nach ein Häuflein tollkühner Männer, die entschlossen waren, wenn nicht anders, so durch ihren Tod alte Hoffnungen und Vermächtnisse zu erfüllen und auf diese Weise im Volk weiterzuleben.

Das Lied erzählte ferner, wie diese Gruppe von sieben, acht Gefährten eines Nachts verkleidet nach Podgorica aufbrach, um den gefürchteten Tyrannen zu beseitigen. Savić Spasojev ließ unterwegs hier einen, dort zwei Kameraden als Wachtposten zurück, schließlich überquerte er mit nur einem Begleiter die Morača, schlich sich in die Stadt und zum Hof des Tyrannen. Als sein Gefährte nicht wagte, in den Hof zu springen, um den Riegel am Tor zu öffnen, gebot er ihm, sich zu ducken, stieg auf seine Schultern und sprang selbst in den Hof. Er drang in den Erker ein und tötete den Tyrannen. Doch in der Stadt wurde Alarm geschlagen. Der verängstigte Begleiter flüchtete zur Morača, Savić Spasojev blieb in der aufgestörten, ummauerten Stadt allein mit sich und dem Tod. Er war vom Fluß abgeschnitten, ihm blieb nur noch ein Weg, der über die Wesirbrücke, wo die alarmierte Wache bereitstand. Savić fiel über die Posten her, erschlug einen, verwundete einen zweiten, den dritten warf er in die Morača, der vierte wich seinem Schwert aus und zielte mit der Pistole auf ihn. Savićs Hieb verfehlte den Wachsoldaten und schlug in die steinerne Brüstung ein, von der ein Stück absprang – heute nennen die Türken die beschädigte Stelle den Savić-Stein –, der Soldat aber verletzte Savić am Bein. Mit verwundetem Bein schleppte sich Savić über die Brücke, seine Kameraden nahmen den Kampf auf und verursachten eine Panik unter den Türken, auch jener furchtsame Begleiter, der inzwischen die Morača durchschwommen hatte, vernahm den Kampflärm auf der Brücke, kehrte von Scham gepeinigt zurück und trug den verwundeten Helden hinweg.

Das Lied endete mit dem üblichen Preisgesang auf die hervorragenden Eigenschaften des Helden, der Klage darüber, daß dies alles längst vergangen und nur noch Erinnerung sei, und dem Wunsch, den Zuhörern möchten Gesundheit und Frohsinn beschieden sein.

Das Lob kam nicht sofort, wie Vuk es erwartet hatte. Die Zuhörer schienen aufzuatmen, sie begannen einander erneut anzusehen. Schließlich brach Mašan das Schweigen: «Du singst schön, Jüngling aus Rovca – ein wahres Wunder, wie du das in so jungen Jahren erlernt hast. Wir danken dir auch für das Lied. Jeder Piper freut sich zu hören, daß gerade in Rovca unser Held besungen wird. Ich habe dieses Lied öfters gehört, aber ihr in Rovca habt es ausgeschmückt und tragt es schöner vor – es war, als hätte ich es zum erstenmal gehört.»

Jetzt regnete es Lob von allen Seiten. Nur der Alte schwieg und stocherte in der Glut. Schließlich seufzte er, als stöberte er vergessenen Kummer aus dem Feuer auf, wandte sich um, sah mit eingefallenen, farb- und glanzlosen Augen über die Anwesenden hin und ließ sich mühsam, als fürchte er zu zerbrechen, auf die Filzmatte sinken, den Rücken dem Feuer zugekehrt, das Gesicht im Schatten. Unter den Versammelten entstand eine Art traurige Verlegenheit, als hätten alle erwartet, der schwache, mürrische Greis werde etwas sagen, und er habe sie durch sein Schweigen und seine Flucht in die gewohnte Nachtruhe neben dem Feuer enttäuscht.

Da kam plötzlich Šćepan auf Vuk zu – dieser, berauscht von dem Lied und den Lobesworten, schien ihn vergessen zu haben – und fragte lebhaft, während er ihm die Gusle abnahm: «Sag, Vuk, würdest du dich freuen, Savić Spasojev zu sehen, da du ihn so schön besungen hast?»

In seiner Ungewißheit, ob man ihn nicht etwa verspotte, entgegnete Vuk: «Wie kommst du darauf? Wer weiß, wann sich das zugetragen hat! Jeder würde sich von der Sonne erwärmt fühlen, könnte er solch einen Helden sehen.»

Wieder diese Blicke, dieses Lächeln, doch jetzt impulsiver und unverhohlener. Mašan lachte sogar laut auf: «Wenn dir der Sinn so sehr danach steht – der dort ist Savić Spasojev.»

Erst jetzt betrachtete Vuk den Greis genauer: Die knochigen, dünnen Schienbeine ragten wie Stäbe aus den vergilbten Tuchhosen, die eingefallenen spitzen Schultern zeichneten sich häßlich und mitleiderregend, als seien sie verrenkt, unter dem geflickten, schäbigen Rock ab. Der alte Mann hatte eine Glatze und auf dem Scheitel eine Flechte, lange rußgeschwärzte Haarsträhnen hingen ihm auf den Nacken hinab. Der spärliche Schnurrbart sträubte sich, von seinen schweren, pfeifenden Atemzügen bewegt. Doch das Schlimmste war des Alten Hals: zerfurcht, rauh, mit geschwollenen Adern, dünn und zerbrechlich wie der eines Neugeborenen.

Vuk blickte Šćepan, dessen Vater und die übrigen ungläubig an. Als seien sie selbst überrascht, bestätigten alle durch ihre Mienen, daß dies Savić Spasojev war, jener, der zuvor in dem Lied besungen worden war. «Onkel Savić», rief Mašan, um Vuk zu überzeugen, «hast du gehört, wie dich der junge Mann aus Rovca heute herausgeputzt hat?»

Der Alte schwieg, als höre er nicht oder als ärgere er sich, daß man ihn nicht in Ruhe ließ. Schließlich brummte er hustend: «Irgend etwas habe ich gehört. Alles mögliche dichten sie hinzu und denken sie sich aus!»

Mašan winkte ab und lächelte bekümmert: «Er ist stark gealtert, er interessiert sich für nichts mehr.»

Und wie um den Alten, Vuk und einander zu trösten, begannen die Piperi von Savićs Heldentaten und Verdiensten um den Stamm, von seiner einstigen Behendigkeit und Schönheit, Kraft und Kühnheit zu erzählen. Sie erwähnten auch sein einsames Leben während des Winters, seine vielen Verwundungen, das Heiduckenleben, das er dreißig Jahre lang geführt und erst aufgegeben hatte, als ihn vor zwanzig Jahren der Rheumatismus und das Asthma niederzwangen.

Der alte Mann schwieg all die Zeit über, als höre er nicht oder als sei von jemand anderm die Rede. Schließlich erzählte jemand, wahrscheinlich um ihn aus seiner Apathie aufzurütteln, daß auch er, Savić Spasojev, nicht frei von Furcht gewesen sei. Vor dem Kampf hätten seine Zähne geklappert, und um die Kameraden nicht zu verstören, habe er sich die Mütze zwischen die Zähne gepreßt. Er habe sich selbst besser gekannt, als ihn irgendein anderer kannte, deshalb sei er solch ein Held gewesen.

Und wirklich, Savić stieß unwirsch hervor: «Damals hatte ich noch Zähne!» Dann stützte er sich mühsam auf den Ellbogen, starrte mit leerem Blick auf die versammelten Menschen wie auf Fremde und fuhr fort: «Was schwatzt ihr heute den ganzen Abend? Laßt mich ruhen! Damals war es leicht, ein Held zu sein. Die Gewehre reichten nicht so weit wie heute. Und jetzt hat man Gewehre erfunden, bei denen man sogar fertige Patronen in den Lauf schiebt. Damit werden Helden wie Feiglinge hingemäht.»

Obgleich die Piperi augenscheinlich an Savićs Mißstimmung und Geistesabwesenheit gewöhnt waren, entfernten sie sich ein wenig beleidigt und enttäuscht, doch auch weiter voll des Lobes für den Sänger und das Lied, als habe es nicht dem hinfälligen, zermürbten alten Mann neben dem Feuer gegolten. Und Šćepan fragte Vuk flüsternd, gewiß in dem Wunsch, ihm etwas Freundliches zu sagen: «Freust du dich, Savić Spasojev gesehen zu haben?»

Mit Tränen in den Augen antwortete Vuk: «Nein! Ich wollte, ich hätte diese Reise nie angetreten oder ich hätte mir unterwegs den Arm gebrochen.»

*1. bis 3. März 1966*
*Gefängnis in Sremska Mitrovica*

# Ein montenegrinischer Scherz

Später meinte ich selbst, ich hätte alles haargenau nach einem vorgefaßten Plan ausgeführt. Aber das stimmt nicht, jedenfalls nicht in jeder Beziehung. Hoffentlich erreiche ich nicht auch durch das Erzählen dieser Geschichte etwas ganz anderes als das eine, was ich möchte, nämlich meine Freunde unterhalten und sie zum Lachen bringen. Denn Leute meines Schlages lassen sich keine Gelegenheit entgehen, etwas anzuzetteln. Endet die Sache gut für sie, hält man sie für weise und weitblikkend, endet sie schlecht, gelten sie als dumm.

Gewiß, es gehört zu unserem Beruf, wenn man so etwas einen Beruf nennen kann, zu tun, was man nicht tun will, anders ausgedrückt: Man muß sagen, was man nicht denkt, und Dinge denken, die nicht einmal einem Irren in den Sinn kämen. Doch das wichtigste ist, an das Gesagte und Gedachte zumindest ein Weilchen zu glauben, nämlich solange man es sagt und denkt, etwa, daß man sich für die höchste Gerechtigkeit und für das Glück jener opfere, die man zu vertreten glaubt, daß wirklich gerade dies unser Tun bestimme. Wenn also der Mensch ein lebendiges Geschöpf und das Leben immer neuartig ist, gibt es auch immer etwas zu tun, etwas zu denken und zu sagen. Denn genau das ist die Politik: ein Beruf, den man auch ungewollt ergreift und den aufzugeben man nicht imstande ist, wenn man erst einmal seine Freuden und Leiden gekostet hat.

Und es ist schwer, sich durchzusetzen. Zuerst stehen einem in der eigenen Partei die Profitjäger und Karrieristen im Wege und dann bei den Wahlen die Gegner, die in den Mitteln nicht wählerisch sind und die von Bestechung und Verleumdung bis zu Prügeleien im Schutz der Dunkelheit und zur Stimmenfälschung nichts unversucht lassen. Und wenn man obendrein ein Kandidat der Opposition ist, wie ich es zumeist war, dann zum Teufel mit der Ehre und dem guten Ruf, sofern sie mit derartigen Plagen und Gefahren verbunden sind! Ich scheue mich vor der Obrigkeit und vor mir noch mehr, auch wenn ich nachwies und mir dabei die Kehle wundredete, daß ich und meine Partei die einzigen seien, die es mit dem Staat gut meinten. Andererseits ist das Volk auf die Obrigkeit nie gut zu sprechen, darum muß ein Politiker nicht nur noch lauter schreien, sondern auch bekräftigen, daß er für das Volk ist und für die Obrigkeit, die vom Volk ausgeht und dem Volk dient. Besonders für uns von der Bauernpartei war der Weg schwer und mühsam. Man mußte ein Bauer sein und war doch keiner, man durfte kein Städter und hoher Herr sein und wollte es doch gern sein.

Wenn ich auch niemals darbte oder im Elend lebte, mußte ich immerhin monatelang die gottverlassensten Dörfer und Weiler abklappern. Mehr als zweihundertmal stand ich Pate, ich ging ungeladen zu Hochzeiten und beweinte Tote, deren Namen ich nicht einmal kannte. Ich versprach Schulen, wo es keine Kinder gab, Kirchenglocken, wo es keine Kirchen gab, ich half Witwen bei der Ernte, verschenkte Seife, Kämme und Spiegel an Bäuerinnen, die sich noch nie in ihrem Leben auch nur mit Lauge gewaschen, niemals Kämme verwendet hatten. Ich sollte sie in einer Schönheit erstrahlen lassen, die sie nie besessen hatten. Ich war sittenstreng wie ein Mönch, wenn mir schöne Mädchen über den Weg liefen, ich begegnete den giftigen Blicken und Verwünschungen alter Jungfern und Vetteln mit Liebenswürdigkeit und Dankbarkeit.

Wann immer, wo immer, mit wem immer und weswegen immer, ich mußte Rat schaffen; denn alles läßt sich zurechtbiegen, nur des Volkes ist man niemals gewiß, niemand weiß, worauf es sinnt und was in ihm vorgeht . . .

Doch im Dörfchen Vučje Ždrijelo konnte ich einfach nicht Fuß fassen, nicht nur, weil es entlegen und schwer zu erreichen war, sondern auch deshalb, weil es dort nur eine einzige Sippe gab, so daß ich nicht dort einhaken konnte, wo es für mich stets am widerwärtigsten und am leichtesten war: bei Sippenneid und Sippenzwietracht, die ich durch meine Spötteleien schürte. Es waren dort über hundert Wähler, und es sollten noch mehr werden, wie das so ist bei armen Leuten, die immer am bittersten unter Kriegen und Krankheiten zu leiden haben und die, da es keine Beleuchtung gibt, mit den Hühnern zu Bett gehen.

Es war vor den Wahlen am 5. Mai 1935. Die Diktatur war anmaßender denn je, dabei nicht sattelfest, deshalb ging sie immer schärfer und drastischer vor. Jede Stimme war wichtig, es galt, das durchlöcherte und morsche Netz der Diktatur vollends zu zerreißen.

In Vučje Ždrijelo waren alle für die Regierung, wie eine Schafherde, die hinter dem Leithammel hertrottet. Sie hatten in der Tat ihren Leithammel, den Kommandeur Bajo, einen Hohlkopf alten Schlages, dessen Autorität nicht zu erschüttern war. Er hatte die Achtzig überschritten und bezog eine ansehnliche Offizierspension, obgleich er niemals regulärer Offizier gewesen war. Man weiß, wie das zugeht: Jeder Montenegriner glaubt Anspruch auf eine Rente oder Pension zu haben, auch wenn er ihn in Wahrheit nicht hat. Und eben darum fragt man sich in Montenegro bei jedem, der Pension bezieht, ob diese verdient ist. Bajos Recht darauf konnte nicht bestritten werden, man konnte ihm nichts Negatives nachsagen, da er einer der Befehlshaber der montenegrinischen Volksarmee gewesen war, und diesen hatte man, als drei Viertel von ihnen bereits verstorben waren, zu guter Letzt Ränge je nach der Mannschaftsstärke der von ihnen geführten Einheiten verliehen. Da er schon am Krieg von 1876 teilgenommen hatte, trauerte er innerlich dem alten montenegrinischen Staat und dem König Nikola nach, zu dem ihm keinerlei Obrigkeit den Weg versperrte, wann immer er den König begrüßen oder ihm eine Beschwerde vortragen wollte. Und wie sollte Bajo ihm auch nicht nachtrauern, da er doch höher hinaus als zu seinem Gebieter nur noch zum Herrgott selbst konnte? Doch nahm Bajo, wie die meisten montenegrinischen Oberhäupter, vom neuen Staat gerne die Pension entgegen und fand sich mit ihm in demselben Maße ab, in dem er alterte und die Erinnerung an den alten Staat und an den allmächtigen und dennoch zugänglichen Herrscher in ihm verblaßte.

Ich kannte den Kommandeur Bajo schon von früher her vom Sehen, obgleich ich noch nie in Vučje Ždrijelo gewesen war. Mein Weg hatte mich nie dahin geführt, und in letzter Zeit hatte es mich verdrossen, daß die Einwohner von Vučje Ždrijelo samt und sonders Regierungsanhänger waren. Bajo aber war in den ersten Jahren nach dem Krieg fast an jedem Markttag in die Stadt geritten. In den letzten Jahren hatte ich ihn allerdings nicht mehr gesehen, wohl auch deshalb, weil er schließlich doch eine Pension ergattert und weil das Alter ihn untergekriegt hatte. Und ich hätte vielleicht bis zu seiner Todesstunde nichts mehr von ihm gehört, wären nicht die Wahlen gewesen und hätte es sich nicht herumgesprochen, daß es seiner Quertreibereien wegen nicht nur in seinem Dorf keine Opposition gab, sondern daß seine Dorfgenossen Oppositionsanhängern nicht einmal für ihren Gruß dankten, wenn sie ihnen auf der Straße begegneten. An eine Versammlung oder Zusammenkunft in der Ortschaft war also überhaupt nicht zu denken.

Doch zehn Tage vor der Wahl, als bereits allerorts feststand, wer für wen stimmen würde, führte mich mein Weg in die Nähe von Vučje Ždrijelo, und ich begann mich zu fragen: Wer hält die Leute von Vučje Ždrijelo bei der Stange? Wie sieht es bei ihnen aus?

Als hätte ich nicht gewußt, daß die alten Sippenbindungen sie bei der Stange hielten wie auch die Gewohnheit, in Krieg und Frieden hinter ihrem Oberhaupt herzutrotten! Da es aber bereits tagte, beschloß ich hinzufahren, obgleich meine Parteifreunde mir abrieten und keiner von ihnen bereit war, mich zu begleiten. «Schon wieder hat sich Markiša etwas in den Kopf gesetzt!» raunten sie einander zu. «In der Nacht wird er im Gebirge bei den Wölfen Unterschlupf suchen und nicht bei den Leuten von Vučje Ždrijelo.»

Doch ich wußte, daß man mir in Vučje Ždrijelo die Tore auftun würde, da ja Menschen alten Schlages niemandem die Unterkunft für eine Nacht verweigern – nur durfte ich nicht in das dortige Wespennest stechen und den Leuten nicht zureden, für mich zu stimmen. Das hatte ich im übrigen gar nicht vor, außer ich konnte zufällig im Scherz die Rede darauf bringen. Ich wollte sehen, was für Menschen das waren, sie zumindest auf lange Sicht ein wenig weicher stimmen. Sie sollten sehen, daß ich weder ein Wolf noch ein Vampir war.

In der steinernen Wildnis, an dem Frühlingsnachmittag, der erfüllt war von dem herben und zugleich süßen Duft erhitzten Gesteins und frisch belaubter Sträucher, erschien mir Vučje Ždrijelo, eine grüne Mulde zwischen Himmel und Gebirge, schöner, als ich erwartet hatte und als es sein Name – Wolfsrachen – ankündigte. Die ebenerdigen steinernen Häuschen mit ihren untermauerten Ackerfeldern und Höfen wirkten im Flammenschein der untergehenden Sonne anheimelnd und sauber. Denn obschon man in meinem Beruf auch ohne Gesang und Schönheit existieren kann, fühlt man sich mit ihnen wohler. Im übrigen heften sich jene Segnungen aus eigenem an Macht und Reichtum, und diese zeigen sich gerne in solchem Schmuck. Die Mädchen an der Quelle waren schön und rein, als seien sie ihr eben entstiegen und badeten nun im Sonnenlicht. Und obgleich ich an ihrer Neugier erkannte, daß Fremde hier selten waren, verhielten sie sich freundlich und zeigten mir sittsam und erfreut das Haus des Kommandeurs Bajo, genau jenes, das mir selbst aufgefallen war: Es stand mitten im Dorf, war das größte und schönste und das einzige, das ein Stockwerk über dem Erdgeschoß besaß.

Ich nahm also Richtung darauf – da ich nun schon die Wolfshöhle betreten hatte, begab ich mich am besten sogleich zum alten Wolf. Im Vorbeigehen gewahrte ich, daß die Häuser gedrängter standen, als dies sonst in montenegrinischen Dörfern üblich ist, und kombinierte, daß der Grund hierfür ebenso wie für die einhellige Gesinnung aller Dorfbewohner nicht nur in deren Sippeneintracht lag, sondern auch in der Notwendigkeit, sich im Kampf gegen Wölfe und Räuber, Steuereintreiber und Unwetter eng zusammenzuschließen. Ich war gespannt, wie Bajo und die anderen Ortsansässigen mich empfangen würden. Ich war nicht einmal sicher, ob er mich wiedererkennen würde, und ich malte mir aus, wie ich sie schon mit meinen ersten Worten weich stimmen und gewinnen würde. Doch wie stets kam alles anders.

Kaum war ich in die zu Bajos Haus führende Gasse eingebogen, sammelten sich Menschen vor dem Haus, ich hörte sogar meinen Namen rufen. Jemand hatte mich erkannt. Ich mußte handeln, bevor sie sich von ihrer Verwunderung und Verwirrung erholt hatten. Ich beschleunigte den Schritt, und vor dem Haus angelangt, rief ich: «Stehen die Türen eines ehrwürdigen serbischen Hauses einem guten Serben und müden Wanderer offen?»

Ich hörte, wie im Haus die Füße eines alten Mannes schwerfällig über die Fliesen schlurften, gleich darauf erklang Bajos greisenhafte, hüstelnde, aber noch feste Stimme: «Einem Serben und Wanderer ist dieses Haus noch nie verschlossen gewesen!» Dann setzte Getuschel ein, und der Alte fügte hinzu: «Wenn der Serbe ein guter Serbe und der Wanderer ein wohlgesinnter Wanderer ist.»

In loser, fadenscheiniger Kleidung, mit nackten Schienbeinen, die Füße in aufgeschnürten, doch sauberen hohen Schuhen, erschien der

Alte im Hof und hob die Hand über die buschigen Brauen, wie um seine kleinen, verwaschen wirkenden Augen zu schützen, obgleich ihn gar nichts blendete. «Wer bist du? Was führt dich so spät am Abend hierher?»

Obschon ich ihn selbst in seinen besten Mannesjahren als unzugänglichen und hartgesottenen Gesellen gekannt hatte, war ich wie vor den Kopf gestoßen von der Erkenntnis, daß er heute ebensosehr wie früher jene tiefverwurzelte und unverwüstliche Schlauheit einfacher Bauern besaß, die nicht nur der Meinung sind, jeder Städter und jede Behörde seien einzig dazu da, sie zu betrügen, sondern die auch glauben, jede Neuerung verfolge diesen Zweck. Und anstatt mich ihm sofort und ohne Umschweife vorzustellen, sagte ich meinen Vers auf: «Lassen dich denn deine Falkenaugen im Stich, daß du mich nicht wiedererkennst, da wir doch so manches Glas zusammen geleert haben!» Das rutschte mir so heraus, obschon wir niemals einen Tropfen gemeinsam getrunken hatten. Aber Greise haben ein schlechtes Gedächtnis, und einfache Menschen sind immer erfreut, wenn Prominente sich auf die Bekanntschaft mit ihnen berufen, noch dazu vor anderen und jüngeren Leuten.

Ich wollte ihm soeben meinen Namen sagen, da stürzte ein schwarzhaariger junger Mann aus dem Haus, einer von denen, die studieren und – wie ich – ihr Studium nie beenden, weil sie ständig damit beschäftigt sind, die Welt zu verändern: «Großvater», rief er, «ich habe dir doch gesagt, daß es Markiša ist!» Und mehr im Ernst als im Scherz fügte er hinzu: «Nimm dich in acht – er ist schon im Begriff, dich zu überlisten!»

Augenblicklich erkannte ich mit jenem Spürsinn, der nur Menschen eignet, die wirklich das Talent haben, andere zu führen und zu verführen, in diesem unreifen Jungen meinen gegenwärtig gefährlichsten Gegner. Ich rief aus: «Wollte Gott, ich wäre imstande, einen alten Gebirgswolf von seinem Weg abzubringen! – Die Dunkelheit hat mich überrascht, ich hatte in der Nähe zu tun, und ich wollte gerne sehen, wo ihr lebt. Wenn euch der Gast nicht willkommen ist, werde ich unter einem Baum übernachten, es wäre nicht das erste Mal. Mein Ehrenwort, ich bin aus keinem andern Grund gekommen! Aber ich sehe, daß es auch bei euch schlimm steht – das Ei will klüger sein als die Henne.»

Der Alte wies seinen Enkel zurecht, ohne sich in seiner Schlauheit beirren zu lassen: «Schon gut, Junge, jeder will mir gute Lehren geben! Ich erinnere mich, Markiša, wie sollte ich nicht, aber ich sehe nicht mehr gut und werde vergeßlich. Du wirst nicht unter einem Baum übernachten, wenn du nicht um dieser Sache willen gekommen bist, die an meiner Ehre rüttelt und in Montenegro mehr Zwietracht gesät hat als seinerzeit die Türken, die plünderten und das Volk mit Gewalt zum Islam bekehrten!»

Es wäre unvernünftig gewesen, mit dem Alten zu rechten und ihm zu beweisen, daß Montenegro unter seinem eigenen Herrscher noch blutiger entzweit und unterdrückt worden war. Alte Leute meinen immer, es sei heute schlimmer denn je, und Bajo lebte augenscheinlich völlig in der fernen, bereits mythischen Vergangenheit, aus der ich ihn nicht in die Gegenwart zurückholen durfte, wenn mir darum zu tun war, die Bewohner von Vučje Ždrijelo zumindest mit schönen Worten zu erweichen, da ich ihre Stimmen nun einmal nicht gewinnen konnte. Um lange Diskussionen zu vermeiden, pflichtete ich dem Alten bei: Es herrsche viel Unfrieden, ich selbst hätte die Finger von der Sache gelassen, in die ich nun verwickelt sei, hätte ich geahnt, wie sehr sie das Volk entzweien und Haß zwischen Nachbarn und Verwandten säen würde. Doch ich fügte hinzu: «Trotzdem sind wir alle Serben, und wenn es zum Äußersten käme, würden wir gegen die Unterdrücker und die Feinde der Gemeinschaft und des Staates zusammenstehen.» So betraten wir das Haus unter Scherzen und Fragen nach der Gesundheit, der Frühjahrsaussaat und der Ergiebigkeit der Weideplätze.

Das Haus hatte zwei Zimmer nach vorne, eines nach der Seite und zudem eine geräumige Feuerstelle, um welche sich bald darauf auch die Hausväter von Vučje Ždrijelo versammelten, ebenso von der Neugier wie von dem Wunsch nach einem Glas Schnaps getrieben. Wie auf Verabredung erwähnte niemand die Wahlen oder die Politik, nur jener junge Mann – wie ich erfuhr, hieß er Djole, war ein Enkel des Alten und Student im letzten Semester am Lehrerseminar – stichelte wie beiläufig, worauf ich scherzend antwortete.

Während wir anstießen und witzige Aussprüche in das Gespräch einflochten, das wie üblich Kämpfe und Helden vergangener Zeiten betraf, sammelte und ordnete mein zweites, stets wachsames Ich die Eindrücke und ließ sich keinen Satz und keine noch so harmlose Äußerung entgehen.

Neben dem Enkel war auch des Alten Sohn anwesend, ein Bauer namens Krsto, der sich augenscheinlich nicht eben überarbeitete. Der Alte hatte nur noch diesen einen Sohn, denn der ältere, Djoles Vater, ein Offizier, war in österreichischer Kriegsgefangenschaft umgekommen. Krsto hatte ein ganzes Rudel Kinder, die neugierig ihre Nasen hereinsteckten und vergaßen, diese zu putzen, während er selbst sich auffallend reserviert verhielt und in seinen schwarzen Schnurrbart lächelte wie jemand, der etwas zu sagen hätte, sich jedoch nicht in das Gespräch zwischen dem launenhaften Vater und dem unbekannten Gast einmengen will. Er schenkte Schnaps ein und dirigierte die Frauen augenzwinkernd und flüsternd. Ganz anders benahm sich Bajos Bruder Mrgud, der um so viele Jahre jünger war als jener, daß man ihn für Bajos Sohn hätte halten können, und der sich von ihm auch im Aussehen stark unterschied. Er war hager, schwarzhaarig und zahnlos, während Bajo dunkelblond, stark gebaut und knorrig war. Mrgud schien seinem älteren

Bruder ständig aufmerksam zu lauschen, vorgeblich um ihn zu korrigieren und das Gesagte zu ergänzen, in Wahrheit, um ihm zu widersprechen und ihm listig eins auszuwischen. Sie waren verschieden geartet, doch der jüngere Bruder war offenkundig von dem älteren abhängig und rächte sich an diesem nur mit Worten, deren zweideutiger Sinn Bajo häufig nicht klar war. Doch wenn er den Sinn erfaßte, überkam ihn jähe, wilde Wut, vor welcher sich der jüngere Bruder rasch und scheinheilig in Sicherheit brachte.

Der Alte duldete keinen Widerspruch, man konnte ihm nur durch Schlauheit und Findigkeit beikommen. Wie alle Menschen, die sich in früheren Zeiten hervorgetan haben, glaubte er, auch jetzt über den anderen zu stehen, um so mehr als er in seiner Wohlhabenheit ein schöneres Leben geführt hatte als die anderen. Was den Verstand anbetraf, behauptete niemand, daß es ihm daran fehle, am allerwenigsten konnte ihm selbst je ein solcher Gedanke kommen, hatte er doch dereinst seine Sippe befehligt. Seine Schwäche lag auch nicht so sehr in seiner Beschränktheit – er besaß sogar eine gewisse altertümliche Weisheit, wie sie sich unverfälscht gerade bei den ungebildetsten Bauern erhält – als in seiner Annahme, er verstehe die neue Zeit und die neuen Verhältnisse besser als sonst jemand. Dies führte zu einer gewissen Spannung, einer leichten und flüchtigen allerdings, da sich alle dem alten Mann fügten, sowohl aus Tradition als auch um seines größeren Vermögens und um des Ansehens willen, das er außerhalb der Sippe genoß.

Der Enkel Djole war offenbar der Liebling des Alten. Sogar wenn der Alte ihn anfuhr, tat er das eher kummervoll und bedauernd als zornig und arrogant. Und gerade dieser großväterlichen Zärtlichkeit wegen verhielt sich Djole mir gegenüber ablehnend, obgleich er die altmodischen Ansichten des Greises nicht teilen konnte und nicht teilte, sondern offenkundig jenen neueren zuneigte, die unter der Jugend verbreitet waren. In derartigen Situationen ist dem Menschen jedes Mittel recht, und so nutzte auch Djole die oft unvernünftige, ihm lächerlich erscheinende Verstocktheit des Alten für sich. Alle meine Versuche, mich mit dem jungen Mann anzufreunden und ihn umzustimmen, blieben vergeblich. Sogar meine Andeutung in einem unbelauschten Augenblick während des fröhlichen Treibens, alle Gegner der Diktatur müßten jetzt zusammenstehen, denn die Opposition bahne doch eigentlich erst der Jugend, den neuen Anschauungen und Strömungen den Weg, beeindruckte ihn nicht allzusehr, obschon er mir in diesem Punkt nicht widersprach, als wolle er sagen: «Steht ihr nur zusammen, ich aber erlaube nicht, daß du meinen Großvater betrügst, auch wenn ich nicht seiner Meinung bin.»

Gewiß, die Wachsamkeit und der Scharfsinn des Jungen waren ohne Bedeutung, denn von den Wahlen wurde nicht gesprochen. Und ich nahm wahr, daß er gegen mich, den Gast, liebenswürdig und mir sogar behilflich war, mit den Verhältnissen und den Menschen vertraut zu werden. Er war eben noch jung und unerfahren und meinte, man könnte die Politik von der Gastfreundschaft und vielleicht auch von anderen Fragen trennen.

So verging der Abend, und vor dem Abendbrot verabschiedeten sich die Bauern bis auf Mrgud und fünf, sechs Hausväter.

Der Tisch wurde in dem geräumigen Zimmer gedeckt, dessen Sauberkeit und Ordnung ins Auge stachen. In zwei Ecken standen Betten, der Alte und sein Enkel schliefen darin. Wir beendeten die Mahlzeit rascher, als es in solchen Fällen üblich ist, teils weil wir von den Imbissen zum Schnaps schon satt waren, teils weil ich müde war und die Hausbewohner es nicht gewohnt waren, bis spät in die Nacht hinein bei Tisch zu sitzen.

Ich weiß selbst nicht, wie es dazu kam, jedenfalls trug sich das, wovon ich erzählen will, knapp nach dem Abendessen zu.

Mir war des Alten Sorge um seinen Tod schon aufgefallen, und ich hatte dieses Thema aufgegriffen, doch begann die Sache auch spontan. Jemand machte eine Bemerkung, oder ich selbst stellte eine Frage, da verkündete der Alte seufzend: «Für die Beerdigung habe ich alles vorbereitet, damit niemand meinetwegen Mühe oder Unkosten hat.»

«Er hat sich sogar ein Grabmal meißeln lassen», setzte der immer angriffslustige Bruder Mrgud hinzu, «und bei Gott, er hat mehr dafür bezahlt als so mancher von uns für sein Haus.»

Ich hatte schon bisher dem Alten unauffällig nach dem Munde geredet und warf nun ein: «So soll es auch sein. Dort wird er in Ewigkeit wohnen, im Haus wohnt man nur ein Leben lang.»

«Gut gesagt», pflichtete der Alte bei, «aber Mrgud begreift das nicht, er steht noch nicht mit einem Fuß im Grab.»

«Man setzt auch nicht jedem ein Grabmal», bemerkte ich.

Kommandeur Bajo reckte sich und blickte seinen Bruder und die Bauern voll Stolz an, als wolle er sagen: «Hört ihr, was mein Gegner spricht?» Doch Bruder Mrgud ließ sich vernehmen: «Man muß auch an die Lebenden denken.»

Durchtrieben und entrüstet grollte der Alte: «Wenn ein anderer das sagen würde, aber mein Bruder, dem ich . . .»

«Gott behüte», fiel Mrgud hastig ein, «ich meinte nichts Böses, ich wollte nur sagen, daß das Grabmal schön, wunderschön ist.»

Damit schien die Debatte beendet, doch ich witterte eine Möglichkeit, die Brüder gegeneinander zu hetzen und mehr über die Verhältnisse in Vučje Ždrijelo zu erfahren, deshalb fragte ich: «Sicher hast du auch für Totengewänder gesorgt, alter Freund, wie es sich für dich ziemt?»

Djole bemerkte nicht ohne Ironie: «Was sonst sollte sich für ihn ziemen?»

Doch der Alte achtete nicht auf seinen Einwurf, sondern erwiderte:

«Ich habe dafür gesorgt, vor sechs Jahren – ich habe die schönsten Gewänder erstanden, die damals auf dem Markt zu finden waren.»

Ich erlaubte mir einen Scherz: «Sicher hast du auch schon die Klageweiber bestimmt. Aber dazu, Kommandeur, müßtest du jüngere nehmen, damit dir das Herz lacht, wenn junge Lippen dich besingen und schöne Augen dich beweinen.»

Mrgud lächelte unmerklich: «Du scherzt, aber zwei von denen, die er bestimmt hat, sind inzwischen alt geworden und gestorben.»

«Ich habe sie nicht bestimmt», herrschte Bajo den Bruder an, «es ist nur darüber gesprochen worden. Alles, was ich tue, ziehst du ins Lächerliche! Und wenn ich sie wirklich bestimmt hätte, was dann – sie sind eben alt geworden und gestorben!» Dann wandte er sich an mich, ohne auf die Rechtfertigungen seines Bruders zu achten, und lächelte in seinen spärlichen weißen Schnurrbart: «Ich bin zu alt, Markiša, um an jungen Frauen Vergnügen zu finden. An Klageweibern herrscht kein Mangel, damit hat es keine Eile, in unserer Sippe allein gibt es mehr als zwei, die gut sind. Schwierig ist es nur mit dem Redner – es müßte jemand von auswärts sein, in dieser Frage weiß ich mir einfach keinen Rat. Ehrlich gesagt, es ist mir peinlich, jemand zu bitten . . .»

«Man würde sagen: Er will sich selbst loben!» fiel ihm Bruder Mrgud unerbittlich ins Wort.

Streitlustig fuhr der Alte fort: «Es ist mir peinlich, sage ich, einen Redner für mich zu suchen, und noch peinlicher wäre es, wenn mich jemand aus der Sippe, aus unserer Verwandtschaft, lobte.»

Ich sprang auf, von ungeahnten und unsichtbaren, doch mir bereits vertrauten Kräften beseelt: «Bei Gott, das ist wichtiger als alles andere, und über dich gäbe es eine Menge zu sagen!»

«So ist es! Es gäbe viel zu sagen!» fuhr der Enkel mich an und wandte sich dann an den Großvater: «Und es wird sich auch jemand finden, Großvater!»

«Kann es nicht der Lehrer oder Pfarrer aus dem Nachbardorf sein?» schlug Mrgud vor.

«Welcher Lehrer?» Ich tat erstaunt. «Mićun? Er ist doch um nichts gebildeter als dieser Pfaffe Mićo, den Njegoš in seiner Dichtung schildert! Und der Pfarrer bringt kein vernünftiges Wort heraus, alles, was er kann, ist, die Liturgie aus dem Buch herunterzuleiern!»

«Nichts kann er!» schüttelte Bajo betrübt den Kopf. «Gott hat ihn dumm geschaffen. Und der Lehrer ist ein angeheirateter Verwandter von uns.»

«Das stimmt. Daran habe ich gar nicht gedacht», gab Mrgud klein bei.

Doch der Alte, jetzt ernstlich ergrimmt, ließ ihm nichts durchgehen: «Du und an etwas denken – nicht du stirbst ja, sondern ich!»

Im Nu war alles wie ausgewechselt. Alle hätten losgelacht, hätten sie nicht den Zorn des Alten gefürchtet. Ich stellte mich mitten ins Zimmer, stützte die Arme in die Hüften und rief: «Und es gäbe viel zu sagen über einen grauen Falken, wie du einer bist! Etwa nicht? Wir dürfen ihn nicht so sehen, wie er jetzt ist, alt, ein Adler mit lahmen Schwingen, wir müssen daran denken, wie er sich über diese Gebirge erhob, wie sein Säbel bis nach Skadar und Travnik blinkte und den Feinden Angst und Entsetzen einjagte, wie die Türkinnen mit seinem Namen die Kinder schreckten! War es vielleicht nicht so? – Warum siehst du mich so mißtrauisch an, junger Mann?» herrschte ich Djole an, kühn geworden durch den Eindruck, den meine Worte hervorriefen. «Damit du es weißt, obschon der Kommandeur Bajo und ich heute Gegner sind, werde ich die Wahrheit sagen: An den Fingern kann man diejenigen abzählen, deren Säbel heller blinkten als der seine, und es gibt keinen Serben, dem es nicht eine Ehre wäre, solch einem Helden die Totenrede zu halten!»

Augenscheinlich erregt versank der Alte in langes und tiefes Grübeln, so daß die übrigen besorgt wurden und ich mich insgeheim freute. Ich schwieg und ließ ihm Zeit, sein Gleichgewicht zu finden, doch der Enkel konnte sich nicht beherrschen: «Sie glauben doch nicht, daß Sie . . .»

«Ich glaube gar nichts, junger Mann, aber da wir nun schon davon sprechen: Ich sage, was ist und was sein sollte. Ich wundere mich nicht, daß du nicht weißt, was die Rede und der Redner den Montenegrinern einst bedeuteten, du bist zu jung dazu, aber ich bin erstaunt, daß du nicht weißt, was für einen Großvater du hast, daß du dich nicht vor der gesamten Jugend Montenegros seiner rühmst! Hier sind fünf, sechs der angesehensten Familienväter und Sippenangehörigen, die seine guten und schlechten Eigenschaften kennen – kann auch nur einer widerlegen, was ich gesagt habe, ich, ein Fremder, der nur das erzählt, was er gehört hat?»

«Du hast schön gesprochen, aber das mit Skadar und Travnik – da hast du übertrieben», begann Mrgud.

«Selbst wenn ich das hätte, aber ich habe nicht übertrieben», gab ich zurück, «wer hat denn die Türken befehligt, mit denen er sich in blutigen Schlachten geschlagen hat, wenn nicht die Wesire von Skadar und Travnik? Und wenn er auch Travnik und Skadar nicht bestürmt hat, verlaß dich darauf, er ist nahe genug herangekommen, der Heiduck, der Gebirgswolf!»

«O Mašo», rief Bajo, «ein jedes deiner Worte sei gepriesen! Mein Bruder, der diesen Namen nicht verdient, ist nicht hinter dem Ofen hervorgekrochen, während ich in der Herzegowina kämpfte und mein Blut vergoß . . .»

«Darum setz dich mit ihm gar nicht erst auseinander, Kommandeur, auch wenn er dein Bruder ist!» schrie ich und trug mehr Erregung zur

Schau, als ich empfand und notwendigerweise empfinden mußte, wie es eben zu solchen Manövern gehört. Ich lief im Zimmer auf und ab und runzelte nachdenklich die Stirn.

In Wahrheit dachte ich an nichts von Bedeutung, sondern wartete auf einen Anlaß, um noch einen Schritt weiter zu gehen und den Alten wenn schon nicht für mich zu gewinnen, so doch weicher zu stimmen. Denn das Eis war gebrochen, die schwachen Stellen waren zu erkennen. Bajo nannte mich sogar Mašo und ich ihn – Kommandeur. Die zunehmende Gehässigkeit des Enkels, die wachsende Mißgunst des Bruders und die noch ausgeprägtere Zurückhaltung des Sohnes bestätigten dies deutlich.

Keiner von ihnen hatte die Bedeutung erfaßt, die Heldentum und vor allem Rednergabe für den Alten hatten, vielleicht begriff nicht einmal ich sie voll und ganz, obschon um einiges besser und gründlicher als die anderen, wie es ja auch notwendig war.

Ein Montenegriner wird nicht nur niemals widersprechen, wenn man sein Heldentum preist, er ist darüber hinaus gegen nichts so blind und für nichts so empfänglich wie für ein Lob seiner Tapferkeit. Und nicht nur bei Montenegrinern, sondern bei allen Kriegern nimmt der Glaube an die eigenen Heldentaten, die eigene Unerschrockenheit in dem Maße zu, in welchem die Erinnerung verblaßt und die Kriegserlebnisse in weitere Ferne rücken. Ich hatte also nichts riskiert, als ich das Heldentum des Alten pries, wiewohl ich nichts darüber wußte und nur mit Sicherheit annehmen konnte, daß er über dem Durchschnitt stand, da er es doch bis zum Kommandeur gebracht hatte. Aber er stammte aus einer Zeit, zu welcher in Montenegro Heldenmut eine bestimmte Einstellung zum Leben, zur Welt und zum eigenen Schicksal bedeutete. Hob man sein Heldentum hervor, ging man damit auf jene Seiten seiner Persönlichkeit ein, die er als die heiligsten und unvergänglichsten betrachtete und die von jeher in Montenegro als Inbegriff des Menschlichen angesehen werden.

All das hat sich zumindest als Anschauung und Überlieferung bis in unsere Tage erhalten und war auch den Anwesenden vertraut. Doch die Redekunst und die Redner, die in dem alten und unwandelbaren Montenegro als unentbehrliche Begleiterscheinung der Helden und des Heldentums diese vom Schutt und Unrat des Lebens reinigten, sie über das Zeitliche hinaushoben und den neuen Generationen ihren Ruhm verkündeten – sie haben, obschon sie noch nicht ganz ausgestorben sind, doch ihre Macht und ihren Glanz eingebüßt. Ich wußte das instinktiv und erkannte darin meine Möglichkeiten und die Schwächen meiner Gegner.

So streckte ich meine Fühler aus und sorgte für Spannungen im Vertrauen darauf, daß der Enkel ihnen nicht gewachsen sein würde, denn ich mußte seinen Einfluß auf den Alten dämpfen, bevor ich etwas unternahm.

Und wirklich verlor der Enkel die Fassung: «Denken Sie sich aus, was Sie wollen, schmeicheln Sie dem Großvater nach Belieben, aber Sie werden ihn nicht dazu verleiten, daß er Sie beauftragt, ihn als Toten zu preisen, damit er als Lebender Ihnen zu Dank verpflichtet ist!»

An Stelle einer Antwort zuckte ich mit den Achseln, als fände ich mich mit seinen Schrullen ab, und setzte mich ermattet auf einen Stuhl, da sagte der Alte bekümmert: «Laß wenigstens du ihn in Frieden, Djole, wenn du schon siehst, daß er etwas Nettes sagen wollte!»

«Das wollte ich», sagte ich, «aber ich möchte mich nicht aufdrängen! Ich grolle der Jugend nicht und halte ihr ihre Unkenntnis zugute. Wenn jemand glaubt, ich sei der Politik oder irgendwelcher Machenschaften wegen hergekommen, kann ich auf der Stelle dorthin gehen, woher ich gekommen bin! Wenn nur der alte Mann hier davon überzeugt ist, daß ich aus reinem Herzen die lautere Wahrheit gesprochen habe, die er, der sich geopfert hat, und die Feinde der Serben besser kennen als wir alle!»

Ich erhob mich sogar, als wolle ich gehen, aber der Sohn Krsto stellte sich flehend vor mich hin, und der Alte rief: «Geh nicht, Mašo, ich bitte dich, als wärst du mein Sohn! Rede nur, ich sehe, daß du es kannst. Mein einsames altes Herz sehnt sich danach, schöne, hochherzige Worte zu hören!»

Ich begann wieder auf und ab zu gehen, jetzt aber dachte ich tatsächlich an die Totengedenkrede für den Alten und war sicher, daß niemand mich unterbrechen würde. So grübelte ich im Auf- und Abschreiten, bis ich fühlte, daß die Spannung der Anwesenden den Siedepunkt erreicht hatte. Dann begann ich, den rechten Arm in die Hüfte gestützt, mit schmerzlicher Miene, als stünde ich an einem Sarg:

«Ruhst du nun, Kommandeur Bajo, stehst du nicht mehr, Bollwerk unseres Landes, ist mit dir die Zuversicht der Männer, die Hoffnung der Frauen dahingegangen? Bist du heimgekehrt zu deiner Schar, zu deinen Gefährten, du Bergadler, hörst du nicht mehr die Klagen der Brüder und Verwandten, du Schirm der Familie, treuer und vorbildlicher Kamerad? Sind die Hände erstarrt, die das niemals rostende Schwert für Serbien und seine makellose Ehre schwangen? O Fluch des Schicksals, das keine Gnade kennt! Welch ein unersetzlicher Verlust für Serbien! Erbeben denn die Berge nicht, hüllt sich der Himmel nicht in Finsternis? Der Blitz hat ins Gestein eingeschlagen und die hundertjährige Kiefer gefällt. O Kommandeur, herrlichster aller Helden, Ruhm des Menschengeschlechts, Stolz deiner Sippe! Schwergeprüfte Brüder und Hinterbliebene! In tiefer, unermeßlicher Trauer haben wir uns versammelt, um einem der letzten Helden des alten Montenegro das Geleit zu geben, einem der wenigen, dank denen der Name Montenegro vor der ganzen Welt in herrlichstem Glanz erstrahlt, die mit ihrem Blut und ihrem Opfermut die Schmach der Knechtschaft tilgten, das serbische Reich größer und schöner wiedererstehen ließen, als es unseren Märtyrern vorschwebte, wenn sie ohne Klage am Pfahl oder Galgen starben ... Es ist Brauch, über die Toten nur Gutes zu reden. Aber Kommandeur Bajo erheischt nur die Wahrheit – auch die halbe Wahrheit, auch ein Körnchen Wahrheit reichen aus, daß jeder der Seinen sich zeitlebens seiner rühmen kann. Nun, als Verstorbener, tritt er stolz vor jene Schar von Falken, die unter dem heldenhaften Fürsten Nikola mit bloßen Händen türkische Burgen und Festungen schleiften und mit ihrem Blut und ihren Gebeinen, ihren Leiden und Opfern die Grundsteine zu unserm großen Staat, zu dem Glück künftiger Generationen legten! Auch in dieser glänzenden Schar gibt es keinen Edleren als ihn! Und diese berühmten Helden werden ihm einen Ehrenplatz einräumen, wenn er sich heute zu ihnen gesellt! Ich will die Kämpfe und Gefechte, die abgeschlagenen Türkenhäupter, all seine Leiden und Wunden nicht aufzählen, um seinen edlen und gemarterten Leib nicht länger aufzuhalten, wenn er nun den Weg in die Ewigkeit antritt. Es genügt, wenn ich sage: Seitdem er ein Gewehr tragen konnte, fehlte er bei keiner entscheidenden Schlacht in diesen Landen, und wenn er kämpfte, mußten ihm drei Mann folgen und alle Häupter auflesen, die er abgeschlagen hatte. Denn im Kampf zählten für ihn nur seine Ehre und der Tod der Feinde, die Wiedergeburt Serbiens und der Ruhm Montenegros. Und dem Helden angemessen sind auch seine Leiden! Ein halbes Jahrhundert stand er für Serbien auf der Wacht in diesem blutig umkämpften Grenzland, oftmals hungrig und durstig und, bei meiner Seele, auch nackt und bloß, gesättigt und erwärmt von dem Gedanken an Serbien und vom Blut der Feinde ... Aber glaubt nicht, daß er auch nur für ein Hundertstel, ein Tausendstel seiner Taten und Opfer belohnt wurde! Keine Medaillen bedeckten seine Wunden und linderten seine Schmerzen, noch wäre es seinen undankbaren Nachkommen eingefallen, ihm ein seiner würdiges Denkmal zu errichten, hätte nicht er selbst als der bescheidene Held, der er war, sich die Mittel für ein ihm gemäßes Grabmal vom Mund abgespart. Doch sein Platz ist schon lange nicht mehr in dieser schändlichen Welt und bei diesen verdorbenen Serben, die ihre Gelübde und ihre Helden allzu schnell vergessen, sondern unter den Feldherren vom Amselfeld, den Rittern von Montenegro, wie Nikac von Rovine, Vuk Popušina und Profos Jole. Auf ihn, den Helden und Märtyrer, wird sich heute diese eiskalte Grabplatte senken, die schwarze Erde wird ihn bedecken. Doch seines Heldentums, seiner Leiden wird man gedenken, solange serbisches Blut pulst und serbische Ideale die Welt erleuchten!»

Die Rede hatte auch mich begeistert und mitgerissen, wie es eben sein muß, wenn man wirklich etwas erreichen will. Es war zu einem Ende zu kommen – jede Übertreibung richtet sich gegen sich selbst. Ich hielt inne, um die Wirkung auf die Zuhörer, besonders auf den Kommandeur und den Enkel, abzuschätzen, die Begeisterung bis zum Höhepunkt zu steigern und einen letzten Trumpf auszuspielen.

Mit rotem Gesicht und offenem Mund sah mich der Alte hingerissen und verjüngt an. Grün vor Ärger wetterte Djole, als habe er nur darauf gewartet, daß ich aufhörte: «Er betrügt dich, Großvater! Er redet nur so!»

Der Einwurf des Enkels traf den Alten, doch ohne dessen Sinn zu erfassen, rief er erregt: «Jedes deiner Worte ist wahr und heilig, Mašo! Du bist der erste, der meine Verdienste und Leiden gewürdigt und beschrieben hat – beinahe hätte ich mich heute schwer gegen dich versündigt und mich in Schande gebracht wie bisher noch niemandem gegenüber!»

Doch der Enkel gab sich nicht geschlagen: «Großvater, Großvater! Komm zu dir!» schrie er und zog den Alten über den Tisch hinweg am Arm. Der Alte begann verstört um sich zu blicken, während der Enkel loslegte wie ein Maschinengewehr: «Er schwatzt nur schöne und leere Worte! Er verspricht allen und allerorts goldene Berge! Jawohl, Sie geben Versprechen und halten Ihr Wort nicht! Sie können es nicht halten, selbst wenn Sie wollten! Obwohl Sie unser Gast sind, werde ich erzählen, wie man Sie in der Stadt zum besten gehalten und bloßgestellt hat, denn Sie wollen den Großvater übers Ohr hauen! Die Geschichte ist alt, aber sie paßt auch jetzt noch zu Ihnen! Kommt dieser Markiša einmal ins Gasthaus, und einer fragt ihn: ‹Wie steht es mit meiner Angelegenheit, Markiša, du warst doch vor kurzem in Belgrad?› Darauf Markiša: ‹Vor meiner Heimreise war ich im Ministerium, man hat mir versprochen, deine Angelegenheit bald in Ordnung zu bringen.› Da sagt der andere: ‹Ich habe dich um gar nichts gebeten, ich wollte dich bloß einmal prüfen!› Die Leute im Gasthaus bogen sich vor Lachen, und noch heute spricht und lacht man darüber», schloß der junge Mann triumphierend und schadenfroh.

Doch wenn damals das ganze Gasthaus gelacht hatte – denn es hatte sich wirklich so zugetragen, wie Djole es erzählte –, jetzt lachte keiner im Zimmer, vielmehr sahen sich die Anwesenden verlegen an. Sogar der Alte schaute ungläubig drein, dann richtete er den Blick fragend auf mich. Auch ich war verwirrt, mußte jedoch Gleichmut vortäuschen, was mir auch gelang. Da mir nichts Besseres einfiel, begann ich laut zu lachen, dann erklärte ich, indem ich tat, als wische ich mir die Lachtränen aus dem Gesicht: «Auch ich muß darüber lachen, wenn ich daran zurückdenke, obschon es nicht haargenau so war, wie man es schildert. Irgendwelche Intriganten und Strolche inszenierten das Ganze zu einem Zeitpunkt, als ich so viele Gesuche und Beschwerden zu erledigen hatte, daß es ein wahres Wunder gewesen wäre, hätte ich sie alle im Kopf gehabt. Aber ich wußte, daß man mich zum besten hielt, und ging darauf ein, als hätte ich vergessen, daß gerade dieser eine mich um nichts gebeten hatte. Denn Spaß muß sein unter lebenden Menschen, und wer meinen Beruf ausübt, hat ständig die Gegner auf dem Hals, die jede seiner Fehlleistungen hochspielen. Aber es möge sich doch einer finden, dem gegenüber ich ein Versprechen nicht gehalten habe!»

Meine Erklärung und Haltung beschwichtigten die Anwesenden, der Alte zeigte sich so erfreut darüber, als wolle er sagen: «Ich habe gewußt, daß Mašo nicht so schlecht sein kann!» Dennoch blieb ein Schatten zurück, und ich fügte betrübt hinzu: «Aber der junge Mann hat mich unterbrochen, als ich eben das Schönste und Wichtigste sagen wollte.»

Erst jetzt erwies sich, wie gut es war, daß ich mir noch einen Schlußeffekt aufgespart hatte. Nun boten sich mir Möglichkeiten zu einem weiteren Anlauf gegen den Alten, obgleich mein Kopf leerer war als in dem Augenblick, da ich in der Rede innegehalten hatte. Aber in meinem Beruf muß ein leerer Kopf nicht unbedingt ein Hemmnis bedeuten, wenn man ihn nur im rechten Augenblick mit den passenden Gedanken und Worten füllt, wozu einem das Leben immer Gelegenheit bietet. Eine solche Gelegenheit galt es jetzt abzuwarten und – vorzubereiten. Wenn diese Arbeit heute sogar mir selbst nicht eben als die sauberste und schönste erscheint, damals, wie stets, wenn derartiges zu tun war, kam mir alles selbstverständlich vor und hatte den Reiz der Neuheit. Im übrigen kann man nicht immer nur saubere Dinge tun, und ich begann erneut den Alten zu beobachten und meine Chancen abzuwägen, um aus ihnen Inspirationen für meine Gedanken und Worte zu schöpfen.

«Du hättest ihn nicht mit Kleinigkeiten unterbrechen sollen, Djole», tadelte der Alte den Enkel. «Mich hat es kalt überlaufen, als du sprachst, Mašo, ich meinte mich selbst tot zu sehen. Aber es läßt mir keine Ruhe – was wolltest du noch schöner und wahrheitsgetreuer und, wenn ich so sagen darf, ergreifender schildern?»

Der letzte Satz des Alten konnte als Frage verstanden werden oder auch als Aufforderung, die Rede zu beenden. Doch ich zögerte, noch unvorbereitet und nicht im klaren darüber, wie ich fortfahren sollte. Ich warf also hin: «Jetzt ist es nicht mehr wichtig, Kommandeur, da mich ja doch niemand einladen wird, zu deinem Begräbnis zu kommen.»

«Es ist wichtig, Mašo, ganz gewiß», sagte der Alte betrübt, «man weiß selbst nicht, wer und was man ist, bevor man es von einem guten Redner gehört hat! Meine Verwandten und Hausgenossen, wie sie hier sitzen, hätten nie begriffen, was für Opfer ich gebracht habe, hättest du nicht heute davon gesprochen! Wie wäre es, wenn du bei meiner Beerdigung sprechen würdest, Mašo?»

«Ich glaube, Kommandeur, ich habe dir darauf schon geantwortet. Aber da wir gewissermaßen Gegner sind, mußt du in deinem Vermächtnis deine Familie dazu bestimmen, mich zu rufen und mir das Reden zu erlauben.»

Der Alte schwieg und überlegte. Da schaltete sich sein Bruder ein: «Schön hast du gesprochen, kein Zweifel, nur – wie soll ich es sagen –

niemand mußte ihm folgen, um die abgeschlagenen Häupter aufzulesen.»

«Noch hat es irgend jemand wegen Markišas Übertreibungen kalt überlaufen», setzte der Enkel hinzu.

«Euch nicht, ihr denkt noch nicht an euren Tod! Aber mich!» schrie der Alte. «Bitte, Mašo, sprich aus, was dir auf der Zunge lag, damit ich deine Rede zu meinem Gedenken bis zu Ende hören kann!»

Der Alte war nicht nur erbost, sondern auch erschüttert, und mir leuchtete ein, daß Tieferes und Trostloseres an ihm nagte als nicht anerkanntes Heldentum. Ich erhob mich, pflanzte mich in der Mitte des Zimmers auf, blickte um mich, ließ mir Zeit, bis alle gespannt warteten, und begann dann tief bewegt:

«Erwache zu alter Kraft und Herrlichkeit, du Riese unter den Helden, schüttle die schwarze Erde von dir! Hör, Montenegriner, wie die Berge von den Klagen der Deinen widerhallen! Erbarme dich der weinenden Frauen und der trauernden Mädchen, du männliche Kraft! Ist dir das Dunkel willkommen, ist dir die schöne Welt zur Bürde geworden, Kommandeur? Konntest du nicht mehr weiterleben ohne deine kühnen Falken, hast du kein Mitleid mit deinen Brüdern und Freunden, dem Lieblingsenkel und dem einzigen Sohn? Dort herrscht ewige Finsternis ohne Morgengrauen, die kalte Erde erwärmt sich niemals – o untröstliche Brüder, verlassene Freunde, in Trauer gehülltes Haus! Leb wohl, treuer Gefährte!»

Plötzlich hallte aus dem Dunkel hinter der offenen Tür das Wehklagen der Frauen durch das Haus. Und obgleich meine eigenen Worte mich der Gegenwart entrückt hatten, riß mich das Jammern der Frauen aus meiner Versunkenheit, ich blickte umher. Der Alte weinte still vor sich hin, seine Tränen untermalten das von meiner letzten Tirade ausgelöste Weinen der Frauen. Auch einige Besucher unterdrückten das Schluchzen, der verweinte Krsto bedeckte mit den Händen das Gesicht und saß zusammengesunken in einer Ecke. Nur der Bruder und der Enkel waren nicht erschüttert. Der eine lächelte durchtrieben, der andere sarkastisch. Ich saß da, vom Schmerz überwältigt, der teils heuchlerisch, teils aufrichtig war. Dabei hoffte ich, indem ich mich sowohl vom Instinkt wie von Berechnungen leiten ließ, den Alten definitiv überrumpeln und gewinnen zu können.

Und während Weinen und Jammern durch das Haus hallten, wehklagte ich: «Die serbische Erde, leicht und frei, möge ihren Helden und Märtyrer aufnehmen! Nun ist sie für immer deine Welt, Kommandeur Bajo! Sie wird dir den Himmel verdecken, dich von deinen Brüdern, deinem Heim und dem serbischen Volk trennen. Deine Augen sind erloschen, sie sehen die Welt im Morgenlicht und die Helden in Waffen nicht mehr! Die Lippen, die Weisheit kündeten, sind erstarrt, die männliche Brust ist erkaltet! Sieh dich um, Held! Kehr zurück, Bajo, Bruder!

Sehnst du dich nicht nach der Sonne, dauern dich deine Brüder nicht? Brich an, heller Tag, erhebe dich, wackerer Krieger! Wie sollen wir die Ewigkeit ertragen, was soll dem Herzen Trost bringen? Wehe dem Haus, wehe den Deinen! Bleib hier, Sonne, versinke nicht! Geh nicht von uns, Kampfgefährte! Hier harren deiner menschliche Leiden – doch für Helden sind Leiden das wahre Leben, die echte Freude. Hier sind die Brüder und Freunde, die bestellten Äcker, das weiße gemauerte Haus, die heranwachsende Jugend. O zerstörtes Bollwerk, makelloser Held, Bajo, Bruder! Und dort herrscht trostlose Finsternis, die schwarze Erde ist leblos. Bleib hier, guter Großvater, Held ohnegleichen!»

Meine Worte wurden von Weinen und Wehklagen übertönt. Der Alte schluchzte hemmungslos, auch ich vergoß Tränen. Ich beobachtete, daß nur der Bruder und der Enkel nicht weinten, sondern finster und bedrückt schwiegen. Trotz der Tränen blieb ich kaltblütig, wie man es zu sein hat, wenn das Erreichte einem nicht entgleiten, sich nicht gegen einen selbst wenden soll. Es war notwendig, die Verwandten sich ausweinen zu lassen, doch die Rede mußte anders ausklingen – hoffnungsvoll und frohgemut. So schloß ich mit ruhiger Stimme und gemessenen Worten:

«Doch wenn wir den gemarterten und abgekämpften Leib beerdigen, schwebt seine edle Seele heiter und frei über uns, bevor sie den Weg zu ewigem Glanz und Ruhm antritt, sich dem Heldenreigen der serbischen Märtyrer anschließt. Seines Namens und seiner Heldentaten wird man gedenken, solange in diesen Bergen serbische Worte ertönen und Feuer in montenegrinischen Herden lodert. Leicht möge dir die Erde werden, die du reichlich mit deinem Blut und Schweiß getränkt hast, um den neuen Generationen ein glückliches Dasein zu sichern. Ewig werden Serben und Helden deiner gedenken, Kommandeur Bajo!»

Als ich geendet hatte, bekreuzigte ich mich, trat auf den Alten zu und küßte ihn auf die Stirn, wie man nach Sitte und Brauch von Verstorbenen Abschied nimmt. Wieder vergoß der Alte Tränen, sie tropften von seinem gesträubten Schnurrbart auf die dürren, zittrigen Hände.

Doch er schien inneren Frieden und Hoffnung auszustrahlen. «Du wirst mein Redner sein, Markiša!» verkündete er tiefbewegt. «Gottes Gerechtigkeit hat dich gesandt, damit du mich in jene Welt geleitest! Hör, was ich dir sage: Schmach über jeden aus meiner Sippe, der nicht für dich stimmt, Elend über sein Haus!»

Noch heute ist mir nicht klar, was der Alte dachte und empfand während ich sprach. Er hatte alles für das Begräbnis vorbereitet: Das Grabmal, das Gewand, sogar die Kerzen. Nur einen Redner hatte er noch nicht gefunden. Ich mußte kommen und eine Rede zu seinem Gedenken halten, damit er den eigenen Tod in aller Lebendigkeit und Unwiederbringlichkeit schaute und erlebte.

Aber es kommt nicht darauf an, was er dachte und empfand, sondern darauf, daß sämtliche Wähler von Vučje Ždrijelo einhellig für mich stimmten, wie es sich für Männer und Söhne des Volkes ziemt, die sich von der strahlenden Menschlichkeit und von dem Heldentum des Kommandeurs Bajo leiten lassen.

*21. bis 26. Februar 1966*
*Gefängnis in Sremska Mitrovica*

# Zar Dukljan

Schaurig war es im Wachzustand über den brodelnden Wassern, den dunklen Tiefen des Waldes und den feuchten Schluchten: Zar Dukljan wird seine Fesseln sprengen und wieder die Welt und mich beherrschen. Noch schauriger war es in den Träumen: Alles, was mich bedrohte, alles, dessen ich mich nicht erwehren konnte, das mich mit Entsetzen erfüllte, beschwor den allmächtigen und unüberwindlichen Herrscher des Bösen herauf. Er existierte nicht, doch ich konnte mich nicht frei von ihm machen, nicht im Wachen und nicht im Traum.

Heute gibt es kein Grauen mehr, ich erlebe die Dukljan-Mär nicht mehr emotionell wie eine wahre Begebenheit, nehme ihn auch nicht mehr fast sinnlich wahr in Gegenständen, Menschen und in mir selbst. Doch die Sage von Zar Dukljan ist nicht tot, sie hat sich in etwas noch Furchtbareres verwandelt: In die intellektuelle Erkenntnis von der Unvergänglichkeit des Bösen. Zar Dukljan lebt unverwundbar wie eh und je, der Mensch kann ihm zeit seines Lebens nicht entrinnen. Denn alles hat sich gewandelt und wandelt sich, auch die Sage in mir. Doch sie hält mich nach wie vor in ihrem Bann, unerbittlich, unaufhörlich ersteht sie in immer neuer Form. Jetzt weiß ich auch, daß sie, unerschöpflich in ihrer Wandlungsfähigkeit, mich überleben wird.

Vielleicht hat die Sage gar keinen Sinn, sondern ich bin es, der in ihr einen Sinn sucht und findet, wie es die Menschen mit allen Dingen tun in ihrer Hoffnung, ihre Gedanken und Handlungen, ihre Existenz zu rechtfertigen.

Die Zar-Dukljan-Mär ist uralt. Zuweilen dünkt mich, sie sei zugleich mit dem ersten Menschen entstanden, und ohne Zweifel war sie für mich die erste, eine allumfassende und furchtbare Widerspiegelung der Welt und des Menschenschicksals, doch auch jedes einzelnen menschlichen Wesens. Denn der Mensch setzt sich zuallererst mit dem Bösen und dem Guten auseinander – vielleicht ist er unter anderem auch aus diesem Grund ein Mensch. Jeder hat seinen Zaren Dukljan, sein Schneewittchen, seine Hexe, seinen Wolf und sein Rotkäppchen, die ihn bis ans Grab begleiten. Darum weiß niemand, wann Zar Dukljan, wann die Sage von ihm entstanden ist. Darin liegt ihre Bedeutung für mich und uns alle: Zar Dukljan wurde zugleich mit dem Menschen geboren, das menschliche Dasein ist von dem seinen nicht zu trennen.

In grauer Vorzeit lebte Dukljan, Zar der Finsternis und des Bösen, und herrschte über die Menschen. Wo die Morača in die Zeta mündet, baute er eine feste Burg, und die Menschen konnten sich seiner nicht erwehren. Da sandte Gott, der Zar des Guten und des Lichts, seinen

Vertrauten Ilija aus, welcher den Zaren des Bösen besiegen sollte. Doch der heilige Ilija konnte Dukljans nicht Herr werden, obgleich er ihn zu Lande, zu Wasser und in der Luft bekämpfte: Er war nicht stärker und weiser als Dukljan. Da zog Gott selbst gegen den Zaren zu Felde. Mit einem furchtbaren Donnerschlag zerstörte er dessen Burg bis in die Grundfesten und verschonte einzig eine rechtschaffene Magd, die von den Engeln mitsamt einem Melkeimer und der Kuh, die sie gerade molk, in ihre Heimat an der Morača gebracht wurde. Den Zaren Dukljan warf Gott gefesselt in die tiefste Tiefe der Morača, denn töten konnte er ihn nicht. Auch der Zar ist unsterblich, und eines Tages wird er die Fesseln abwerfen und erneut über die Welt und die Menschen herrschen.

Wie man sieht, versehen Zeit und Raum der Mär jeweils ihre Prägung. Sie trägt christliche Züge, handelt in Montenegro und der römischen Stadt Dioclea, deren Ruinen, bekannt unter dem Namen Duklja, noch heute stehen. Der Name Dukljan selbst leitet sich von jenem des römischen Kaisers Diokletian ab. Doch allem Anschein nach übernahmen slawische Stämme die Sage von den Völkern, die sie auf dem Balkan und im heutigen Montenegro vorfanden. Der Kampf zwischen Licht und Finsternis, zwischen dem Gott des Guten und dem Gott des Bösen ist eine Überlieferung aus vorslawischer Zeit und, wie man weiß, das erste künstlerische Motiv, die erste Deutung der Welt und des menschlichen Schicksals. Auf andere Weise erzählt, erscheinen die Motive der Zar-Dukljan-Sage aus der vorgeschichtlichen Zeit in Indien, Mesopotamien, Persien und Ägypten, man findet sie auch in den Indianerzivilisationen Mittelamerikas. Ich wünschte, die Gründe dafür, daß die Dukljan-Mär just in Montenegro erhalten geblieben und tief verwurzelt ist, lägen nicht in den montenegrinischen Extremen: In dem gnadenlosesten Kampf um das nackte Leben und in dem selbstlosesten Verzicht. Doch das sind fromme Wünsche! Zar Dukljan wird ewig leben und mein Land nie freigeben. Er kann es auch nicht: Ohne Menschen existiert er nicht, und es gäbe für ihn nichts zu erobern.

Wer weiß, vielleicht könnten die Menschen ohne Zar Dukljan, ohne das Böse gar nicht leben. Vielleicht gäbe es die Menschen überhaupt nicht ohne ihn: Sie besäßen keine Vernunft, also auch nicht das Gute. Wie sollten sie die menschliche Existenz vervollkommnen und sichern, gäbe es nicht das Böse – Gewalt, Raub und Unterdrückung? Ohne Zar Dukljan wäre der Mensch kein Mensch.

Ich fürchtete ihn, ich entsetzte mich über seine Unvergänglichkeit, über die Unmöglichkeit, ihm zu entrinnen. Und da ich ihm nicht entrinnen konnte, meinte ich, er fuße in der Natur der Dinge und Menschen, sei das oberste Gesetz und die Unabänderlichkeit alles Bestehenden. Wenn er, wie es in der Sage heißt, die unabdingbare Kehrseite Gottes, anders gesagt des Guten und der Vernunft ist, so ist das vielleicht nur die poetische und mystische Form der Wahrheit, daß das Böse des Menschen Los ist, daß die Menschen schon allein deshalb, weil sie existieren – als bloße Lebewesen können sie nicht existieren, und als vernunftbegabte Wesen haben sie keinen Grund, ihre Gattung auszurotten –, auch zum Bösen Zuflucht nehmen müssen. Doch um zu bestehen, am Leben zu bleiben, müssen sie sich des Guten im Kampf gegen das Böse bedienen, das Böse mit Bösem tilgen. Dukljan ist nicht auszulöschen. Selbst das Gute verwandelt sich in Böses, wenn es zum Hemmnis für das menchliche Dasein wird. Solange es Menschen gibt, wird es die Verquickung, den Wechsel von Gut und Böse, die Herrschaft Gottes und die Herrschaft Dukljans geben.

Ich bewundere und hasse Dukljan. Ich kann ohne ihn nicht sein und möchte doch von ihm loskommen. Ewig ist sein Reich und der Kampf gegen ihn.

Es ist nicht zu befürchten, daß die Sage von Dukljan aussterben wird. Sie wird in anderer Form wiedererstehen und Furcht und Begeisterung erwecken. Ich habe sie nicht niedergeschrieben, um sie vor dem Vergessenwerden zu bewahren, sondern um während eines Augenblicks des unendlichen Daseins etwas über mein, über das menschliche Schicksal und über mein Land auszusagen.

Sie ist die furchtbarste und schönste, aber auch wahrste Sage, die ich vernommen habe. Ohne sie würde ich nicht existieren. Hoffen wir, daß wir sie neu gestalten können, wenn wir sie schon nicht aus dem Gedächtnis und dem Dasein tilgen können. Zar Dukljan ist der Mensch und des Menschen Los, und um des Menschen willen muß der Mensch sein unerbittlicher Gegner sein.

Es ist unbekannt, wann die Mär von Zar Dukljan aufkam, und sie wird nie enden.

*1. Oktober 1959*
*Gefängnis in Sremska Mitrovica*

# Marko Miljanov zum Gedenken

Wenn Tyrannei und Armut den Menschen bedrücken, er aber nicht vereinsamen und nicht vor dem Bösen kapitulieren will, bleibt ihm nur eines: Die Rückkehr zu sittlichen Grundsätzen und geistigen Werten, die ihm Stütze und Halt geben. Die Wirklichkeit beziehungsweise die Gesellschaft, die einen Menschen verstößt, weil dieser mit dem System in Konflikt geraten ist, kann einzig und allein durch Ideen beziehungsweise moralische Normen ersetzt werden, durch eine Welt, die, wenn nichts anderes, jedenfalls dauerhafter zu sein verspricht als die reale. Doch wer dies vollbringen will, muß über den Tatsachen und außerhalb seiner Zeit stehen, muß der eigenen Existenz entsagen.

Marko Miljanov aus der Sippe der Drekalovići, vom Stamm der Kuči bewies dies durch sein Leben, obschon ihm nicht bewußt wurde, daß er damit eine große Wahrheit offenbart hatte, nämlich: Dem Leben zu entsagen ist ebenfalls eine Existenzform, und zwar eine ausschließlich menschliche, denn auch andere Lebewesen sammeln Früchte, gründen Heimstätten und leben in Gemeinschaften, doch nur der Mensch ist imstande, ist tüchtig und vernunftbegabt genug, alledem zu entsagen. Markos Leben und Persönlichkeit lehren uns eines: Der Mensch vermag auch das Unmögliche zu tun. Er hat darüber hinaus die Pflicht, eben dies zu tun, denn nur eine solche Handlungsweise steht im Einklang mit den sittlichen und sonstigen Grundsätzen, mit dem im tiefsten Sinne Menschlichen in des Menschen Natur. Wie Marko dachte auch Njegoš: «Wer ewig leben will, ist ein Märtyrer dieser Welt.» Marko Miljanov sprach diese Weisheit nicht aus, doch sie kommt in seinem Lebenslauf und seiner Haltung zum Ausdruck. Und was dabei das faszinierendste, gewiß auch das bedeutsamste ist: Er betrachtet seine Entsagung nicht als Märtyrertum, sondern als etwas so Selbstverständliches und Unabänderliches, daß er sich gar nicht vorzustellen vermochte, er könne anders handeln. Was er tat, war einfach die einzig mögliche Existenzform für ihn.

Doch ich wollte von etwas anderem sprechen: Von meinem reich nuancierten, unvergänglichen Begegnungen mit Marko Miljanov und davon, was er ungewollt mit seinem literarischen Werk und seinem Leben verkündete – das eine gehört bei ihm zum anderen.

Über sein Leben sei kurz berichtet:

Er wurde 1833 als Sohn des eher unbedeutenden Vaters Miljan geboren. Als er fünfzehn Jahre alt war, nahm er den Guerillakampf gegen die Türken auf, denen sein Stamm damals noch untertan war. Die montenegrinischen Herrscher in Cetinje bedienten sich seiner in ihrem Bestreben, ihren Machtbereich auch auf die Kuči auszudehnen, und er stützte sich auf sie in seinem Bemühen, seine engere Heimat von den Türken zu befreien. Er gewann die Gunst des Fürsten Danilo und des Fürsten Nikola und erlangte dank seiner eigenen Verdienste den hohen Rang eines Woiwoden – eines Herzogs. Er begleitete Fürst Nikola nach Wien und Italien und vertrat sein Land in wichtigen Missionen im Ausland. Um der serbischen Idee und des serbischen Staates willen fand er sich auch mit dem furchtbaren Strafgericht ab, das der Bruder des Fürsten Danilo und Vater des Fürsten Nikola, der Woiwode Mirko Petrović, 1856 über die Kuči hielt, die noch der alten Stammesunabhängigkeit anhingen. Und da die Kuči gemäß einer Entscheidung der europäischen Diplomatie unter türkischer Hoheit verblieben, lebte Marko von 1859 bis 1861 zumeist in der Schlucht Mala Rijeka als Freischärler und harrte des großen Augenblicks der Abrechnung mit den Türken, der mit dem Krieg von 1876 auch tatsächlich kam. Damals war er es, der bei Fundina die für Montenegro entscheidende Schlacht gegen die Türken schlug und gewann. Doch als der Krieg zu Ende war, Montenegro auf dem Berliner Kongreß 1878 für unabhängig erklärt und sein Fürst anerkannt wurde, begannen die Zerwürfnisse zwischen den bedeutendsten Heerführern und Aufständischen einerseits und der neu entstandenen Hofclique andererseits. Auch der Woiwode Marko geriet in Konflikt mit dem Fürsten, heftiger und unversöhnlicher als alle übrigen. Er verzichtete auf alle Titel und Vorrechte, die ihm im übrigen auch aberkannt wurden, und ließ sich bei seinem Stamm auf einem ehemals türkischen Anwesen nieder, das ihm laut Überlieferung seine Soldaten geschenkt hatten. Das trug sich 1882 zu, doch schon vorher, 1879, verlor der berühmte Held und Heerführer auch auf dem Kriegsschauplatz eine Schlacht. Die Moslems von Plav und Gusinje weigerten sich, den Beschlüssen des Berliner Kongresses Folge zu leisten, obgleich ihr Sultan diese anerkannt hatte, und Cetinje entsandte den Woiwoden Marko zur Niederschlagung der Empörung. Man stellte ihm jedoch nicht genügend Truppen zur Verfügung, und – was noch schwerwiegender war – man hetzte den mächtigen serbischen Stamm der Vasojevići gegen ihn auf, auf dessen Grund und Boden die Schlacht ausgetragen wurde. Unter diesen Umständen verlor der Woiwode die Schlacht bei Novšić und stürzte sich nun in einen anderen Kampf, jenen gegen den Fürsten und das herrschende System, den zu gewinnen er noch weniger Aussicht hatte und bei welchem er sich einzig auf seine eigene Kraft und Rechtschaffenheit stützen konnte.

Von zwei Reisen nach Serbien abgesehen, die zweite krankheitshalber unternommen, lebte er ständig auf seinem Gut, das nicht viel reicher und größer war als ein bäuerliches Anwesen, züchtete Bienen und baute Wein. Daneben betätigte er sich schriftstellerisch, obgleich er kaum des Lesens und Schreibens kundig war, in der Absicht, die Heldentaten und die Selbstverleugnung seiner Landsleute – der Montenegriner wie der Albaner – der Nachwelt zu überliefern. Zu jener Zeit trug ihm Österreich angesichts seiner Popularität und sicherlich auch in dem Bestreben, den Einfluß Cetinjes zu untergraben, die Regierungsgewalt über Nordalbanien und bestimmten Quellen zufolge sogar die Krone an. Sich selbst und der serbischen Idee treu, wies er das Angebot zurück, ohne sich auch nur zu bedenken. Er starb 1901 in Hercegnovi, in der Fremde. Auf eigenen Wunsch wurde er auf Medun beigesetzt, einer Festung am Zufahrtsweg zum Gebiet der Kuči. Diese Festung hatte er seinerzeit den Türken abgerungen, sie hatte – das wußte er vielleicht nicht – schon vor der Türkenzeit, möglicherweise schon vor der Zuwanderung der Slawen hier gestanden. Die fürstlichen Behörden verboten alle Reden an seinem Sarg, doch es scheint, daß sie die Teilnahme des Volkes, jedenfalls der Bewohner seiner engeren Heimat, nicht verhindern konnten.

Nur die ersten gedruckten Bogen seines literarischen Vermächtnisses bekam er noch selbst zu Gesicht. Kaum waren seine Arbeiten erschienen, wurden ihrem Verfasser als dem profiliertesten Repräsentanten – wie Skerlić sagt: «dessen, was das Wesentlichste und Beste an unserer gesamten Rasse ist» – Achtung und Bewunderung zuteil. Auch die Werke selbst, die noch heute Leben und moralische wie physische Gesundheit atmen, wurden hoch geschätzt.

Schon in meiner Kindheit hörte ich zum erstenmal von dem Woiwoden wie auch von anderen montenegrinischen Sagen. Luka-Mujica Danilović, ein Kaufmann aus Nikšić, Vater von Stefa, Markos zweiter Gemahlin, war Pate eines Mitglieds meiner Familie – zu jener Zeit gründete sich hierauf die echteste und heiligste Freundschaft. Schon dies wäre, selbst wenn es sich nicht um eine so berühmte Persönlichkeit gehandelt hätte, für meinen Vater Grund genug gewesen, in seinen Erzählungen über den Woiwoden auf die fast verwandtschaftliche Verbundenheit mit ihm hinzuweisen. Auch war mein Großvater mütterlicherseits, der aus der Gegend von Plav stammte, als Aufständischer an den Kämpfen um das Lim-Tal beteiligt gewesen und hatte nach der unglückseligen Schlacht bei Novšić in Montenegro Zuflucht suchen müssen. Es bestand also eine Parallele zwischen seinem Leben fern der angestammten Heimat und der Ungnade und Ungerechtigkeit, deren Opfer Herzog Marko war. Die Beschreibungen dieser Schlacht gaben mir erstmals einen Begriff von Niedertracht und Verrat. Niemand wies ausdrücklich darauf hin, daß der Woiwode in dieser Schlacht verraten worden war, daß auf Veranlassung der Gewährsleute von Cetinje die Verstärkung durch den Vasojević-Stamm zu spät eintraf, doch alle ließen dies durchblicken, wenn sie über den Hergang der Schlacht und deren Begleitumstände berichteten. Dank ihren Schilderungen erlebte man die Schlacht in all ihrer schicksalhaften Heftigkeit, sah Herzog Marko in seinem ritterlichen, edlen, doch vergeblichen Bemühen, das Glück zu unseren, zu Serbiens Gunsten zu wenden. In seiner Person, in dieser Schlacht, vor allem aber in dem um sie angezettelten Verrat wiederholte sich in meinen und in aller Augen die serbische Tragödie vom Amselfeld.

Doch der Gang des Lebens und die Aufgaben, die es mir stellte, entfremdeten mich zeitweilig dem Woiwoden. Dennoch kehrte ich in jeder Phase und in jedem entscheidenden Augenblick meines Daseins zu ihm zurück, fand bei ihm neue Kraft und entdeckte Werte, die ich zuvor übersehen hatte, so die heroische Seite seiner Persönlichkeit und seiner Aussage, seine nationale Rolle, seine Poesie und nunmehr seine Einstellung zur Welt und zur Gesellschaft. Ich zitiere wieder Skerlić: «Marko Miljanov ist eine der leuchtendsten Erscheinungen unserer Rasse. Er ist ein Mensch, über den man ganze psychologische und philosophische Studien schreiben könnte.» Gern würde ich solch eine Studie schreiben, wenn ich die Möglichkeit hätte, Material hierfür zu sammeln. Doch bei so mancher meiner Arbeiten fürchte ich, sie werde unvollendet bleiben oder vernichtet werden, und gerade bei dieser bin ich sicher, daß dies geschehen würde. Dennoch kann ich dem Wunsch nicht widerstehen, zumindest in diesen Zeilen etwas von meinem Vorhaben zu verwirklichen.

Doch ich lasse mich nicht von einem einseitigen und auch nicht von nur einem einzigen Motiv leiten. Ebenso sehnlich wie über den Woiwoden wünsche ich über mich zu sprechen, mich mit ihm zu identifizieren. Im Bewußtsein dieses Wunsches möchte ich die Aussagen über mich auf ein Mindestmaß beschränken. Da ich jedoch keine Studie über den Woiwoden schreibe und auch nicht in der Lage bin, eine zu schreiben, mich aber zu diesem Thema unwiderstehlich hingezogen fühle, werde ich über Marko Miljanov sprechen, wie er in meiner Vorstellung lebt, selbst wenn dies unbescheiden und ausgeklügelt wirkt, wie es eben bei jedem Parallelen- und Vergleicheziehen zwischen unterschiedlichen Gegebenheiten und Schicksalen der Fall ist. Diese Wiedergabe ist im Grunde Herzog Marko als meine ureigenste Inspiration, meine innere Wahrheit und somit für mich auch Ermutigung und Trost. Deshalb trachten diese Zeilen nur in einem Punkt danach, authentisch zu sein: Sie sind Ausdruck dessen, was ich in den Stunden tiefster und hoffnungslosester Einsamkeit als das Bild Herzog Markos in mir trage, also auch meiner selbst, genauer gesagt dessen, der ich sein möchte.

Doch obgleich mir jetzt und hier zumindest teilweise klar ist, daß das Eingehen auf Marko Miljanov ein Suchen nach neuer Kraft ist, bleibt mir wahrscheinlich rätselhaft, weshalb ich mich so viele Male und in den verschiedensten Formen mit ihm befaßt habe. Weshalb war ich, auch wenn ich nicht an ihn dachte, untrennbar mit ihm verbunden? Denn er war, ob es mir nun bewußt war oder nicht, eine ebenso unabweisbare Realität meines Lebens wie die großen Ideen und Kämpfe meiner Zeit, ja auch wie mein Alltag, und schließlich erwies er sich als eine Wahrheit, eine Botschaft, nach welcher es bis zum Tode nichts mehr gibt, durch welche alle Leidenschaften besänftigt und alle Rechnungen beglichen sind.

Der Krieg von 1876 hatte für Montenegro die Bedeutung einer revolutionären, schicksalhaften Umwälzung. Er brachte dem Land die staatliche Unabhängigkeit, beendete die Aufgliederung in Stämme, führte – dies war vielleicht das Wichtigste – zur Geldwirtschaft und bewirkte eine gewisse Verstädterung im nationalen Leben. Auch bisher hatte es Städte gegeben, doch sie waren türkisch gewesen und schon dadurch der Lebensweise der eigenwilligen montenegrinischen Stämme und Bauern fremd und feindlich. Doch auch diese Revolution verschlang ihre Kinder, ohne sich darum zu kümmern, daß sie aus den edelsten Ideen, aus den jahrhundertelangen Kämpfen und dem Opfermut ihrer Helden, aus den tiefsten Tiefen des Volkes hervorgegangen war. Alles endete, wie es enden mußte – natürlich gegen alle Erwartungen – mit der gesetzlichen Verankerung des Absolutismus, in diesem Fall jenes der Fürsten, der Entstehung einer Hofclique und der Enttäuschung der Führer des Aufstandes. Die heroische, mythische Zeit Montenegros schwand dahin. Die entschlossensten und bisher maßgeblichen Führer wollten sich nicht abfinden mit diesem Zustand, der die Frucht ihrer eigenen Anstrengungen war. Peko Pavlović, der legendäre Kommandant aus der Herzegowina, und der Profos Jole Piletić, der die Zeta-Ebene, jenes Zentrum türkischen Wohllebens und türkischer Gewalt, in ein Schlacht- und Trümmerfeld verwandelt hatte, emigrierten bereits 1879, der Woiwode Miljan Vukov vom Stamm der Vasojevići wurde abgesetzt und verbannt, obgleich Montenegro fast die Hälfte seines Territoriums der dreißigjährigen kriegerischen Tätigkeit Vukovs verdankte. Ähnlich erging es auf diese oder jene Weise auch den übrigen: Ob einfacher Soldat oder hoher Vorgesetzter, dem Zwiespalt zwischen dem Gewissen und den mit Macht und Reichtum verbundenen Freuden kann keiner entgehen. Sogar in der engsten Verwandtschaft des Fürsten fanden sich Unzufriedene, wie etwa der Woiwode Sako Petrović. Es gab sie im alten Montenegro – jenem Gebiet um den Lovćen, welches zweihundert Jahre lang um seine Freiheit gekämpft hatte – und in den hinzugewonnenen Territorien: Im Oberen Kolašin, im montegrinischen Teil der Herzegowina und auch an der Küste. Doch unter ihnen allen zeichnet sich der Woiwode Marko Miljanow besonders ab.

Als er, um sowohl seiner Pflicht als auch der Idee zu genügen, an den Kämpfen im Lim-Tal teilnahm, überwarf er sich nur wenig später als Jole Piletić und Peko Pavlović mit dem Fürsten. Doch die Hofclique war sofort zur Stelle. Angestiftet vom Fürsten oder von einem seiner Günstlinge, verwundete ein Stammesgenosse Markos, der Pfarrer Ilija

Spahov, den Woiwoden bereits im Oktober 1877. Ein Gerücht besagte, Pfarrer Ilija habe wegen der Beziehungen seiner Frau zu Marko auf diesen geschossen. Marko war ein Held, ein angesehener Mann und redegewandt, zudem damals Witwer, es wäre nicht zu verwundern gewesen, wenn er Interesse für eine junge Frau bekundet hätte, obschon er sich laut der Überlieferung Frauen gegenüber rücksichtsvoll verhielt. Doch noch hartnäckiger hielt sich das Gerücht, der Pfarrer sei überredet worden, auf Marko zu schießen, und das Gerede über eine Liebschaft zwischen Marko und der Pfarrersfrau sei nur ein Vorwand gewesen, um den allzu beliebten und eigenwilligen Woiwoden zu beseitigen. Denn es ist schriftlich festgehalten, daß Marko den Fürsten bat, und zwar mit Erfolg, den Pfarrer aus dem Gefängnis zu entlassen, ja daß er sagte: «Du warst es, Fürst, der mich ermorden wollte, nicht Pfarrer Ilija!»

Daß der Woiwode Marko eine hervorragende Persönlichkeit war, erkannten schon vor seinem Zerwürfnis mit dem Fürsten auch jene, die nicht den Weitblick des Schriftstellers Matavulj oder des Journalisten Holeček besaßen. Und alle schildern ihn, wenn auch nicht mit Matavuljs knapper Anschaulichkeit, als mit regem und tiefem Verstand begabt und als Erzähler, dem zu lauschen man nicht müde wurde.

Marko Miljanov war auch ein schöner, ansehnlicher Mann. Es existieren wenn nicht gute, so doch getreue Porträts von ihm aus der Zeit des Krieges von 1876 und mehrere Fotografien, die aufgenommen wurden, als er die Sechzig überschritten hatte. Die Zeichnungen und Fotografien zeigen regelmäßige und sehr scharfe Züge, vor allem aber eine gewisse Eindringlichkeit des Blicks, eine markante Nase und eine strenge, hohe Stirn. Marko Miljanov war früh ergraut. Seine langen Schnurrbartspitzen hingen wie gebrochene Flügel herab und umrahmten die harten Lippen und das große, feste Kinn. Als er jünger gewesen war, hatte er, wie auf einer Zeichnung deutlich zu erkennen ist, die Schnurrbartspitzen nicht herabhängen lassen, sondern aufwärts gedreht. Er war mittelgroß, seine Brust war nicht übermäßig breit, doch er war muskulös und starkknochig.

Eine Fotografie zeigt, wie er dem Woiwoden Lazar Sočića die Hand drückt. Vielleicht wurde sie kurz nach dem Krieg von 1876 aufgenommen. Auf ihr wirkt Marko beleibter und ist prunkvoller gekleidet als sonst. Es war die Zeit, da die Heerführer jäh zu Reichtum gelangten, Karriere machten und sich vom Volk isolierten; sie ging auch an Marko nicht spurlos vorüber. Die Befehlshaber brachten unter verschiedenen Vorwänden, zumeist unter dem Namen von Geschenken seitens des Herrschers oder der ihnen unterstellten Soldaten, das beste türkische Land und anderen Besitz an sich. Marko erhielt weniger als andere: Ein türkisches Haus und ein wenig Land bei Medun, und dies als Geschenk seiner Soldaten. Dieses Land und das Haus wurden ihm nie streitig gemacht, auch nicht, als er in Ungnade gefallen war. Doch da Haus und Land zur alten Festung Medun gehörten, lockte Marko wohl mehr ihre Lage an dem schroff vorspringenden Zugang zum Gebiet der Kuči als ihr eigentlich geringer Wert. In dem Gestein über der Ebene war dieses Haus ein einsamer Adlerhorst. Denn Marko genoß zum Zeitpunkt des Sieges so hohes Ansehen und solche Macht, daß er ein fruchtbareres und größeres Stück Land in der Zeta-Ebene und Häuser in Podgorica hätte erhalten können. Es heißt, daß Fürst Nikola einmal seinen Befehlshabern vorhielt, sie hätten wie Plünderer gehaust, und einzig Marko wagte darauf zu erwidern, ohne die Tatsachen zu leugnen: «Was sind wir schon für Plünderer im Vergleich zu dir, Herrscher!» Doch obgleich von Herzog Marko nicht gesagt werden kann, daß er irgend etwas an sich raffte – die türkischen Grundstücke wurden ohnedies aufgeteilt –, glaube ich, daß auch er, eine Seite seines Wesens jedenfalls, von dem Hang aller Sieger zu Verschwendung und Müßiggang erfaßt wurde, wenn auch nicht für lange Zeit. Man konnte ihn damals in Cetinje sehen, wie er üppig tafelte und die Zeit mit Reden vergeudete. Zu jener Zeit vermählte er sich auch mit der Schönheit Stefa, die sechsundzwanzig Jahre jünger war als er und einer nichtadeligen Familie entstammte.

Doch das waren vorübergehende Schwächen und Nebensächlichkeiten. Sobald sich die Verhältnisse klärten, fiel von dem aufrechten Gebirgler alles ab, was nicht wahr und echt war an ihm: Beleibtheit und Geldgier, Genußsucht und Müßiggang, Macht- und Herrschaftsgelüste – es blieb nur stolze Selbstverleugnung. Besonders in seinen späteren Jahren gab er sich, wenn auch in anderer Weise, so, wie er eigentlich immer gewesen war: herb und entschlossen, sauber und ordentlich, völlig in der nunmehr tief sittlichen Idee aufgehend, schön, doch nicht prunkvoll gekleidet, dem eigenen Inneren, geistigen, zeitlosen Werten zugekehrt, ein Feudalherr, dem es nicht um die Herrschaft, ein Bauer, dem es nicht um den Boden zu tun ist. Er wirkte nicht wie ein rüstiger, lebhafter Greis, sondern wie ein Jüngling in seiner Entschlossenheit, für die Ehre und den guten Namen zu sterben, für das Wort, den Gedanken, das Wohl der anderen zu leben. Auf allen ihn darstellenden Bildern erkennt man sofort den Kämpfer und Krieger, doch je späteren Datums, desto deutlicher zeigen sie, daß er von besonderer Art war: ein Kämpfer und Krieger im Namen der Menschlichkeit und für sie. Marko Miljanov hatte gestattet, daß man der türkischen Besatzung des belagerten Medun, den Todfeinden seines Stammes, Lebensmittel brachte, denn im Gegensatz zu anderen war er der Meinung, daß Soldaten zwar kämpften, nicht aber einander aushungern sollen. Er ist eine Gestalt von innerer Reinheit und Harmonie, unfaßbar und sogar unheimlich für jene, die leben, wie man eben lebt: im ständigen Streit um den fetteren Bissen, das geräumigere Heim, die höhere Stellung und das einträglichere Amt. Ich kenne wahrhaftig keine andere Gestalt, die sich solch innerer Größe, einer solchen Vergangenheit, einer derart unalltäglichen Existenzform rühmen könnte.

Wodurch Marko sich besonders hervortat und was immer Bewunderung auslösen wird, ist die Art, wie er mit seinem Herrscher brach. Die meisten taten dies schweigend, unauffällig, wobei sie dem Fürsten schmeichelten und Seine Durchlaucht wie auch das Heilige Haus Petrović ihrer Ergebenheit versicherten. Herzog Marko vollzog den Bruch öffentlich. Die Mutigsten und Entschlossensten, wie Peko Pavlović und Jole Piletić, verließen das Land, Marko Miljanov hingegen blieb. «Wenn Fürst Nikola ein Fürst ist, mag er in seinem Fürstentum walten, doch dieses Land und dieses Volk, Montenegro und die Montenegriner, sind nicht sein Eigentum.» Damit übte Marko auf das Gewissen des Fürsten und des Hofstaats Druck aus, so daß sie ihn nicht beseitigen und erst recht nicht zum Schweigen bringen oder vergessen konnten. Durch sein zähes Ausharren in ihrem Staat war er für sie ein ewiger Mahner.

Herzog Marko hatte keine klaren, fest umrissenen Ideen von der Überwindung des Fürstendespotismus und des Systems, an dessen Schaffung er beteiligt gewesen war. Er hatte kein Programm und keine Organisation, auf die er sich hätte stützen können. Er hatte auch gar nicht die Absicht, Leiter einer Opposition zu sein. Der Zustand in Montenegro erschien ihm, obgleich ungerecht, als der einzig denkbare. Auch wenn er sich darum beworben hätte, wäre ihm von außen keine Unterstützung zuteil geworden. In Serbien herrschte König Milan, dessen ausschweifendes Leben zur Staatsaffäre und dessen österreichfreundliche Haltung zum Verrat am eigenen Land geworden war. Es gab auch ein anderes Serbien, das intellektuelle und demokratische, auf welches Marko Miljanov sich zu einem viel späteren Zeitpunkt stützen sollte und welches sein literarisches Schaffen und seine sittliche Haltung hochschätzte. Die Großmächte waren, soweit sie den Streit verfolgten, auf seiten des Fürsten, und selbst wenn sie Marko ihre Unterstützung antrugen, kam der Preis, den sie dafür forderten, für ihn nicht in Frage.

Der offene Konflikt mit dem Fürsten brach im Verlauf der uneingeschränkten Festigung der fürstlichen Macht aus und war das Ergebnis eines langen und verbissenen Kampfes. Das Ansehen und die Macht des Fürsten Nikola hatten damals einen Grad erreicht, daß sogar Köpfe wie Laza Kostić und Sima Matavulj ihn bewunderten. Der Fürst verkörperte die serbische Idee und die wiedergewonnene nationale Unabhängigkeit, der gegenüber alles andere geringfügig und unwesentlich erschien. Es gab keine ernst zu nehmende Opposition gegen ihn, lediglich das Mißbehagen einiger Würdenträger, und auch dieses war bereits im Abklingen. Nur Marko lehnte sich gegen den Fürsten auf, den er in seiner Unerfahrenheit und Begeisterung geliebt, dem er in Versen abgefaßte Briefe voll aufrichtiger Hoffnung und Anbetung gesandt hatte.

Montenegro wurde zwar despotisch regiert, doch offenbar empörten sich nicht viele darüber. Alle glaubten, der Fürst werde von sich aus zur Einsicht kommen, man werde ihn bewegen können, die notwendigen Reformen durchzuführen und Freiheit zu gewähren, um so eher und bereitwilliger, als niemand die Absicht hatte, ihm seine Macht streitig zu machen.

In diesem Augenblick lehnte sich Herzog Marko auf, scheinbar ohne einen gewichtigen oder stichhaltigen Grund und in einer Weise, die niemand erwartete: Er verzichtete auf Rang und Wappen, Macht und Geld und kehrte ins Dorf, zum bäuerlichen Leben zurück, aus welchem er sich aus eigener Kraft emporgearbeitet hatte. In ihm regte sich, stärker als sein Ich und die Bedingungen seiner Existenz, das seit alters im Menschen und im Volk verwurzelte Gerechtigkeitsgefühl, genauer gesagt, das unbestechliche Gewissen, das den Menschen treibt, Worte und Taten aneinander zu messen, Lüge von Wahrheit zu unterscheiden, Versprechen und deren Einhaltung, Idee und Wirklichkeit miteinander zu vergleichen. Herzog Marko stellte keine Forderungen, er konnte sich nur als Persönlichkeit nicht mit den Verhältnissen befreunden und abfinden, die sich zwangsläufig herausgebildet hatten. Sein Gewissen stieß sich an dem, was die Frucht auch seiner eigenen blutigen Mühen war. Wer weiß, vielleicht wünschte er im stillen, sich von alledem unauffällig und ohne Ärgernis für sich und den Fürsten zurückzuziehen. Doch das war unmöglich. Der Despotismus wäre nicht, was er ist, würde er seinen Gegnern Wohlergehen zugestehen und gleichzeitig ihre Ehre unangetastet lassen. Und Marko war kein unbekannter einfacher Mann, sondern ein Woiwode, und zwar der angesehenste. Er konnte nicht dem Fürsten und dem Hof stillschweigend den Rücken kehren und sich vor der Welt unwissend stellen. Es störte den Fürsten nicht, wenn man ihn nicht liebte oder mit ihm nicht einverstanden war, solange man ihm gehorchte. Er spürte auch geheimen Gedanken nach, um wieviel mehr Worten, ausschlaggebend aber waren die Taten: Seine Untertanen mußten ihm zu Willen sein. Marko, der viele Fähigkeiten besaß, war nicht fähig, zu tun, was andere leichthin und in großem Stil tun: seine Gedanken zu verbergen und seine Worte zu unterdrükken, sein Gewissen mit Füßen zu treten.

Er handelte nach seinem Gewissen, und das war das Beste und Großartigste, was er je tat. Und das Richtigste: Fürst Nikola legte sich später den Königstitel zu, er herrschte noch dreißig Jahre und länger, doch den Widerstand Marko Miljanovs konnte er nicht einmal nach dessen Tod ignorieren oder vertuschen, denn hier ging es um etwas nicht Greifbares und schon dadurch Unverwundbares, um etwas Sittliches und dadurch Unvergängliches und Allgegenwärtiges. In breitesten Schichten nahm des Herzogs Beliebtheit zu, obgleich er die Macht des Fürsten nicht ernstlich anfechten, geschweige denn erschüttern konnte. Der freiwillig in Verbannung Lebende auf dem Felsen von Medun gewann mystische Kraft und Anziehung. Das menschliche Gewissen bewies seine Unversöhnlichkeit, Unbestechlichkeit und Unverwüstlichkeit. In den fürstlichen Apfel hatte sich ein Wurm eingenistet.

Marko wurde nicht zum Führer der Opposition. Er erlebte die Entstehung einer demokratischen, verfassungsmäßigen Bewegung gegen den immer volksfeindlicheren Despotismus nicht mehr. Doch auch nach seinem Tode war er allen echten Freiheitsbewegungen in seinem Land Inspiration und Ansporn. Dem Fürsten Nikola schmälerte er nichts, nahm er nichts weg. Dieser blieb ungeachtet seines Despotismus und seines Kleinmuts im Ersten Weltkrieg ein Herrscher, der Bedeutendes erreicht hatte, der gerecht und weise war, solange er nicht um seine und der Dynastie geheiligte Macht kämpfen mußte. Und im letzteren Fall gerät die Regierungsgewalt stets in Widerspruch zu Gerechtigkeit und Weisheit, wenn sie diese nicht sogar ausschließt. Dennoch genas der Fürst nie von der Wunde, die er sich selbst durch die Unterdrückung Marko Miljanovs und seines Gewissens zugefügt hatte. Er verbot, daß man Marko mit «Woiwode» anredete und ihn zu den Festen und Zusammenkünften der Großen lud, er entzog ihm die Pension und schüchterte diejenigen ein, die ihn weiterhin besuchten. Der Zwist mit Herzog Marko war das erste Symptom dafür, daß der Fürst und die serbische Idee nicht identisch waren, noch weit weniger der Despotismus und die für hohe Ideale dargebrachten Opfer. Diese Kluft wurde durch immer lärmendere Feste nur mühsam verdeckt. Die Abkehr Marko Miljanovs nagte am Gewissen der Mächtigen, und es gab kein Mittel dagegen. Erfolge konnten diesen Makel nicht vertuschen, die Zeit kann ihn nicht tilgen. Er haftet dem Fürsten und dessen Anhängern auch noch nach deren Tod an, sooft ihr Name genannt wird. Herzog Marko war sich vielleicht der Tragweite seines Tuns nicht bewußt, und der Fürst konnte dieses nicht verhindern, ohne seine eigene Macht zu gefährden und die Beziehungen zu seinem Hofstaat und der neuen, allmächtigen Oberschicht aufs Spiel zu setzen. Es war für den Fürsten ein leichtes, die tägliche Schlacht gegen Marko zu gewinnen, doch die Schlacht mit der Ewigkeit verlor er. Und Marko, der wenig oder nichts forderte und sich ehrenvoll in den Alltag sterblicher Menschen zurückzog, gewann alles: die Unsterblichkeit.

Marko Miljanov ist ein seltsames und schwer zu deutendes Beispiel der Abkehr eines Menschen von seiner Zeit und seiner Gesellschaftsschicht. Er war bis zu den höchsten sozialen Höhen des damaligen Montenegro emporgeklommen und verhielt sich, als sei er zufällig und für begrenzte Zeit dorthin gelangt. Auch als Marko und der Fürst am engsten befreundet waren, stieß sich der Fürst an Markos schneidenden Worten und seiner aufrechten, unbestechlichen Gesinnung. Die Hochgestellten, die ihre Positionen dem Liebedienern vor dem Fürsten verdankten, auch viele, die außer ihrer verdienten hohen Stellung kein Ziel kannten, zeigten sich feindselig gegen den eigenwilligen und, wie es schien, undisziplinierten Woiwoden und distanzierten sich von ihm. Marko wirkte auch nicht wie jemand, der ein bestimmtes Ziel hat – er hatte tatsächlich keines. Er war einfach ein Mensch, dem Kriecherei, Schmeichelei, Bereicherung auf Kosten des Volkes unter den verschiedensten Vorwänden widerwärtig und unerträglich waren. In ihm empörte sich das menschliche Gewissen oder – wenn es so etwas gibt – jenes Wesentliche, außerhalb von Zeit und Raum Stehende im Gewissen.

Der Wortwechsel zwischen Marko und dem Fürsten spielte sich in montenegrinischer Manier ab – unter Beschimpfung der Familien und Väter, persönlichen Beleidigungen und wüstem Gezänk. Man vernahm die scharfen, schonungslosen, doch stets würdevollen Worte Markos, doch niemals und nirgends ein Hervorkehren der eigenen Verdienste. Dieser Mann schien die eigene Vergangenheit ausgelöscht zu haben, oder ihm war sehr wenig daran gelegen. Es war, als wolle er sagen: Wie groß sie auch gewesen sein mag, diese Vergangenheit ist bedeutungslos gegenüber dem, was ich denke, was ich in mir trage. Und weiter: Auch die Zukunft ist bedeutungslos, da sie einzig durch das gestaltet wird, was wir als sittliche, als unvergängliche und nicht realisierbare Wahrheit in uns tragen. Marko Miljanov empörte sich aus sittlichen Gründen gegen die montenegrinische, das heißt gegen jene herrschende Wirklichkeit, die auch die seine war und dank deren auch er existierte, und dadurch gewann er die größtmögliche Unabhängigkeit von Zeit und Raum. Er war nie ein Lakai und Duckmäuser gewesen, doch erst jetzt war er frei. Das zu erreichen war nicht leicht gewesen, es bedeutete, Ruhm, Ehre, Reichtum, sogar dem Leben zu entsagen, sich gegen die Zeit und die Wirklichkeit zu stellen. Nicht zufällig behaupteten viele, vor allem Leute aus der Hofclique, er sei verrückt geworden. Aus ihrer Sicht war dies nicht ganz unrichtig: Wo hatte man je davon gehört, wann hatte es das je gegeben, daß einer aus freiem Willen auf Macht und hohen Rang verzichtete?

Marko Miljanov orientierte sich auf die Ewigkeit, auf unvergängliche menschliche und sittliche Werte also, denn eine andere Ewigkeit gibt es nicht, auch keine Wahrheiten, die endgültiger und unfehlbarer wären.

Als Marko sich auf die Festung Medun zurückzog, konnte er voraussehen, was ihn erwartete. Das arme Montenegro war in dieser Hinsicht bereits reich an Erfahrungen. Doch wenn man sich konkret in dieser Lage befand, war dies weit schmerzlicher und verletzender. Einzelheiten sind nicht bekannt, doch man weiß, daß Marko auf Medun jahrelang allein blieb. Die Kriegsgefährten und Freunde hatten sich von ihm losgesagt, die Verwandten ihn vergessen, Flegel aus dem Dorf beleidigten ihn, indem sie ihm absichtlich den Woiwodentitel vorenthielten oder ihn sogar den Exwoiwoden nannten. Man lud ihn nicht zu Hochzeiten und Familienfeiern, an seiner Tafel fanden sich keine Gäste ein. Man nannte ihn Kasomović oder Kasoma nach einer kleinen, wenig angesehenen Sippe, obgleich sein Familienname Drekalović lautete – die Drekalovići waren die bekannteste und am meisten verzweigte Sippe des Kuči-Stammes, so daß man zu sagen pflegte: die Drekalovići und die übrigen Kuči. Als der Woiwode Miljan Vukov aus dem Stamm der Vasojevići starb, ging Marko zu seiner Beerdigung, doch die Woiwoden des Fürsten wollten nicht mit ihm sprechen, es war ihnen untersagt. Seine Gegner planten, ihn meuchlings zu ermorden. So vergingen die Jahre, nicht eines und nicht zwei, sondern neunzehn. Sogar als der Druck am wenigsten spürbar war, erhielt Marko Miljanov selten Besuch – es kamen nur die Mutigsten, und auch diese zumeist mit unpolitischen Anliegen.

Eine große Freude war dem einsamen Woiwoden vergönnt: seine Gattin Stefa. Sie war zweiundzwanzig Jahre alt, als man ihm den Woiwodentitel aberkannte. Auch wenn dieser Schlag nicht aus heiterem Himmel kam, mußte er das Mädchen treffen, das ebensosehr eine berühmte Persönlichkeit wie einen schönen Mann geheiratet hatte. Von seiner ersten Frau hatte Marko drei Töchter, ein Sohn war bald nach der Geburt gestorben. Sein und Stefas Söhnchen Sava blieb nicht am Leben, so daß sie beide allein in der felsigen Wildnis lebten.

Die Stefa des Woiwoden ist ein eigenes, lyrisches und auf ihre Weise auch episches Thema. Sie war wenn nicht die schönste, so doch eine der schönsten Montenegrinerinnen: schlank und ebenmäßig, mit schwerem schwarzem Haar und weißer Haut. Sie blieb ihm bis zu seinem Tod und noch lange Jahre danach treu. Bis kurz vor dem letzten Krieg konnte man in Belgrad an jedem Spätnachmittag, wenn man von der Straße durch das große Fenster in den Kaffeesalon des Hotels «Moskva» spähte, eine Montenegrinerin von hohem und geradem Wuchs erblicken. Stets trug sie einen Schleier und irgend etwas zur Volkstracht Gehörendes. Bedächtig trank sie ihren Kaffee und führte ernsthafte Gespräche. Ganz Belgrad kannte diese Frau von ruhigem Gebaren und einer gewissen historisch-mittelalterlichen Schönheit, doch wenige wußten, daß sie die Witwe des Woiwoden Marko Miljanov war – Stefa. Der Woiwode war schon vergessen, sein Name sagte niemand mehr etwas, außer Kennern der Geschichte und Literatur und den immer selteneren Chronisten der montenegrinischen Traditionen. Doch für Stefa war der Woiwode noch am Leben. In ihrer ungezwungenen Vornehmheit und Strenge, ihren gemessenen Bewegungen und ihrer auffallenden Herzensgüte lag eine selbstbewußte, unzerstörbare Größe – die Größe des Woiwoden. Sie war einundvierzig Jahre alt gewesen, als er starb. Noch dreißig Jahre später hatte sie etwas Jugendliches und gleichzeitig Vergeistigtes an sich, wie es Nonnen, Schriftstellerinnen oder gelehrte Frauen haben. Sie hatte dem Woiwoden die Augen zugedrückt, hatte ganz allein seinem Leichnam das Geleit durch Montenegro gegeben – einsam und verlassen blieb sie zurück. Sie errichtete ihm auf Medun ein Grabmal, das nicht besser und nicht schöner war als die Ehrenmale anderer Großer und das zudem eine weitaus bescheidenere und einfachere Inschrift trug.

Mit Stefa hatte der Woiwode wirklich Glück gehabt. Im Unglück zeigte es sich, daß sie einander nicht zufällig gefunden hatten und daß der Herzog sie nicht nur um ihrer Schönheit willen geheiratet hatte. Auch sie war glücklich mit ihm. Die Montenegriner staunten über die Achtung, die Marko seiner Frau erwies. Es heißt, daß er ihr in den Mantel half und ihr den Vortritt ließ, wie es die Franzosen tun. Etwas derart Unziemliches riskierte kein anderer Montenegriner seines Standes und seiner Epoche. Doch Marko Miljanov kümmerte es nicht, was dieser oder jener sagen würde, er wußte, daß man Menschlichkeit nie zu bereuen braucht. In seinem letzten Brief, am Tage vor seinem Tode schrieb er an seine Freunde in Serbien: «Ich vertraue euch meine Stefa und meine Ehre an. Lebt wohl!» Was ist in diesen wenigen Worten nicht alles enthalten! Liebe und Dankbarkeit – und ein ganzes Leben zweier Menschen in tiefer Verbundenheit und Einsamkeit, in der Verbannung bewiesene Unbeugsamkeit; des Woiwoden unentwegte Bedachtnahme auf seine Ehre, obgleich ihm diese, wie er selbst wußte, nun niemand mehr streitig machten konnte.

Als er seinerzeit Cetinje impulsiv von einem Tag zum anderen verließ, wußte Herzog Marko nicht, was er nun beginnen und wovon er leben würde. Es war ihm offenbar auch nicht wichtig, er tat einfach, was er tun mußte. Er konnte gewiß nicht voraussehen, daß er in literarischem Schaffen Lebensinhalt und Trost finden würde. Er hatte keine Bildung genossen und nur nebenbei von Freunden und Bekannten das Lesen und Schreiben erlernt. Doch zu jener Zeit hatte er bereits einiges gelesen: Volksepen und geschichtliche Aufzeichnungen, natürlich nicht wissenschaftliche, sondern mythische und anekdotische. Volkslieder hatte er schon früher zur Gusle ersonnen. Doch er mußte, wenn schon nicht einen Zwang, so doch eine Verpflichtung – und diese ist ja der wahre und unabwendbare Zwang – gefühlt haben, etwas über menschlichen Heldenmut, über sein Land und dessen Menschen auszusagen, als Vermächtnis für kommende Generationen. Denn schon im ersten Jahr seiner Verbannung begann er «Beispiele der Menschlichkeit und des Heldenmuts» zu schreiben, ein Buch, ohne welches die lichten und allgemeinmenschlichen Seiten Montenegros und des serbischen Volkes nicht so anschaulich für alle Zeiten festgehalten wären.

Doch für einen Fünfzigjährigen, der im Grunde Analphabet war, mußte das Schreiben eine furchtbare Anstrengung sein, wäre es auch gewesen, ohne ihm völlig neu zu sein. Seine Schriften enthalten keine Interpunktion, er kannte auch die Regeln der Rechtschreibung nicht, und sein Manuskript ist trotz seines Wohlklangs und seiner Logik bäuerlich und autodidaktisch. Selbst wenn man seinen entschuldigenden Hinweis auf seine lückenhafte Bildung und seine literaturfremden Ambitionen als vorsätzliche Bescheidenheit auffaßt, läßt die Anschaulichkeit, mit der er selbst seine Anstrengungen beschreibt – hier das Papier, dort die Gedanken und die Feder –, keinen Zweifel daran, daß dies für ihn ein mühevolles, heroisches Unterfangen war. Gewiß, einen Teil dessen, was auszusagen ihm noch Zeit blieb, diktierte er anderen – was die Hauptursache für die unausgefeilte und untalentierte Aufzeichnung seiner Berichte ist –, doch auch das Diktieren ist eine Leistung für einen ungebildeten Menschen, einen Neuling im literarischen Schaffen.

Was bewog, was trieb Marko Drekalović, zu schreiben und neben anderer Mühsal auch diese schwerste auf sich zu nehmen? Ich glaube, es war vor allem das Bestreben, eine neue Lebensform zu finden, die beständiger war als die bisherige, beständiger als Macht und hoher Rang. Dies trifft im übrigen auf die spontane Umorientierung jedes gestürzten Machthabers – und ein solcher war Herzog Marko, wenngleich er selbst auf die Macht verzichtet hatte – auf ethische, unvergängliche Werte zu. Sozusagen jeder Aufgabe außer der Sorge um die nackte Existenz enthoben, empfand Marko Miljanov es als seine Pflicht – dies betont er ausdrücklich –, Menschen, die sich nicht durch Titel oder Reichtum, sondern durch ethische Werte und Leistungen, durch Menschlichkeit und Heldenmut auszeichneten, der Nachwelt zu überliefern. Dies war natürlich eine Fortsetzung seiner Auflehnung gegen den Fürsten, die Hofclique und die von ihnen errichtete Ordnung in indirekter und verallgemeinerter Form. Der Herzog gelangte zu der Erkenntnis, daß sich keineswegs ganz Montenegro auf Ćipur* beschränkt, es hat Leute gegeben, die berühmter waren als die heutigen Größen, nicht durch Macht und Reichtum, sondern dank ihrer Redlichkeit und ihrem Heldenmut. Doch war dies gleichzeitig des Herzogs geistige Existenzform: Auch wenn ich nicht besoldet und nicht mehr Woiwode bin, habe ich etwas zu sagen und werde nicht der Vergessenheit anheimfallen.

Doch ich glaube, daß es sich bei Herzog Marko Miljanov Drekalović um etwas viel Tieferes und Unaufhaltsameres handelte. Schlicht gesagt, er besaß dichterisches Talent und empfand das Zwingende daran. Die Großartigkeit und Originalität seiner Erzählungen bestätigen dies. Als er mit dem Fürsten und der herrschenden Schicht brach, hatte er gewiß nicht vor, sich in schriftstellerische Arbeit zu flüchten – Herzog Marko versuchte nie und nirgends, sich in etwas zu flüchten –, zu dieser Tätigkeit bewogen ihn vielmehr sein Gewissen und seine Rechtschaffenheit, und er war mutig genug, sich von ihnen leiten zu lassen. Auch andere

* Grundstück unterhalb des Klosters von Cetinje, auf welchem das Fürstenschloß errichtet ist.

waren rechtschaffen, sie kündigten sogar dem Fürsten den Dienst auf, doch keiner so wie Marko Miljanov. Ich möchte damit sagen: Hätte der Herzog nicht schöpferische, künstlerische Fähigkeiten besessen, hätte er gewiß nicht, fast ohne sich zu bedenken, die Verbannung in die Einöde, die täglichen Demütigungen und die Einsamkeit auf sich genommen. Er mußte gefühlt und gewußt haben, daß er nicht nur moralische und seelische Kraft, sondern überdies eine ganze Welt besaß – eine Welt der Möglichkeit, wie sie sich dem Künstler eröffnet, reich und vielfältig genug, sein Leben auszufüllen. Die Menschen vollbringen stets das Mögliche. Das Unmögliche zu vollbringen ist dem Genie vorbehalten.

Doch es wäre unrichtig und vor allem ungerecht, sich von dieser Überlegung dazu verleiten zu lassen, die Größe und Bedeutung der Handlungsweise des Herzogs zu schmälern. Er hätte sich vom Fürsten auch dann losgesagt, wenn er nicht ein begabter, ja genialer Erzähler gewesen wäre. Doch diese seine Begabung ermöglichte es ihm, eine unmöglich scheinende Methode anzuwenden, nach seinem eigenen Willen zu handeln, ohne sich auch nur um die elementarsten Existenzbedingungen zu sorgen.

Es ist nicht seine Schuld, daß er auch diese Begabung besaß. Er konnte beobachten, daß er mit seiner Auflehnung den Fürsten und die Hofclique bei ihrem schlechten Gewissen gepackt hatte. Er hatte sie in ihren eigenen Augen der Ausschließlichkeit beraubt und klar aufgezeigt, daß sie bereit waren, sogar die Ideale zu verraten, mit deren Hilfe sie hochgekommen waren, nur um ihre einmal errungene Existenzform – Macht und Herrschaft – zu verteidigen und weiter auszubauen. Er riß ihnen das glänzende Gewand selbstloser Ritter für das Serbentum und die Armen herunter – einst waren sie das in vieler Beziehung wirklich gewesen – und setzte sich dadurch tödlichem Haß und Gefahren aus. In der Umgebung des Fürsten wurden ständig Stimmen laut, man müsse Marko Miljanov wie einen Verräter beseitigen, denn genau das sei er. Marko konnte leicht erkennen, daß seine offene und eindeutige Auflehnung ihn nicht nur beim Volk beliebt machte, sondern ihn auch vor den gefährlichsten Mördern schützte. Tatsächlich hätte der Fürst sich nie und nimmer reinwaschen können, wäre Marko Miljanov ein Haar gekrümmt worden. Doch Marko achtete der Gefahren nicht und konnte ihrer nicht achten, denn er vermochte nicht zu existieren, nicht der zu sein, der er war, ohne sich gegen die neue Ordnung, die neuen Ungerechtigkeiten zu empören. Er konnte nur im Einklang mit dem leben, was er Menschlichkeit nannte, und ich möchte hinzufügen, auch nur mit seinem literarischen Schaffen.

Es wird behauptet, Marko Miljanov habe sich aus Kummer über seine Verbannung auf das Schreiben verlegt. Das Gegenteil ist wahr. Marko Miljanov besaß die Kraft, in die Verbannung zu gehen, doch er hätte diese nicht mit so unfaßbarer Gelassenheit und Heiterkeit ertragen, wäre er nicht eine schöpferische Natur gewesen. Für einen gewöhnlichen Menschen mit herkömmlichen Ansichten hat ein solch gleichmütiger Verzicht auf die Macht – in der Tat gibt es keine heftigere Sucht als die, über Menschen zu herrschen –, ein solch müheloses Vertauschen des Schwertes mit der Feder etwas Unfaßbares und Großes an sich. Zu einem derartigen Unterfangen bedarf es außergewöhnlicher moralischer wie auch schöpferischer Eigenschaften, wie sie äußerst selten ein Mensch in sich vereint, Marko Miljanov aber besaß sie alle und noch viele andere in reichem Maß. Ritterliche moralische Tugenden und zwingender Schaffensdrang sind bei ihm, wenn nicht identisch, dann jedenfalls untrennbar miteinander verbunden. Auch sein eigenwilliges Freischärlerleben in frühester Jugend, war es nicht einfach Schöpfertum anderer Art? Der Woiwode selbst betrachtete das Schreiben als moralische Verpflichtung, sittliche Ruhmestaten nicht in Vergessenheit geraten zu lassen. Und wenn sein literarisches Werk mit einem präzisen Ausdruck definiert werden kann, scheint mir der folgende treffend: Ethik als Schönheit, Ethik als Poesie. Seine ethischen Motive ergreifen einen in der gleichen verklärten Weise, in welcher einen begabten Lyriker Motive der Liebe ergreifen. Er wählte seine Motive nach einem unfehlbaren Kriterium – ist nicht auch dieses bei ihm eine fast übersinnliche Eigenschaft? – und verwechselte Ethisches niemals mit Nebensächlichem und Banalem. Herzog Marko war nicht nur rechtschaffen und ein Held, seine Sittlichkeit war auch schöpferisch und künstlerisch, und dies gab ihm eine Kraft, die nur der Tod zerstören kann.

Er wußte das recht gut, deshalb blieb er dem vom Fürsten ausgeübten Druck und den Todesdrohungen gegenüber unerschütterlich, obgleich er von heftigem Temperament war. Es würde nicht genügen und wäre auch nicht richtig, zu sagen, daß Marko Miljanov mehr Wert darauf legte, ein rechtschaffener Mensch als ein Woiwode zu sein. Er traf im Grunde keine Wahl, er ahnte – und Ahnung ist zuweilen die klarste Erkenntnis –, daß gerade der Verlust der Woiwodenwürde ihm ein bleibenderes Fortbestehen sichern werde als deren Beibehaltung. Er wußte das dank seinen beiden unversiegbaren Quellen innerer Weisheit, der sittlichen wie der künstlerischen, obgleich die zweite sozusagen noch gar nicht erschlossen war. Doch vielleicht war es ein und dieselbe Quelle, denn Marko Miljanov war eine Persönlichkeit aus einem Guß.

Deshalb ist er unvergleichlich. Jole Piletić – nehmen wir ihn als Beispiel – stand Marko an Rechtschaffenheit und Heldentum nicht nach, doch Jole hatte nichts Schöpferisches an sich, was ihn über seine Zeit und Umgebung hinausgehoben hätte. Das trifft auch auf die anderen, die Mutigsten und Redlichsten zu.

Interessant ist in diesem Zusammenhang auch ein anderer Fall, jener des Woiwoden Mašo Vrbica. Er war einer der Ranghöchsten unter den Höflingen, der Liebling und Vertraute des Fürsten. Er gehörte zu den

Tatkräftigsten und war gerade bei der Verstoßung Marko Miljanovs vielleicht der Rücksichtsloseste. Doch er war nicht ohne Verdienste um das Land und auch nicht ohne Vorzüge, andere als jene Markos natürlich: Er war findig, ein ideenreicher Organisator, hatte eine gewisse Bildung und vor allem Sinn für die Modernisierung Montenegros. Er war faktisch der Innenminister, der für alles Zuständige in dem kleinen, despotisch regierten Land der Viehbauern. Er gründete auf breiter Basis eine Wirtschafts- und Kulturorganisation, die zu guter Letzt verdächtig erschien und derentwegen er in Ungnade fiel. Er sah sich von allen verlassen und verstoßen, niemand besuchte ihn, ihm mangelte der erforderliche starke, unerschütterliche moralische Halt, und obgleich noch kurz zuvor im Vollbesitz seiner Kräfte, starb er bald. Und wie hätte er den Bruch mit dem Fürsten und dem Hofstaat überdauern sollen, wenn er nicht die entsprechende sittliche Kraft und Überzeugung besaß, er, ein Woiwode, der nicht nur zu ihnen gehört hatte, sondern einer der Urheber eben jenes rücksichtslosen Hochmuts war, welcher diese Leute kennzeichnete? Denn aus der realen Welt kann man sich nur mittels Schaffung einer anderen, unrealen zurückziehen. Mašo Vrbica hatte hierzu weder die Begabung noch die Kraft, Marko Miljanov hingegen hatte sie.

Doch es ist nicht meine Absicht – und mir fehlen, wie gesagt, die Unterlagen –, über Markos literarisches Werk zu schreiben. Dies sind nur Betrachtungen über Marko Miljanov als menschliche und künstlerische Erscheinung, eine großartige, ungeklärte und unerklärliche Erscheinung, obschon ich weder an menschliche noch an göttliche höhere Gewalten glaube.

Heute gibt es niemand, der den literarischen Wert der Werke Markos leugnen würde; ihr ethischer, sprachlicher und ethnographischer Wert wurde sofort anerkannt. Doch genauso wie er als Persönlichkeit durch seinen Heroismus und seine sittliche Größe fesselt und das Problem des menschlichen Gewissens und des Widerstandes gegen die Gewalt und das Böse aufwirft, erfordert sein Werk, wie mich dünkt, eine Deutung als Kunstwerk: Wie groß ist der geplante und wie groß der nicht geplante Anteil seines Schöpfers an ihm?

Herzog Marko hatte nicht die Absicht, ein literarisches Kunstwerk zu schaffen, jedenfalls nicht in dem Sinne, wie gelehrte Leute damals und von jeher diesen Begriff auslegten. Neben dem Wunsch, große menschliche Leistungen zu verewigen, hatte er ohne Zweifel eine Absicht, die einzugestehen er sich scheute: sich auch auf literarischem Gebiet zu versuchen und damit zu zeigen und zu beweisen, daß er fähig war, etwas Bleibenderes zu schaffen, als es die Woiwodenwürde war. Was er als Schriftsteller anstrebte, leuchtete auf den ersten Blick ein. In seinen Erzählungen bedient er sich verschiedentlich des volkstümlichen Fünfjambenverses, er versucht, einen erhabenen und sogar gelehrten Standpunkt einzunehmen. Es muß gesagt werden, daß er, wie jeder Autodidakt, sich in etlichen Fällen den Anschein der Gelehrtheit gab und daß besagte Stellen die literarisch schwächsten in seinem Werk sind, denn hier hat er neue Inhalte in alte Schablonen gepreßt. Doch finden sich bei ihm nicht nur sittliche und persönliche Motive, sondern in weit höherem Maße jene unfehlbare und unwiderstehliche, urwüchsige schöpferische Kraft, die ihn bewogen hatte zu schreiben und die, wie mir scheint, die entscheidende, ihm selbst nicht bewußte Ursache seines Bruchs mit dem Fürsten und den herrschenden Zuständen war. Es kam etwas anderes zustande, als er beabsichtigt hatte: nicht Volkslieder und -sagen und nicht nur moralische Belehrungen, sondern talentierte, zuweilen geniale Wiedergabe, künstlerische Gestaltung sittlicher Verhaltensweisen and Vorbilder. Ethik, Pflicht- und Ideentreue, das sind die Wesenszüge des Woiwoden und auch die Themen seiner Erzählungen. Indem er Beispiele aus vergangenem und gegenwärtigem Geschehen, aus der eigenen Erinnerung und den Berichten anderer herausgriff, schilderte Marko Miljanov im Grunde sich selbst, wie es jeder echte Künstler tut und tun muß. Die Beispiele sind vielfältig und verblüffend, wie es nur das Leben sein kann, doch der ihnen allen gemeinsame Zug ist die Ethik, natürlich Ethik in spezifischer, konkreter, montenegrinischer Sicht: die Ethik des Helden und des Heldenmuts. Das Werk Marko Miljanovs, fast unpersönlich in seinem Grundthema und im Stoff, ist nicht nur im Ausdruck, sondern auch in den Motiven persönlich. Die Welt, die er schildert, ist, wie real sie auch sein mag, stets auch die seine, in erster Linie die seine.

Die drei bedeutendsten Werke Marko Miljanovs sind: «Beispiele der Menschlichkeit und des Heldentums», eine Anekdotensammlung, «Der Stamm der Kuči in Volkslied und -sage», eine Geschichte seines eigenen Stammes an Hand von Überlieferungen, und «Leben und Sitten der Albaner», eine ethnographisch-anekdotische Abhandlung. Einzig die «Beispiele» entsprechen der Vorstellung, was die beiden anderen Werke betrifft, geben die Bezeichnungen «Geschichte» und «Abhandlung» lediglich einen Begriff von Marko Miljanovs Absicht und annähernd von Inhalt und Charakter der Schriften. Auch diese sind vorwiegend anekdotisch, ihr Hauptthema aber ist die Menschlichkeit, humanitas heroica, wie Gesemann dieses Wort übersetzte, die Form der Aussage ist in erster Linie künstlerisch: Markos Geschichte der Kuči ist keine historische Darstellung, sondern eine Sammlung von Volksliedern, Einzelheiten und poetisch gestalteten Überlieferungen. Auch in die Berichte über die benachbarten Albaner flicht er seine üblichen Anekdoten ein. Da sind ferner Gedichte über Heldentum und Redlichkeit, ein kurzes, in Prosa verfaßtes Epos über den Heldenmut von Ilija Kuč, welches so ergreifend ist, daß ihm an Inhalt und Ausdruckskraft schwerlich etwas gleichkommt. Die Anekdote mit sittlichem Thema ist die erzählerische Form, die Marko Miljanov am häufigsten verwendet und die ihm am meisten liegt, ganz gleich was er sagen will und wie breit angelegt die Handlung ist.

Doch was für Anekdoten sind das! Es ist bereits bekannt, daß vordem keiner bei uns so schlicht und anschaulich zu erzählen vermochte. Den Ausschlag gaben hierbei sein phantastischer Sprachreichtum, der in der Anwendung des richtigen Wortes an der richtigen Stelle liegende Zauber und sein Sinn für Harmonie und Weglassung des Unwesentlichen. Doch das ist nicht alles. Die Beispiele Miljanovs sind ihrer Eigenart und Gestaltung nach reinste Poesie – heroische natürlich. Das ist Ethik, zur Poesie umgestaltet, Belehrung, welche die Höhen leidenschaftlichster lyrischer Beseeltheit erreicht hat. Mich dünkt, daß eben hierin nicht nur der hohe Wert, sondern auch die Originalität des Werkes Miljanovs liegt. Seine Anekdoten sind durchwegs schreckliche Gewissensdramen. Ihr Inhalt ist allgemeinmenschlich, es ist absolut kein Zufall, daß der Woiwode nicht nur bei den Montenegrinern, sondern auch bei den Albanern und sogar bei den Türken menschliche Züge entdeckte und sie mit einer Lebendigkeit und Unvoreingenommenheit schilderte, deren nur ein Dichter von großer Begabung und ein Mensch von nie versiegender und unbeirrbarer Sittlichkeit fähig ist. Ohne Zweifel wollte er etwas Nützliches und Edles tun, nämlich ethische Vorbilder und Verhaltensweisen aufzeichnen, und dank seiner schöpferischen, dichterischen Kraft wurde Poesie daraus. Vielleicht verhält es sich mit seiner Auflehnung gegen Fürst Nikola ebenso: Er schauderte zurück und ekelte sich vor Willkür und Raffgier, und es kam zu einer Erschütterung, welche die sittlichen Fundamente des gesamten Gesellschaftssystems erzittern ließ. Tat und Persönlichkeit sind eins, ich weiß nicht, ob jederzeit und überall, doch in diesem Fall sicher.

Dies gilt auch für Njegoš, allerdings in anderem Sinn. Man könnte sogar folgern: Marko Miljanov ist der Njegoš dieser Erzählung. Das wäre gar nicht so schwer zu beweisen, trotz der erheblichen Unterschiede in Person und Thema. Aber ich möchte noch etwas über diesen Mann und sein Anliegen sagen.

Bei Marko Miljanov existiert eine Schönheit, die sich nicht verstandesmäßig erfassen und beweisen läßt, die der Atmosphäre seines Werkes, der Meduner Landschaft, in welcher er lange Jahre verbrachte, seiner Lebensgeschichte eigen ist. Miljanovs Helden scheinen nicht von Fleisch und Blut, wahrnehmbar und real einzig durch ihre sittliche Reinheit. Sie, ihr Verhalten und ihre Anschauungen unterscheiden sich vom Gewohnten und Etablierten. Sie verkörpern den Konflikt mit der Wirklichkeit, mit dem Leben. Dennoch liegt ihrer Handlungsweise ein höheres menschliches Gesetz zugrunde, ein ungeschriebenes, unausgesprochenes Gesetz, das jedoch, durch ihr Verhalten kundgetan, klar und verständlich wird. Miljanov stellt keine sittlichen Regeln auf, er offenbart sie nicht einmal, er greift nur aus der gnadenlosen Wirklichkeit unserer Geschichte und unseres Lebens Fälle außergewöhnlicher Selbstverleugnung heraus.

In Marko Miljanovs Anekdoten wird die sittliche Regel, das sittliche Vorbild am Verhalten des Menschen aufgezeigt, an der Art, wie er reagiert. Der Mensch mit seinem unzuverlässigen Gewissen steht dem in Leid und Unglück gnaden- und schrankenlosen Leben gegenüber. Marko schildert, wie ein bestimmter Mensch sich in einer Situation verhält, vor welche die Wirklichkeit ihn stellt – die politische, die überkommene und jede andere. Und immer handelt es sich um Widerstand gegen die etablierte und anerkannte Realität, immer um einen Konflikt und eine Ablehnung der physischen und auf Vor- und Nachteil abgestimmten Existenzbedingungen. In der Welt der Helden Marko Miljanovs sind Sinnesfreuden und Genußsucht unbekannt. Dennoch ist es eine Welt unermeßlicher, über das Sinnliche erhabener Freuden und ungeahnter seelischer Heiterkeit. Schon daran ist zu ersehen, daß Marko bestimmte Richtlinien in sich trug, nach denen er seine Wahl traf, und diese sind auch die Richtlinien seiner Sittlichkeit. Sie hätten im einzelnen hervorgehoben, sogar kodifiziert werden können, doch damit hätten sie ihre Kraft verloren, welche sie gerade deshalb besaßen, weil sie nicht etwas außerhalb des realen Geschehens Anzuwendendes waren. Durch Schablonisieren hätten sie ihre poetische Schönheit eingebüßt – aus einem Gemälde, einer Plastik hätten sie sich in tote und langweilige Vorschriften verwandelt. Der Mensch und seine Sittlichkeit, seine Menschlichkeit existieren nicht außerhalb der Wirklichkeit, und die Art, wie der einzelne unter nicht vorauszusehenden, stets variierenden Lebensbedingungen reagiert, zeigt, in welchem Maß er sich vermenschlicht hat, anders gesagt, in welchem Maß er sich überpersönlichen, allgemeinmenschlichen Bedingungen und Anliegen untergeordnet hat. Eine Aussage zieht sich durch alle Beispiele, welche Miljanov mit der Unfehlbarkeit und Emsigkeit einer Ameise oder Biene ausgesucht hat: Menschlichkeit, Vermenschlichung und menschliches Fortbestehen über den Tod hinaus können nur durch des Menschen Widerstand gegen die geltende Wirklichkeit, durch seinen Verzicht auf Vorteil und Genuß erreicht, nur an ihm gemessen werden.

Düster und kalt erscheint Miljanovs Welt jedem, der ihr wahres Wesen nicht erfaßt hat – so wirken im übrigen auch sein Leben und die Burg Medun. Es scheint, als habe er eine unheimliche Welt der Askese und Entsagung aus den Freuden und Schönheiten heraufbeschworen, welche das Leben in jedem Augenblick, auf Schritt und Tritt bietet. Aber das stimmt nicht. Marko Miljanov leugnet Freude und Genuß nicht, lehnt sie nicht ab, nichts Menschliches ist ihm fremd. Er zeigt nur, daß daran, wie ein Mensch sich in einer konkreten Situation bewährt – und das Leben stellt unbarmherzig jeden vor Dilemmas –, sich auch seine Menschlichkeit und Unsterblichkeit ermessen läßt, seine menschliche und irdische Unsterblichkeit natürlich, denn jene andere, an welche Miljanov wie jeder Christ glaubte, interessierte ihn nicht allzusehr, da sie nicht vom Menschen abhängt. Markos Helden verzichten auf das Reale und Alltägliche, Angenehme und Nützliche nur dann, wenn sie zwischen diesen Vorteilen und der Sittlichkeit zu wählen haben. Dieses Verhalten bestimmte im übrigen des Herzogs eigenes Leben. Seine Askese war bedingt und nicht absolut, sie war undogmatisch, ein Ergebnis der Realität, in welcher der Mensch existieren und auf welche er auf seine menschliche, also sittliche Weise reagieren muß.

Das sind natürlich serbische und balkanische Gesichtspunkte der Ethik und der Einstellung zur Welt, individuell wie Njegošs Poesie, und für ihre Verfechter sind sie unvergleichlich schön und anziehend. Was mir an ihnen allgemeinmenschlich erscheint, ist eben dieser bedingte und nicht absolute Verzicht, wie für mich auch des Herzogs Persönlichkeit und seine Handlungen das nicht zu beschwichtigende, unbestechliche menschliche Gewissen – in der unserer balkanischen Mentalität und den konkreten Bedingungen entsprechenden Variante – symbolisieren.

Was schön und in der Tat sein Ureigenstes ist an seinem Werk und seiner Persönlichkeit, eignet nicht nur uns und ihm. Hat mich nicht stets etwas Wichtigeres zu ihm hingezogen als mein persönliches Schicksal und die Bedingungen, unter denen ich zur Welt kam und leben mußte? Hat er nicht durch seine Haltung bestimmte Grundzüge und Besonderheiten der menschlichen Existenz bestätigt und später auch neue entdeckt? Eine solche Frage kann jeder stellen und sogar bei Herzog Marko die Antwort darauf finden. Doch das bestätigt nur unsere Subjektivität, unsere Neigungen und Schwächen, es ändert nichts am Bild des Herzogs. Die Menschen suchen stets Rückhalt und Rechtfertigung außerhalb des eigenen Ich, vielleicht habe auch ich so gehandelt und Herzog Marko nach diesem Gesichtspunkt gezeichnet. Doch selbst wenn dem so ist! Mag sein, daß ich in ihm Wahrheiten und unsterbliche Züge entdeckt habe, die nicht existieren, zumindest nicht in solchem Umfang – ich glaube allerdings nicht, daß ich sie überschätzt habe. Und beweist nicht schon das allein seine Außergewöhnlichkeit? Denn die Menschen, auch ich, finden immer Rechtfertigung und Ansporn für ihre Handlungen in Werten, die sie für unvergänglich halten. Und Herzog Marko ist unvergänglich, soweit ein Mensch dies überhaupt sein kann.

Er sagte: «Böse Gewalten verdienen keine Menschlichkeit.» Auch das ist eine ebenso menschliche wie balkanische und montenegrinische Wahrheit, eine von vielen, welche die Welt regierten und regieren. Schlicht gesagt: Die Menschen können nicht existieren, ohne Böses zu tun, doch es ist menschlich, gegen das Böse zu kämpfen. Man muß gegen das Böse kämpfen, dem Leben entsagen, wenn man ein Mensch sein will, nur so kann man als Mensch bestehen und fortbestehen – etwas in dieser Art wollte Marko wohl sagen. Das ist keine Philosophie, kein Ratschlag – jeder mag hieraus Weisheit schöpfen und Lehren ziehen, wie es seiner Situation entspricht –, sondern es ist einer der Wesenszüge des menschlichen Schicksals, wie ihn andere auf ihre Art darlegten. Denn ob es eine einzige Wahrheit im menschlichen Leben gibt oder unzählige, weiß ich nicht; eher scheint mir das zweite der Fall zu sein. Daß die Menschen ihre Wahrheiten stets neu formulieren, läßt sich mit der Vielfalt und Wandlungsfähigkeit des menschlichen Ausdrucks erklären. Des Herzogs Anliegen ist unaufdringlich und schlicht. In jenem Maße, in welchem sich ein Mensch ungeachtet seiner persönlichen Lebensbedingungen sittlich verhält, ist er ein Mensch und wird fortleben.

Sei allem zum Trotz ein Mensch, um des Menschen willen, um deiner selbst willen.

Als der Sarg mit des Herzogs Leichnam durch Cetinje gefahren wurde, trat, wie es heißt, Fürst Nikola auf den Erker seines Schlosses und sagte: «Montenegro war ihm zu eng!» Diese Worte wurden so gedeutet, als habe der Fürst letzten Endes zugegeben, daß Montenegro zu klein war, um die Kraft und den Verstand des Marko Miljanov Drekalović zu fassen. Es hätte zugunsten des Fürsten gesprochen, hätte er es wirklich so gemeint. Doch nein! Der Fürst wollte sagen: «Marko Miljanov fand in Montenegro keinen Platz zum Sterben, deshalb ging er in die Fremde!» Marko war gestorben, wo der Tod ihn ereilt hatte, und kehrte als Toter auf sein Medun und nach Montenegro zurück. Er hatte stets hierher gehört, der Herrscher von Montenegro aber mußte aus seinem Land fliehen, in der Fremde sterben und dort verbleiben, doch um die Wahrheit zu sagen: Obgleich er einen solchen Tod verdient hatte, wird heute mit Recht die Rückführung seiner Gebeine in die Heimat gefordert. Die Worte des Fürsten aber, wie man sie auch auffassen mag, hatten einen tieferen Sinn: Durch sein Leben und Werk ist Herzog Marko über Montenegro hinausgewachsen. Denn je mehr der Mensch ein Mensch ist, um so weniger gibt es Grenzen für ihn, und Herzog Marko war ein Mensch, den damaligen Verhältnissen zum Trotz und in höherem Maße, als diese es zuließen.

Sein Grab befindet sich auf Medun. Es steht ein Gedenkstein darauf, den ihm die Kuči gesetzt haben, jener Stamm, der in sich Eigenschaften der Montenegriner und der Albaner vereinigte und aus ihnen seine Individualität entwickelte. Nur aus einem solchen Stamm, nur aus dem Mark der jahrhundertelang unbezwungenen Drekalovići konnte in einer denkwürdigen Stunde solch ein großer Geist hervorgehen, wie es Herzog Marko war. Tief unterhalb des Grabes, im grünen stillen Tal fließt die Zeta, dehnen sich fruchtbare Felder. Der Herzog betrat im Tod die Grenze zwischen zwei Welten – Felsen und Ebene, Entsagung und Wohlleben. Ihm stand der Sinn nicht nach Symbolik, am wenigsten nach solcher, als er in seinem Vermächtnis seine Stefa bat, ihn hier beizusetzen. Er wollte nur, daß sein Grab auf der Festung sei, um die er so hart gekämpft hatte und auf der er so einsam gewesen war. Zeigt nicht dieser Wunsch das Bestreben des Menschen, nach dem Tod fortzuleben, kündet er nicht von des Menschen Sehnsucht nach Freude und Bequemlichkeit? Und bestätigt nicht die Stätte, welche der Herzog für sein Grab ausersah, daß er sich des eigenen Wertes bewußt war? Er zweifelte nicht daran, sich durch seinen Kampf, seine Sittlichkeit und Einsamkeit ein Anrecht darauf erworben zu haben, daß man sein Grab kenne und seinen Namen ehre.

Schön ist des Herzogs Burg. Schön ist es auf Medun.

*23. bis 30. September 1959*
*Gefängnis in Sremska Mitrovica*

rororo **neu**

EMMANUELLE ARSAN, Emmanuelle oder Die Schule der Lust [1825]
DESMOND BAGLEY, Lebenslänglich mit Rückfahrkarte / Roman [1912]
JULIETTE BENZONI, Unbezwingliche Cathérine / Roman [1785] – Cathérine de Montsalvy / Roman [1813] – Cathérine und die Zeit der Liebe / Roman [1836]
GWEN BRISTOW, Celia Garth / Roman [1798]
JAMES DICKEY, Flußfahrt / Roman [1778]
DAPHNE DU MAURIER, Spätestens in Venedig / Erzählungen [1791]
ALICE M. EKERT-ROTHOLZ, Fünf Uhr Nachmittag / Roman [1781]
SUMNER LOCKE ELLIOTT, Der Apfel rötet sich in Eden / Roman [1916]
HEINZ ERHARDT, Das große Heinz Erhardt Buch [1679]
MARIA FAGYAS, Der Leutnant und sein Richter / Roman [1923]
WERNER FINCK, Finckenschläge [1832]
JOHN GODEY, Abfahrt Pelham 1 Uhr 23 / Roman [1899]
ANNE GOLON, Angélique / Roman. Bd. 1 [1883]; Bd. 2 [1884] – Angélique und der König / Roman [1904]
GEORGETTE HEYER, Lord Ajax / Roman [1900] – Der Tip des Toten / Detektivroman [1919]
HANS HELLMUT KIRST, Verfolgt vom Schicksal / Roman [1931]
HANS JOACHIM KULENKAMPFF, Gelacht von A – Z / Lexikon des Humors [1910]
ERIC MALPASS, Wenn süß das Mondlicht auf den Hügeln schläft / Roman [1794]
JACQUELINE MONSIGNY, Floris, mon amour [1747] – Floris und die junge Zarin / Roman [1898]
PETER MOTRAM, Myron / Roman [1917]
BARBARA NOACK, Was halten Sie vom Mondschein? Eine Kampener Feriengeschichte [1901]
HANS NICKLISCH, «Papa, Charly hat gesagt . . .» Gespräche zwischen Vater und Sohn [1849] – Opas Zeiten / Eine fröhliche Familiengeschichte [1926]
GUDRUN PAUSEWANG, Aufstieg und Untergang der Insel Delfina / Roman [1905]
JULIUS ADOLF PETERSEN, Der Lord von Barmbeck / Roman [1936]
GERHARD PRAUSE, Genies in der Schule / Legende und Wahrheit über den Erfolg im Leben [1934]
MARIO PUZO, Der Pate / Roman [1442] – Mamma Lucia / Roman [1528]
ROBERT RUARK, Safari / Roman [1738] – Uhuru / Roman [1815] – Nie mehr arm. In 2 Bänden. Bd. 1 [1843]; Bd. 2 [1844]

B 2 / IV–'76